编辑小组

刘玉才　萨仁高娃　李燕晖

史记十五讲

SHI JI SHI WU JIANG

中国典籍与文化 第六辑

讲座丛书 第二编

◎张大可主讲

国家图書館出版社

图书在版编目(CIP)数据

史记十五讲（中国典籍与文化第六辑)/张大可主讲.—北京：国家图书馆出版社,2010.4

ISBN 978-7-5013-4361-4

Ⅰ. 史…　Ⅱ. 张…　Ⅲ. ①中国-古代史-纪传体②史记-研究

Ⅳ. K204.2

中国版本图书馆 CIP数据核字(2010)第 054873 号

书名　史记十五讲(中国典籍与文化第六辑)

著者　张大可　主讲

出版　国家图书馆出版社(原北京图书馆出版社)

(100034 北京市西城区文津街 7 号)

发行　010-66139745,66175620,66126153

66174391(传真),66126156(门市部)

E-mail　btsfxb@nlc.gov.cn(邮购)

网址　www.nlcpress.com → 投稿中心

经销　新华书店

印刷　北京画中画印刷有限公司

开本　787 ×1092(毫米)　1/16

印张　15.5

版次　2010 年 4 月第 1 版　2010 年 4 月第 1 次印刷

印数　1—10000 册

书号　ISBN　978-7-5013-4361-4

定价　39.00元

张大可　1940年12月生，汉族，重庆市人。1966年毕业于北京大学中文系古典文献专业。曾任兰州大学历史系教授、北京外国语大学中文系教授，现任中央社会主义学院教授，社会兼职中国历史文献研究会常务理事、中华伏羲文化研究会常务理事、中国史记研究会常务副会长，享受国务院政府专家津贴。长期从事中国历史文献与秦汉三国史的教学与研究，在这两个学术领域发表论文100余篇，出版学术专著10余部，主要有《史记研究》、《史记新注》、《史记文献学》、《史记论赞辑释》、《史记精言妙语》、《司马迁评传》、《三国史研究》、《三国史》、《三国十二帝》。主编高校教材《中国文献学》、《中国历史文选》。其中有六种论著获全国及省部级优秀图书奖。

目录

第一讲

导论——《史记》的民族凝聚力与研究现状

司马迁是我国古代最有创造天才的历史学家和文学家。他有着崇高的人格、坚强的毅力和卓越的史才，所以在2000多年前就写出了一部具有世界史性质的中国古代通史，即纪传体《史记》。这是一部体系完整、规模宏大、气势磅礴、见识超群的历史巨著，并且是传记文学的典范。两千多年来有不可胜计的中外学者阅读和研究它，都给予了崇高的评价，从而形成了一个专门的学术体系，即"史记学"。司马迁给中华民族带来了光荣，给华夏子孙留下了一份最珍贵的文化遗产。

中国近代思想家梁启超，在20世纪初倡导新史学之际，十分推崇《史记》，并提出把《史记》引入高校课堂的远见卓识。1949年，新中国成立后，中国的"史记学"研究分为内地与台湾地区两支发展，各自都取得了优异的成绩。而后，中国大陆、台湾地区与日本的"史记学"形成鼎立格局。20世纪80年代以来，中国大陆的"史记学"研究迅猛发展，已持续了近30年，成为学术界的一个热门课题，研究队伍迅速壮大，研究成果以加速度的趋势递增，许多高等院校开设了专门的《史记》课，有的高校还成立了《史记》研究室。这些都标志着当代《史记》研究步入了一个黄金时代。适逢其会，这是我们这一代人的骄傲。

一、《史记》的民族凝聚力

在中国传统文化国学精品中，《史记》之树生命长青，它有取之不尽的思想源泉，养育着一代又一代人的成长，具有无与伦比的凝聚作用。这一特殊的历史价值与地位，使《史记》成为中国人的根柢书。司马迁的思想、精神、人格对中国知识阶层、对中华民族产生了不可估量的影响，以至于不研究司马迁和《史记》，就不知文化研究从何谈起。随着时间的推移，《史记》日益走向普及，研究队伍不断扩大，由古及今，每一个时代都有一长串的名流学者涉足这一领域。汉代学者班彪、班固父子，文献学家刘向、褚少孙，哲学家扬雄、王充；唐宋文学八大家，史学家刘知几、郑樵，哲学家程颢、程颐、朱熹等数十人；清代的考据大家与文史哲各界学术泰斗如顾炎武、王鸣盛、钱大昕、赵翼、万斯同、王念孙、阎若璩、章学诚等，不胜枚举；近代的梁启超、刘师培、王国维、胡适、鲁迅、郭沫若、侯外庐、范文澜、钱穆、施之勉、朱东润、程金造、陈直；以及杨向奎、钱钟书、蔡尚思等也为大家所熟知。据统计，历代以来，研究《史记》的作者2028人，留下的论文有4000余篇，著作293部，总字数1亿2000多万字，这是其他古籍研究不可比拟的。《史记》日益走向普及，生命之树常青。20世纪80年代以来的当代《史记》研究更是一个热门课题，每年发表的学术论文持续在百篇以上。对1980年到2008年30年间不完全的数据统计，论文论著作者达1161人，发表论文约3000篇，出版论著151部，总字数6000余万字。当代30年与历代2000余年总量相比，论文占70%，论著占52%，总字数占52%，作者人数占65%。综合评估占总量之半。当代文学、史学、哲学以及自然科学各界无不涉及《史记》研究，阅读欣赏的人也日益增多。《史记》为何有如此大的魅力？它的生命之树为何长盛不衰？其根本原因，《史记》是一部继往开来的“百科全书”，这将在下一讲做专题讲座。此外，它还有四大特点，分述于次。

1. 民族文化的浓缩

第一，《史记》是我国第一部通史，在《史记》之前已有《尚书》、《春秋》、《左传》、《国语》、《战国策》、《世本》、《竹书纪年》、《楚汉春秋》等史书，但所记载的历史史事范围狭窄，内容简单，历史被看成统治者个人的活动，因而缺乏广泛的社会意义，且诸史均只记叙相应时代的史事，没有一部是贯通古今的历史内容。随着社会的发展，时代的需要，司马迁以“究天人之际，通古今之变，成一家之言”为宗旨，创作了上起黄帝、下迄汉武3000年的通史，把历史撰述从一个狭小的天地引向了广阔无垠的大千世界；而且以人为主体，建立了崭新的历史观认知体系，这是前无古人的。

第二，《史记》是我国历史上第一次系统的大规模文献整理。《史记》取材广泛，“厥协六经异传，整齐百家杂语”，融会百家学说、各种知识于一编，这正是奠定了《史记》作为“百科全书”的基础。从文献整理角度，将各种文化典籍整理编撰为一部历史著作，是文献运用的最高形式，也必然是发挥历史文献功能的最好手段，非通才大家不能为。司马迁很好地做到了这一点，成为后代史家的典范，所以《史记》成为各科学习的根柢书。

第三，司马迁第一次叙述了全社会全方位的历史，不仅将社会各色人物及人民群众叙入历史，而且创立了民族一统思想，第一次记载了各民族的历史。自古以来，中国就是一个由多民族组成的国家，中华民族的历史，是汉族和各少数民族共同创造的历史。但是儒家的正统思想却一再宣扬“夷夏之辨”，以中原华夏民族为冠带之国，贬称周边各民族为夷狄之邦，以区分种族贵贱。与司马迁同时代的西汉大儒董仲舒提出的纲常伦理学说，也被推广到民族关系上来。董仲舒认为，诸侯不能与天子平等，大夷小夷不能与华夏族平等，甚至各民族之间小夷也不能与大夷平等，说什么“大小不逾等，贵贱如其伦，义之正也”①。而司马迁却在这“罢黜百家，独尊儒术”的汉武帝时代，不仅在《史记》中为百家学说留一地位，而且首创各民族史传，计有《匈奴列传》、《南越列传》、《东越列传》、《朝鲜列传》、《西南夷列传》等五篇。司马迁将东西南北各民族均视为天子臣民，说中国境内的各民族都是黄帝子孙，把记述各民族的列传与各人物列传等列编撰，表现了他的民族平等思想，表达了各民族的历史发展走向统一的主题。东越反秦佐汉，参与中原改朝换代的政治斗争，司马迁特别加以记载，表现了他承认周边各民族有同等“革命”的权利。这一思想在当时是独步史坛的。

此外，《史记》还写了《大宛列传》，记述中亚各国的历史，留下了中西文化交流的内容，从而赋予《史记》以世界史的内容。由此可见，《史记》走向世界不是偶然的。

2. 民族共同心理的历史哲学

司马迁熔铸于《史记》叙事中丰富的历史哲学思想内涵，是一种民族特征在文化上的表现，它表现了共同的社会心理追求，如主张国家、民族统一的历史观；主张贤人治国，反对暴政的政治观；主张农工商虞并行发展，人人致富的经济观；主张礼生于有而废于无，承认人欲并重义的义利观；主张德才兼备、自奋成才的人才观等等，这都是中华文化民族传统的精品。这里单说大一统思想的民族凝聚作用，足见《史记》的进步历史意义。

中华民族认同大一统。中华民族历经夏商周到秦汉已基本形成，并突破中原的界限而实现了大一统局面。这一历史过程为古代思想家所捕捉，经过孔子、董仲舒，到司马迁首次做了完整的构建。司马迁所写的《史记》，上起黄帝，下迄汉武帝，象征历史从统一到统一的发展，就是突出大一统的历史观。在司马迁笔下，从黄帝到秦皇、汉武的大一统，象征着历史发展的方向，象征着帝王德业的日益兴盛。中华民族不断壮大，各民族互相融合，远方殊俗日益统一，这就是司马迁大一统历史观的内容。《史记》开卷为《五帝本纪》，塑造了人文始祖黄帝统一部落、草创国家的生动形象，成为中华民族的共同祖先。三皇五帝的传说是华夏文化多元民族融合的反映。三皇五帝以伏羲、炎帝、黄帝为代表，最尊为黄帝，归功于司马迁的塑造。中华民族自称龙的传人、黄帝子孙或炎黄子孙，其中黄帝子孙这一口号最响亮。中华民族共认一个祖先，最能唤起同血缘、同地域、同文化的民族亲情，中华民族都是龙的传人、黄帝子孙，这一民族大一统观念，数千年来激励了无数的仁人志士为中华民族的生存、繁荣和进步而斗争。"黄帝子孙"至今仍是一个神圣的名词，具有无限的号召力。只要提起伏羲、炎帝、黄帝，就能唤起全体中华儿女的激情，追念先祖，认同文化，产生民族自豪感和爱国心，奋而思进，不畏艰难险阻，贡献一份儿女情，作出个人的贡献。

3. 历史与文学的成就遗泽后世

《史记》作为历史书，是一部体大思精的著作。体大是指《史记》的五体形式，囊括中外，贯通古今，内容丰富，无与伦比；思精是指《史记》内容的全面性、系统性和进步性。《史记》所述历史内容表现的社会结构，以人为主体，在中国乃至整个人类文化史上，是首次体现历史是“人”的社会活动的发展史。《史记》全书，记载了4000多个人物，专传人物100多，五体中记载人物的篇目达112篇。以人为中心，就要写出活生生的人的活动，从而锤炼写人艺术，创造了历史与文学统一的范例。所以，《史记》的纪传在中国文学史上又是传记文学的典范。司马迁写历史人物，不是记流水账，而是选取生活中典型的事迹，突出人物的特点。在司马迁笔下，人物个性鲜明，一个个呼之欲出。司马迁之所以能成功地完成历史人物的典型塑造，这是从属于他的理想的。司马迁以人物为中心写历史，其目的就是要用活生生的历史人物来警醒世人，寓褒贬，别嫌疑，明是非，使社会各色人物都能在《史记》中找到自己的影子，以史为鉴，培植自己的人生。所以《史记》行世，长盛不衰，成为人们提高素质、锤炼修养的必读教科书。《史记》创造历史与文学统一的艺术价值可供人们欣赏，也是它生命之树常青的原因之一。鲁迅评价《史记》为“史家之绝唱，无韵之《离骚》”，揭示了个中道理。

4. 崇高的人格，创新的精神，激励人生奋发有为

司马迁说：“君子所贵乎道者三：太上立德，其次立功，其次立言。”[②]三立精神就是司马迁的人生观。他由于受李陵之祸而痛不欲生，但想到《史记》未完成，又坚强地活了下来，将全部愤怒倾注于《史记》中。司马迁在《报任安书》中有一段名言：“人固有一死，或重于泰山，或轻于鸿毛，用之所趣异也。”如果人的一生，不能对社会作出贡献，待后人评说，而仅仅以一死来与黑暗进行抗争，就如同“九牛亡一毛，与蝼蚁何异”！司马迁在《孔子世家》和《伯夷列传》中，引圣人孔子之言：“君子疾没世而名不称焉。”他在《太史公自序》中记载了父亲司马谈的临终遗言：“且夫孝，始于事亲，中于事君，终于立身，扬名于后世，以显父母，此孝之大者也。”立身扬名为孝道的最高准则，这是司马迁借父亲之口提出的新颖见解。这种见解标志着司马迁在生与死的抉择中形成了以立名为核心的荣辱观，司马迁又将其上升成为发愤著书说。其言曰：“古者富贵而名磨灭，不可胜记，唯倜傥非常之人称焉。盖西伯拘而演《周易》；仲尼厄而作《春秋》；屈原放逐，乃赋《离骚》；左丘失明，厥有《国语》；孙子膑脚，《兵法》修列；不韦迁蜀，世传《吕览》；韩非囚秦，《说难》、《孤愤》；《诗》三百篇，大底贤圣发愤之所为作也。此皆意有所郁结,不得通其道,故述往事,思来者。"[③] 司马迁感情激荡,如波涛滚滚,一泻而下,说明他要发愤著书,效法古人,把自己的全部精力和热血倾注在《史记》之中,成为"一家之言"。司马迁于是从个人的悲怨中解脱出来,忍辱著书,留下了宝贵的实录作品。

司马迁的人格是崇高的,他认为只有那些能够经受得起艰难环境磨炼的人,才能做出一番大事业来。这一认识不但激励了自己,而且也启迪着后人深思。他的"发愤著书"说,在文学史上产生了深远的影响。"唐宋八大家"中的韩愈提出"不平则鸣"的文学主张,欧阳修提出"诗穷而后工"的观点,就是对"发愤著书"说的继承和发展。司马迁自己成功的伟大创作,更成为人们学习的样板,因而《史记》的生命之树常青。

二、当代《史记》研究的特点

当代《史记》研究是指1979年以来中国改革开放30年间的"史记学"发展。《史记》问世以来2000多年的"史记学"发展,大体分为四个发展阶段,时间断限:古代,从汉至清末,时间跨度2000年;近代,从1905年到1949年,时间跨度45年;现代,从1950年到1979年,即新中国成立后的前30年;当代,从1980年截止到2009年。阶段的划分是按《史记》研究成果的内容所含时代性与研究方法的更新为依准,只代表一家之言。当代《史记》研究已历30年,还未达到顶点,再过数年,划时代界碑工程的完成,是当代《史记》研究达于顶峰的标志。中国史记研究会正在推出的《史记疏证》工程,是集历代《史记》研究大成的界碑工程,可望在2015年之前完成。

20世纪80年代以来的当代《史记》研究,出现了前所未有的生动局面,是2000多年来"史记学"的发展高峰,下面从研究特点与发展趋势两个方面来谈。先说当代《史记》研究的特点。主要有四个方面。

1. 唯物史观的方法

古代传统研究对司马迁"一家之言"的思想只有零星的探索,而且立论肤浅,例如"史公三失",争论2000年也没把它说明白。明清评点家对司马迁思想不乏精到见解。但总体上却是偏重辞章技巧，因而陷入寻章摘句中，同时，又刻意追求史公微文，往往断章取义，任情附会，脱离历史实际。这是缺乏唯物史观就事论事的必然结果。当代学术界在唯物史观指导下，把司马迁的写作活动与当时社会政治、经济状况紧密地联系起来，不仅揭示了司马迁历史活动的动机，而且能够从社会关系的总体中分析这种发展的客观规律性，看出物质生产发展是这种关系的根源。这种从广阔的历史背景上去考察司马迁思想的方法，在20世纪50—60年代，人们还很陌生，对司马迁思想的考察忽左忽右。20世纪50年代有拔高的倾向，如说司马迁是“人民歌手”、“人民历史的开创者”，“处处从人民立场上来评价历史人物和历史事件”等等。到了20世纪60年代，则出现了贬低的倾向，如有人认为，司马迁的历史观，只不过是由“英雄史观、历史循环论、神学史观等糅合于一体”的“唯心主义历史观体系”，他“是地主阶级的思想家”，“他所宣扬的是为统治阶级服务的封建伦理道德”等等。唯物史观方法，在20世纪80年代以来宽松的学术氛围中为新一代论者所普遍掌握，推动了“史记学”的迅猛发展，论说理据充实，平允中肯，标志着研究者思想理论的成熟。

2. 纵横比较的方法

古代的《史记》研究，比较方法局限于马班异同。当代的《史记》研究大大开拓了比较的范围，概括地说有三个方面。其一，是《史记》篇目自身的比较，提示司马迁运用互见法的成绩。其二，是将《史记》与前代、后代的史学和文学作比较。《史记》与前代的比较，如《史记》与《春秋》、《左传》、《战国策》、诸子的比较，与《离骚》、《楚汉春秋》等的比较，探索司马迁对前代思想及资料的继承；《史记》与后代的比较，除与《汉书》外，还与《资治通鉴》以及政书、戏曲、小说作比较，探索司马迁对后世文化的影响。明清评点家已将《史记》与小说比较，不过大都是札记性质。当代全面系统地探索《史记》对后世传记及小说的影响，成为文学界研究《史记》的一大主流，论文论著都不少，占当代《史记》研究总量的三分之一还多。其三，是将《史记》与国外的史学著作比较。齐思和在1956年1月17日《光明日报》上发表的《史记产生的历史条件和它在世界史学上的地位》一文，是第一篇运用历史比较法将《史记》与希腊史学名著对比，分析了“《史记》的特点在于它的全面性，尤其是对于生产活动、学术思想和普通人在历史上的地位的重视”，简明地表述了《史记》在世界文化史上的地位。20世纪80年代，这种比较研究日渐成熟，如李少雍的《司马迁与普鲁塔克》[④]、黄新亚的《论司马迁在中国文化史上的地位》[⑤]、刘清河的《从〈旧约〉与〈史记〉的比较试探东方文学的一点规律》[⑥]、夏祖恩的《试比较司马迁与修昔底德的经济史观》[⑦]等文，颇有创见。诸文比较的结果是，司马迁在知识的积累、认识的深度、表现力的强度方面，都是同时代东西方最杰出的代表人物。因此，司马迁不仅是汉代的文化巨人，而且可以说是整个古代世界的文化巨人。

3. 各种新方法的借鉴与运用

随着现代化的进程，中国与世界文化的交流更加广泛和深入，国外的文化传入中国，有新学科的传入，有新方法的尝试。如系统论、价值论、艺术辩证法等都运用在《史记》研究上。徐兴海《史记所体现的系统观》[⑧]、党丕经的《论史记的史学框架》[⑨]，就是运用系统论分析《史记》整体结构和史学框架的尝试。艺术辩证法运用广泛，除了分析《史记》实录与人物塑造的关系的许多论文外，还有宋嗣廉的《史记艺术美研究》、郭双成的《史记人物传记论稿》等论著也做了成功的尝试。技术性的现代化手段，如李波等编制的《史记索引》就是利用微机处理《史记》原文取得的成果。运用计算机检索较之传统手工检索不仅速度高出几百倍，而且准确无遗漏。

4. 文献与考古相结合

近代考古学的发展运用于《史记》研究，首推王国维用甲骨文、金文证明《史记》记载的三代历史为可信。王国维和郭沫若都运用汉简考证司马迁生卒，利用考古材料全面论证《史记》的史料价值，陈直的《史记新证》作出了新贡献。吴树平等人的《全注全译史记》也大量吸收考古成果，成为一大特色。

近代、现代的80年是新旧交替的时期，当代是研究方法全面更新的收获时期。当代的《史记》研究，更偏重宏观，以历史的研究为主导，把《史记》从“史料学”的研究水平提高到“史记学”的研究高度上来，把司马迁和《史记》放到中国文化、中国思想文化史的大背景中进行评述，走上了科学化的轨道，从而把司马迁的思想研究作为主轴提到议事日程，开拓了“史记学”的新格局。应该肯定，传统的考证研究是有贡献的。在史实考辨、鉴别真伪等方面是不能离开考据方法的。但是如果仅仅拘泥于一些僵死的事实的搜集和考据，而离开对事物发展的过程的考察研究，往往会偏离正确的轨道，即使是博学宏通的学者有时也会迷失方向。例如近代文献学家余嘉锡先生考证《史记》缺佚，著《太史公书亡篇考》，洋洋十万余言，引证材料几百条，用此证明《史记》有十篇亡逸，认为张晏之说不虚。尽管余先生引证宏博，究源竟委，但他离开了《史记》本证，囿于班固、张晏之成说，考证的起点就偏离了方向，所以他的详细考证不能成为定案。20世纪80年代对此重新作了审定。近人和今人运用考据，一般均能将考据与唯物史观的分析方法结合，宏观与微观互相补充，考论结合，提高了研究水平。在这方面，前辈学者王国维、郑鹤声、白寿彝、陈直、程金造等在他们的论著中做出了表率。当代学者施丁的《马班异同三论》，陈可青的《太史公书凡例考说》，吴汝煜的《史记与公羊学》，张大可的《太史公释名考辨》、《史记断限考略》、《史记残缺与补窜考辨》，刘家和的《史记与汉代经学》，赵生群的《〈史记〉〈战国纵横家书〉史料价值考论》、《司马迁所见〈晏子春秋〉〈管子〉考》等，都是考论结合的佳作。

三、当代《史记》研究的发展趋势

当代《史记》研究的发展趋势是提高与普及双向发展，前者总结，后者开拓，盛况空前。主要标志有以下四个方面。

1. 队伍宏大，成绩显著

据前文所列数据统计，《史记》问世2000多年来有论文总量4000篇，论著总量293部，总字数1亿2000余万字，作者2028人，当代20世纪80年代以来的30年间的研究成果占2000多年来总量之半，这足以说明，当代是“史记学”研究的一个黄金时代。

2. 方法更新，中青年学者大放异彩

20世纪80年代是老中青学者共展宏图的时代。例如20世纪80年代初展开的司马迁与公羊学的讨论，杨向奎首发其端，张维华继之于后，他们两位是老一辈专家。陆永品、施丁、吴汝煜是中年学者，赖长杨是崭露头角的青年学者。司马迁与公羊学这一课题，正是在老中青学者共同参与的热烈争鸣中取得突破的。中青年学者视野开阔，锐气旺盛，引进了系统论、比较研究等新方法，许多重大课题的攻关在他们手中完成，已出版的有分量的著作十之八九也出自他们之手。白寿彝《史记新论》(1981)、程金造《史记管窥》(1985)、吴中匡的《太史公自序注说会纂》(1984)等是前辈学者的成果,施丁、陈可青的《司马迁研究新论》(1982)、陆永品的《司马迁研究》(1983)、聂石樵的《司马迁论稿》(1985)、张衍田的《史记正义佚文辑校》(1985)、吴汝煜的《史记论稿》(1986)、宋嗣廉的《史记艺术美研究》(1985)、何世华的《史记美学论》(1989)、郭双成的《史记人物传记论稿》(1985)、可永雪的《史记文学成就论稿》(1991)、李少雍的《司马迁传记文学论稿》(1987)、韩兆琦的《史记通论》(1996)、杨燕起的《史记的学术成就》(1996)及与他人合作的《历代名家评史记》(1986)、仓修良的《史记词典》(1991)等是中年学者的代表。张大可出版了《史记研究》论集（1985)、《史记论赞辑释》(1986)、《史记全本新注》(1990)、《司马迁评传》(1991)、《史记精妙语词典》(1998)、《史记文献研究》(1999),以及合作的《司马迁一家言》(1995),总成果近400万字,在学术界别树一帜。老中青结合的《史记》全本注译有三种:王利器主编的《史记注译》(1988)、吴树平等人的《全注全译史记》(1995)、杨钟贤与郝志达主编的《文白对照全译史记》(1993),此外还有全本《白话史记》六种。

长江后浪推前浪,90年代涌现出了一批青年学者。覃启勋的《史记与日本文化》(1989)、俞樟华的《史记新探》(1994)、赵生群的《太史公书研究》(1994)、《史记文献学丛稿》(2000)、张新科和俞樟华的《史记研究史略》(1990)、韦苇的《司马迁经济思想研究》(1995)、陈桐生的《史记与古文经学》(1995)、程世和的《史记——伟大人格的凝聚》(1995),表现了青年学者的实力。从总体上看,中青年学者数量大,目前正处于巅峰状态,自觉地肩负起重任而大放异彩,这是20世纪80年代以来“史记热”持续不衰的根本保证。

3. 研究领域不断扩展,研究课题不断深入

20世纪80年代以来的《史记》研究者,对司马迁思想和《史记》文、史、哲、经的内涵展开了全面的研究,《史记》百科全书的价值正在日益不断深化阐释和显露。对司马迁的历史观、政治观、经济观、社会伦理观、学术观、历史编纂学、历史文学、艺术表现手法及马班异同、《史记》与《春秋》等各个方面都做了比较深入的研究，提出了不少引人注目的新观点。此外，司马迁的战争观、美学思想、法律思想、民族思想、人才学思想、天文学、医学成就，《史记》与档案资料、《史记》与地方志等等课题，不断被开发，而且都有系列论文发表或专题论著出版，取得了丰硕的成果。研究的水平和质量大大提高，80年代取得了许多重大课题的突破。例如司马迁与公羊学、《史记》的疑案研究，包括司马迁行年、《史记》断限、《史记》残缺与补窜、“太史公”释名、司马谈作史等等，都有新的探索。

4. 协作攻关，总结性的界碑工程提上议事日程

唐代完成的《史记》三家注，是“史记学”的奠基工程，从那以来已历经一千四五百年，由于20世纪80年代以来的“史记热”和新方法的运用，总结性的界碑工程历史性地落到了当代《史记》研究者的肩上。20世纪80年代中期开始，出现了更为可喜的形势，学术交流扩大，横向联系加强，全国性的《史记》学术研讨会从1987年以来已举办了15次。1993年陕西省成立了司马迁研究会，促进了总结性工程的开展。2001年中国史记研究会成立，这是当代《史记》研究步入黄金时代的一个标志，必将极大地促进全国各地学者之间的交流与合作，推动《史记》研究向纵深发展。中国史记研究会凝聚了当代的《史记》研究精英，协作攻关总结性的大型学术界碑工程《史记疏证》，规划1500万字，2015年完成。《史记疏证》的内容是继唐代《史记》三家注以来又一次的大规模“史记会校会注会评”整理，“融古今研究成果于一编，聚当代时贤于一堂”。这一学术工程的完成，毫无疑义是21世纪初“史记学”的一项大总结，具有划时代的界碑价值。

5.《史记》的普及工作，做得有声有色

在前文所列当代151种《史记》论著中，普及型的论著有工具书9种，《白话史记》6种，选本20种，通俗读物29种，其他读物5种，合计69种，2500余万字，可以说是不同层次上的《史记》普及工作。在20世纪50—60年代，瞿悦园的《史记故事选》(1956)、张友鸾等的《史记选》(1956)、郑权中的《史记选讲》(1959)、中华书局活页文选合订本第四辑(1962)等，很受读者欢迎，打下了普及的基础。80年代后，《史记》的普及工作上了一个新台阶。50年代，只有王伯祥一家《史记选》(1957)，还是学术性选本，80年代后多数选本都是普及与提高相结合。韩兆琦的《史记选注集说》(1982)

与《史记选汇评》(1990)、张大可的《史记选注讲》(1989)、上海古籍出版社编选的《史记纪传选译》(1987)、杨燕起的《史记精华导读》(1993)等,都是学术性普及选本。韩兆琦别开生面,在选注文章后集说名家评议并加按语,有助于读者领略太史公的创作义理与笔法。韩兆琦还有《史记评议赏析》两种(1985年内蒙古人民出版社、1988年巴蜀书社),精选《史记》名篇赏析,普及《史记》的艺术美。提供治学门径和信息的工具书编制,80年代后有突飞猛进的发展,出版9种,1200余万字,成为系列。《史记资料索引和论文专著提要》(1985)、《史记索引》(1990)、《史记词典》(1991)、《司马迁与史记研究论著专题索引》(1995)四种,都是近年出版的大型工具书,很有实用价值。

文学界对《史记》文学性与艺术美的研究,达到了一个全新的境界,大大提高了《史记》的知名度,在当代《史记》研究中扮演了生力军的角色。《白话史记》、《漫画史记》、《绘画史记》、《史记精言妙语》、《史记》故事等等普及读物,百花齐放,光彩夺目。普及工作将是今后一个时期的方向,随着强化精神文明建设,《史记》不再是少数文人墨客的案头物,而将成为广大人民所共享、共识的文化艺术品。

四、《史记》读法

司马迁写《史记》运用当时口语化的文学语言,字面意义不难懂,似乎人人都能读,但深入了解《史记》蕴涵的义理,却难以读懂。司马迁早有警言说:“非好学深思,心知其意,固难为浅见寡闻道也。”(《五帝本纪赞》)。读懂《史记》不是一朝一夕的事。但只要执著与坚持,细心体会,《史记》又并非难读。下面略说几点体会。

1.反复阅读,每读一遍,着重体会其某一层意义,多读几遍,反复揣摩,必能有所获。

2.相关篇章联系起来读。三十世家与七十列传均可分为若干相关的一组,如三代世家为一组;战国时期的赵、魏、韩、齐等四篇世家为一组;汉初五功臣世家萧、曹、张、陈、周五篇为一组;战国孟尝、平原、信陵、春申四公子列传为一组;汉武帝伐匈奴相关列传为一组等等。

3.两两对照，多方比较，相辅见义。例如高祖与项羽两纪的对比，李广与卫霍两传之对比，以分人物品性之高低，作者感情之倾向。汉文帝与张释之冯唐两篇纪传对照，以见司马迁对开明政治的设计与向往。《史记》五体首篇之对照，以见作者提出礼让治国的理念等等，这是深层次的分析，积久才能见效果。

4.互见法是读《史记》的一把钥匙，特别是塑造历史人物的一种方法。如《魏公子列传》写魏公子礼贤下士，集中塑造他高大完美的形象，而缺点写在《虞卿列传》中，苏洵称之为“本传晦之，他传发之”。

5.把握司马迁的叙事方法、语言特色，也是读懂《史记》的重要因素。如寓论断于叙事，人物情节故事化，语言的讽刺艺术，感情色彩等等。

五、附录：推荐20种20世纪《史记》研究论著参考书目

1. 中华书局点校本《史记》

此本是新式点校的唐代三家注合排本，1959年初版，直行繁体字排印，分装10册，235万字。现已多次重印，仍不敷所需，可见影响之大。每次重印都订正一些错误，日益完善。《史记》版本定型于唐代三家注，而奠基于南朝宋裴骃《史记集解》(参阅裴氏《史记集解序》与《四库全书提要》)。点校本《史记》的出版，是学术界继唐代三家注定本以来最精善的一次整理，集千余年来学术研究之大成的善本，在《史记》版本校勘学研究发展史上，是一个重要的里程碑。

点校本《史记》，以清同治年间金陵书局刊行的“史记集解索隐正义合刻本”为底本，这就保证了迄今为止《史记》校勘的最佳质量。因为金陵书局本经晚清著名校勘学家张文虎与唐仁寿校订。张、唐二人根据钱泰吉的校本，又博采宋元明清诸善本汇校汇考，又采择梁玉绳《史记志疑》、王念孙《读书杂志》、钱大昕《史记考异》等书成果，详为校刊，考其异同，精审采择，世称善本。点校本在此基础上参考凌稚隆的《史记评林》、吴见思的《史记论文》、张裕钊校刊的归方评点本和吴汝纶点勘本等的句读，对《史记》原文和“三家注”作了全新的断句、标点和分段整理，是最便

阅读的读本。此本有两大特点。第一,分段精善。一般是每事一段。但为了避免琐碎,凡事情简易、文字短小者,数事合为一段。反之,一个大事件,文字很长,则按事件发展的波澜分成若干段。如《项羽本纪》的"鸿门宴"一节就分为四段。分段精善,使史实内容条理清晰,线索分明。第二,技术处理合理。为了段落之间眉目清楚,根据段与段之间的不同联系做了不同的技术处理。凡大段之间空一行。二人以上合传,关系密切的叙完一人事迹接续一人事迹时空一行;关系不密切的,人物之间空二行;附传人物为一组,之间不空行。正文中的大段引文如《秦始皇本纪》和《陈涉世家》所引《过秦论》,以及后人增补的文字如《张丞相列传》、《郦生陆贾列传》所附增窜文字均另起一行,低二格以示标志。年表部分,在书眉上标注了西历纪年,又在《十二诸侯年表》、《六国年表》、《汉兴以来诸侯王年表》的双页码的左边加上国名标尺,阅读和考证都十分方便。点校者对于已断定的增删文字也作了有标志的技术处理。删去的字用圆括号小号字排,增添的字用方括号标排,以避免武断。在《史记》正文中,将张文虎特别喜欢保存的古字都改成今体字,改回避讳的缺笔字,版刻异体字改作现在的通行字。对"三家注",则用小号字分条排列于各段正文之后,标注号码对应。《史记》经过这样整理以后,具有很高的学术价值,具备了新的时代风貌,有利于统一《史记》学习和研究者的"语言",不仅给广大读者提供了精善的读本,也给专门研究者提供了完善的引证本。这一成果,也为我国古籍整理做出了有典范意义的重要贡献。

2.《史记全本新注》

张大可注释。三秦出版社1990年初版,1992年再版,2000年华文出版社重出,简称《史记新注》。全套精装4册,200万字。《新注》以阐明司马迁一家之言为宗旨,打破传统旧注的局限,将宏观研究与微观研究结合起来,创造了全新的注释体例,包括序论、五体说明、题解、段意、简注、简论等六项内容。"序论",宏观评述司马迁其人其书,对《史记》全书结构、书法和史事内容作了轮廓的勾画。"五体说明",对《史记》五体特点以及篇目系统作简明概说,写在每体篇目之前,评述《史记》编纂学。"题解",加在每篇之前,将解题与题要结合起来,包括四个基本内容:一释篇题;二介绍传主;三提示篇旨;四作者意向。"段意",对段落内容的概括，具有点题、剖析、归纳的作用，不是复述，而是对篇中史事内容作大段落的高度概括。“简注”，以简洁明快疏通原文语意为旨归，音、义、人物、地理、职官、典章制度、历史掌故，均用白话简释，一般不作引证，歧义只注一说。为求通达，难句加串译。“简论”，内容灵活，抒发见解，或评或论，补述史事，多择举篇中一、二重点作画龙点睛式的评说，不求划一，有论则发，无论则省。六项注释体例，有机联系，相辅相成。每个单篇四项内容，“简注”微观考释，重点是疏通语意；篇前“题解”，篇中“段意”，篇后“简评”，三项前后呼应，点示义理。

《新注》体例在“史记界”，独树一帜，以“简”为最大特色，符合当今时代节奏。阐释内容有三大特点。第一，注疏以义理为重点，指导读者从宏观上把握，体察言外之意，真正读懂《史记》。《史记》难读，不在字面意义，而是言外义理，浅尝辄止，人人可读，愈是深入，愈觉难读。司马迁早有警言：“非好学深思，心知其意，固难为浅见寡闻道也。”[10]《新注》从体例到内容紧紧把握这一重点，因而别具一格。第二，宏观研究融入注释，侧重探索司马迁思想，揭示出篇中精义。如《五帝本纪·题解》提示说：“儒家经典《尚书》记事起于尧，宣扬仁德；司马迁推前至黄帝，是宣扬天下大一统。”篇末“简论”总括全篇旨意呼应说：“轩辕氏‘修德振兵’，统一了天下。《史记》开卷起自黄帝，寓意于颂扬大一统。《史记》所载三代天子、列国世家、忠臣义士，追祖溯源，皆归本于黄帝。中华民族皆黄帝子孙，这一观念就奠基于《史记》。《史记索隐》作者司马贞不明此旨，越俎代庖替《史记》补《三皇本纪》，可谓画蛇添足。”寥寥数语，指导读者读《史记》要全书关联，并辨正千年聚讼，揭示《史记》断限之本旨，理据充实，简洁明快，显示了宏观注疏的优势。第三，注文吸收古今人研究成果，用考论结合的方法融会贯通，极富时代神韵。如《周本纪》对西伯姬昌被囚羑里，盖益《易》之八卦为六十四卦句，新注云：“盖，疑词，司马迁认为文王演《易》在疑似之间。据《易·正义》云：伏羲制卦，文王作卦辞，周公爻辞，孔子十翼。按，《易》为卜筮之书，但记载了许多殷周历史故事，以及许多自然界和社会变化现象、因果，包涵朴素辩证法思想，非成于一时一人之手。据研究十翼成书于秦汉之际。”这段注文简约而义丰，融会了古今人对《易》的研究成果，对有关问题均做了交代，澄清了可能产生的误解，而且更证明司马迁记载的审慎和恰当，提示了读者要细心地理解原文。此外，《新论》以中华书局点校本为底本而作了全新的技术处理，将《史记》原文、司马迁在传中引用的文献、褚少孙补文、其他增窜文字、司马迁附记太初以后大事等项，均用不同字体区分排版，既保存了流传的《史记》定本，又还《史记》原本之真，提供读者以方便的参考。

3.《全注全译史记》

吴树平等35人合注。天津古籍出版社、国际文化出版公司1995年出版，大16开本，精装3册，580万字。本书作者阵容整齐，凝聚了历史学、考古学、文献学各界专家通力合作，开创了多学科协力攻关整理大型古籍的范例。本书注与译均用精练的白话文，合于信、达、雅的要求，将学术性与普及性结合起来，使本书具有参考与阅读的双重价值。译文流畅，可读性强，此为阅读价值，水平明显高于诸多的白话本《史记》。注释的最大特色是大量吸收了当代考古学成就印证文献典籍，清晰地勾画出古代中华文明的发展历程，大大地丰富了《史记》的内容，焕发出时代的青春。例如注者在《五帝本纪》中引用近年甘肃秦安县大地湾距今六七千年的新石器氏族公社的新资料，证明《水经注》等典籍记载的黄帝应是居于西方的氏族。颛顼是东方的东夷氏族，东西方氏族在融合过程中被编织在一个世系里。注者不是堆砌材料，而是融会贯通提炼出当今学术成就注释古史传说，具有很高的参考价值。本书各篇注释详略悬殊，水平参差。例如《平准书》"作业剧而财匮"句，无注，译文为"战事和兴建繁多，但物资匮乏"，不准确。这里讲汉兴以后，已无战事。"作业"，指"治生之业"，"剧"应释为"艰"。句译应为"生产停滞而物资匮乏"。成于众手，在所难免，不足以影响该书的整体价值。

4.《史记论赞辑释》

张大可辑释。本书是对《史记》中的"太史公曰"作为司马迁的史论加以贯通研究的专著。作者指出：《史记》的论赞，系指《史记》中的"太史公曰"。"太史公曰"，为司马迁仿《左传》"君子曰"所创造的史论形式。习惯地称篇前之"太史公曰"为序，篇末的为赞，篇中的为论。在《史记》中还有一种"论传"，如《伯夷》、《日者》、《龟策》三列传和末篇《太史公自序》。《太史公自序》实为《史记》的总论。《史记》中的这种多种形式的史论，构成了司马迁系统的史学理论和是非观点，集中地表现了他的“一家之言”。对《史记》论赞的研究，是探索司马迁思想的第一手资料。本书共辑释“太史公曰”134篇，计序论23篇，赞论106篇，论传5篇，共30936字，占《史记》全书的6%。篇幅虽不长，内容却极为丰富，为《史记》一书的血气。《辑释》中还收入了《报任安书》及贾谊的《过秦论》(因司马迁以其为《秦始皇本纪》的赞语)。本书引文以中华书局1962年点校本《史记》为依据，共分9个单元：五体论赞各为单元，论传分3个单元，《报任安书》自为单元。《辑释》所整理的内容为：说明(在每单元之前)、注释、译文、简论(有的无简论)。“说明”和“简论”，系对司马迁史论体系及内容的简要评述。序赞篇目依《史记》五体序列编排。为突出司马迁的经济思想将《货殖列传》置于《平准书》之后。《太史公自序》分为7段，翻译时加了7个标题。本书立意得体，论述精当，表现了作者独特的见解。本书1986年8月由陕西人民出版社出版。

5.《史记考索》

朱东润著。开明书店1943年初版，1948年再版。全书收文18篇，约14万字。讨论史例者4篇，论史实者3篇，论史注者4篇，辑佚3篇，附录史公年谱订正、太史公释名、《史记》书名、《史记》伪窜等考辨文4篇。作者卷首小识记述作之因，为诸生讲演《史记》，所论为开课专题。时值“乡邑沦陷”，艰苦抗战的1939年，客居于四川乐山，“簏笥既乏”，所据仅《史记会注考证》、《一切经音义》数种资料。正由于此，使本书具有以《史记》考《史记》的特点，即以司马迁自己的阐述为依据，用《史记》序赞与传文比照，以“三家注”为佐证，对《史记》断限、体例、史实抵牾、伪窜、异文等问题进行辨析，提出自己的独到见解。并首次对“三家注”的例义进行了条理，对已亡佚的邹诞生和刘伯庄的《史记音义》分别作了辑佚。朱氏考论，强调本证，反对三病：其一，论古书“强人以救我”，即“本无是例，强为代立”；其二，“强前人以救后人”，即“以后起之书，别定新例，追论古作”；其三，“强古人之阔略以就今人之文网”。刘知几论《史记》体例，曰“天子为本纪”，以“开国承家，世代相续”为世家，即以后世《汉书》体例去范围《史记》。朱氏以史公《自序》为依归，认为《史记》本纪，只是“科分条例，备举大纲”，因诸侯史记皆亡，秦记独存，为之纲纪，《秦本纪》可作也；项羽“分裂天下而封侯王，政由己出，号为霸王”，《项羽本纪》可作也；孝惠不听政，纲纪天下者吕后，故《吕太后本纪》可作也。又论“辅弼股肱者”即为世家，故史迁之作世家也，“开国可也，不开国亦可也，世代相续可也，不能相续亦可也，乃至身在草野，或不旋踵而亡，亦无不可也。明乎此而后可读《史记》”。由于条件所限，朱氏立论与疏证较为简略，但都是深思熟虑依本证为言，合于史公大旨，对读者掌握《史记》本义很有启迪。本书考论史实的三篇文章，为朱氏读史表的独特见解，史识高人一筹，最为精绝。

6.《史记新证》

陈直撰。天津人民出版社1979年出版，14万言。本书是作者运用“二重证据法”，充分利用考古材料与文献结合证明《史记》的史料价值，乃至文义辨析的专门著作，作者广泛引用甲骨文、两周铜器铭文、秦汉权量、石刻、简牍、铜器铭文，同时也征引《盐铁论》、《九章算术》、扬雄《法言》、《全后汉文》等典籍文献，“使文献与考古合为一家”，获得了许多新见解，在《史记》研究中展现了新面貌。主要用力于考证先秦古史，证史公记载为信史。作者指出，“太史公作《殷本纪》，合于殷墟甲骨文者，有百分之七十”(作者《自序》)。如《殷本纪》载，“伊尹名阿衡”，后世学者对“伊尹”这一人物多有疑惑，《新证》引据《殷墟前编》材料有殷人“以酒祭伊尹之记载”，则“疑古之喙，可以稍息矣”。又《周本纪》载“昭王子满，是为穆王”。作者依据1954年长安县普渡村出土铜器铭文：“佳三月初吉丁亥，穆王在下淢居，穆王乡丰”等文字，断定穆王为生前之号，非死后之谥，指出王国维考证周代王号皆生前所加为确论，并指出《史记·殷本纪》所载“汤曰吾甚武，号曰武王”是其文献上的显证。此条是“二重证据法”的生动例证。在考订史实之外，作者也兼及对《史记》文句脱误以及“三家注”、《史记会注考证》等各家注释之误也提出驳证。如《太史公自序》“紬史记石室金匮之书”，《集解》引徐广曰：“紬音抽。”《索隐》引小颜注云：“紬谓缀集之也。”作者引《居延汉简释文》卷一证“紬”即“抽”之假借，下按语判断云“徐广注是，颜师古失之”。陈氏考订计734条，条条有依据，论说绝大多数精当可靠，直以案语出之，表现了作者的自信。

7.《司马迁之人格与风格》

李长之著。上海开明书店1948年初版，三联书店1984年再版，22万字。本书是第一部把司马迁作为文史学家与思想家并重加以考察的学术专著，具有评传性质，附论了司马谈。内容包括《史记》产生的时代特点，司马迁的生活经历与学术渊源、历史观点、政治思想，以及《史记》各篇的真伪辨析、写作年代、文章风格与艺术成就等问题，作了广泛的探讨。本书出版在新中国诞生的前夜，以探索司马迁思想和《史记》艺术成就为主线，语言精练，文情并茂，可以说开了一代新风，在"史记学"发展史上具有承先启后的历史地位。作者宏观识力精审，提出了许多独特而深刻的见解。作者论证了司马迁的学术渊源，认为秦汉大一统是齐楚文化的胜利，都充满浪漫精神。齐楚文化"丛集于司马迁之身"，使他成为了"自然主义的浪漫派"。又说，司马迁精神上受惠于孔子，有着"真正的共鸣"，但家学影响，根本思想还是道家。论司马迁的"历史意识"，认为历史是演进的，要"通古今之变"，"究天人之际"。作者推崇《史记》"是真正人类整个活动的历史"，它"提高了平民的地位"，"在历史科学的方法上贡献尤大"，"实在已由广度而更进于深度"。本书最精彩的评述，是对《史记》文学成就的分析。作者称赞司马迁是一个不朽的抒情诗人，《史记》是一部散文诗史。《史记》之文最"纯正"，可用"奇而韵"称之。"奇"，来自秦文的矫健，而变为疏荡；"韵"，乃是经过《楚辞》的洗礼，使疏荡处不走入偏枯躁急。作为传记文学的《史记》，司马迁做到了文风与所记述人物性格相符，并在全书组织中，反映出作者有意造成整体的和各部分的建筑美，并且通过跌宕的句式、和谐的音韵等表现出来。因此，自唐宋以来，《史记》被视为散文典范，司马迁成为事实上的古文运动宗师。本书的不足之处，微观考辨疏略。如说，司马谈是世传的历史家，司马迁生于建元六年的十条佐证，对《史记》补和缺的推论等，大都依据薄弱，想当然的成分居多。此外，评论用语，某些概念含混，个别地方阐述尚欠妥帖，或比附不当。但总体上，作者的论述，在当时达到了时代的最高境界，无可置疑。至今读来，仍觉亲切。

8.《司马迁》

季镇淮著。季镇淮，北京大学中文系教授。其著作除本书外，尚有《历代诗歌选》及主编《闻一多研究四十年》等。本书是一本简要的司马迁传记及介绍《史记》的读物，由《家世》、《童年》、《漫游、侍从和奉使》、《为太史令——从内廷到外廷》、《著述理想的开始、挫折和坚持》、《伟大的现实主义的历史家和文学家》、《司马迁在中国文化史上的地位和影响》等七部分组成。前5部分论述了司马迁的家世和经历，认为：司马迁自称是重、黎之后，“是很渺茫的”，他引出这样一个远祖，“不过是要表明他的家世是一个悠久的史官家世罢了”。作者同意司马迁生于汉景帝中元五年（前145）之说，并认为“董仲舒的《春秋》学说，竟成为司马迁后来著作《史记》的带有根本性的思想上的动力”。司马迁以什么原因为郎中，“我们一点也不知道”。“李陵之祸”出狱后，司马迁为中书令，以一个宦者的身份，在内廷侍候。“他内心忍受着痛苦的煎熬和无限的愤恨”，至太始四年（前93）11月，《史记》已经基本完成了。在《伟大的现实主义的历史家和文学家》一节中，作者认为，《史记》的写作自元封三年（前108）司马迁为太史令起到太始四年，共经过16年。作者还分析了《史记》的内容和意义，指出了《史记》的人民性和现实主义精神。认为：“司马迁的独创性在于他能够‘网罗天下放失旧闻’，把三千年的历史，作一次通盘的清理，并使之纳入一个庞大而完整的系统”。司马迁依据的史料除“金匮石室”的“死史料”外，还有“流传广大地区、广大阶层的人们的口头上的‘活史料’”。“司马迁所以一方面被人们誉为‘有良史之才’，一方面又被另一些人毁为‘作谤书’的原因，也就在于他的叙事是‘不虚美、不隐恶’的‘实录’”。司马迁“并没有受统治阶级传统的道德标准束缚，而直接从被压迫人民的利益与愿望来看道德问题”。“司马迁一生丰富的生活实践和被压迫的亲身体验就是他的深刻的人民性的思想最为直接的来源”。最后作者论述了司马迁在中国文化史上的地位和影响。本书出版在新中国成立之初，对介绍司马迁及《史记》有一定的功绩。尤以其有叙述翔实、深入浅出、语言简练的优点，为群众所乐读。本书1955年3月上海人民出版社出版。

9.《司马迁评传》

张大可著。南京大学出版社1994年出版，36万字。学术界已出版三种司马迁评传，本书是最大的一种，纳入匡亚明主编的200部《中国思想家评传丛书》中。全书10章58节，以《史记》成书为经，司马迁行状为纬的特别构思，用以反映司马迁与《史记》是不可分割的一体这一特点。十个章题序列如次：第一章，“故里、家世及少年时代”；第二章，“出仕与扈从”；第三章，“家学渊源与师承”；第四章，“司马迁之父司马谈”；第五章，“发愤著书”；第六章,“体大思精的历史著作”;第七章“史记的文学成就”;第八章,“司马迁思想”;第九章,“大一统时代的骄子”;第十章,“名山事业垂千秋”。第一至第五章,纵向勾画了从远古至汉代所积累的产生司马迁的人文历史条件以及司马迁创作《史记》的自觉意识;第六至第八章,从史学、文学、思想三个方面总结司马迁事业的成就,揭示了这位文化巨人集文史哲于一身的丰富内容;第九至第十章,总结《史记》产生的主客观历史条件,回应全书,并阐明“史记学”的形成和发展,纵向勾画了司马迁及《史记》对后世的影响。本书从中国思想文化发展史的角度,突出司马迁的创造和个性,时间跨度上下五千年。也就是说,作者把司马迁放在中国五千年悠久文化思想发展史的大背景下来考察,思路开阔,宏观立论,符合唯物史观。十个章题的总体结构是一个纵向的时间序列,而具体章节内容,则描绘了若干个横断面,形成纵横交错的网络结构,做到舒展自如,回环照应,这就是《司马迁评传》的写作方法。行文考论结合,有评有传。对于诸多涉足的《史记》疑案,不是一笔带过从某说,而作了全新的细密考证,做出明确论断,自成一家言。总括地说,《评传》在动态中研究,在继承的基础上创新,具有个性鲜明、新意突出、总结得体三大特点,对如何写历史名人的思想评传,提供了一个成功的范例。

10.《历代名家评史记》

杨燕起、陈可青、赖长扬选编。北京师范大学出版社1986年出版,60万字。本书是一本摘要资料书,选录自《史记》问世以来至1949年底,两千余年历代420位学者研读《史记》的评论资料,汇集为一书,以便读者。全书分上、下两篇,合排精装一册。上篇总论,分为十个子目:(1)通论;(2)论作者生平;(3)论学术思想;(4)论编纂体例;(5)论取材;(6)论叙事;(7)论缺补增改;(8)论马班异同;(9)论流传和影响;(10)论其他。下篇分论,按《史记》130篇序列分篇评论。上下篇条目,由古及今按评论者时代顺序编列,其中古代的条目大致按评论者生年先后排列,近现代的条目大致按所引论著发表的时间先后次第为序。取材范围主要有六个方面:(1)关于司马迁的学术思想;(2)关于司马迁的学术源流、学派倾向;(3)关于《史记》的文学成就;(4)关于《史记》的体例;(5)关于司马迁的生平行状;(6)关于《史记》所载重大史实及重要疑案的卓有成效的考证发明。属于一般性的史实考证、文字正误、文句辨析等资料不予选录。所选资料以学术价值为准绳，不计其是否为名家，散见资料用力搜集，已有铅印本的论著如梁玉绳的《史记志疑》、郭嵩焘的《史记札记》等，只作适当录取，以省篇幅。谨严的选录标准与得体的编排体例，表现了编选者的眼光和史识，增强了本书的学术性。全书内容充实，各种思想观点兼容并包，举凡历史上关于《史记》的重要思想评论都有辑录。这是一部带总结性和指导性的文献资料书，是研究《史记》必不可少的参考书目。值得一提的，该书附录"本书所录作者、书名及版本"，按收录的作者时代及生卒年先后排列，标示辑录资料的来源书名及版本，以利读者寻查。在一定意义上，这个附条勾画了"史记学"发展史的基本线索，是该书学术价值不可或缺的组成部分。

11.《史记新论》

白寿彝撰。本书为新中国成立以后研究《史记》的第一部综合性评论著述。著名历史学家白寿彝先生，20世纪60年代初期曾集中精力研究《史记》，发表过多篇影响深远的论文，并培养了一批在以后的年代崭露头角的中青年《史记》研究人才。基于白先生此期的研究心得，1963年5、6月间，在给中共中央高级党校理论班学员讲课时，他"对司马迁编著《史记》的宗旨、历史背景、写作方法以及《史记》在我国史学史上的重要地位与贡献，作了较系统的论述，并提出了一些有启发性的见解"(《出版说明》)。1981年8月，求实出版社将其讲课记录整理出版，而为此书。

本书的主要特点有三：(1)在更为广阔的背景上研究了《史记》成书的历史条件。通常论述《史记》的写作背景，"一般只讲当时几年或几十年的事情"(引文均见原书)，而本书上溯700多年，从西周末年共和执政时说起，一直讲到司马迁写《史记》时为止，以更为深邃的历史眼光，说明了《史记》是长期以来经济、政治、思想文化以至历史观、历史编纂学发展的结果，"是长期的历史研究成果的集中体现"。此一论述，有助于拓展人们的认识，并深化了《史记》本身的科学价值。(2)第一次分别从"究天人之际"、"通古今之变"、"成一家之言"的角度，论述了司马迁创造性的史学成就。显示出在马列主义指导下，探索《史记》创作宗旨所呈现的史学价值所能具有的积极意义，以一种有别于旧式纯考证性历史研究法的崭新面貌，将对《史记》的研究，提到了一个能充分体现时代精神的理论高度，故本书在当时客观上起到了一定程度的引导研究方向的作用。在具体的论述上，本书提出了一些有益的观点。如明确《史记》中"所说的'受命'、'天命'是指历史条件","司马迁的心目中有一个古今演变的大势，眉目分明","当人们正热衷于吹捧武帝统治的丰功伟绩，高唱国泰民安赞歌的时候，他却看出了汉朝统治的危机已在隐伏之中……对汉武帝统治的前途，已经提出了严重的警告"，以及"司马迁的政治理想是道家的，而在实际作法上，则倾向于法家和儒家的主张"的"杂家"思想等等，其认识体现了学术创新和实事求是的精神，因而受到史学界的重视及好评。此外，本书还充分而系统地论述了司马迁在历史编纂学上的光辉成就。(3)在文风上，作者学识宏通，但语言平易，说理深透，却叙述生动，读起来使人有亲切之感，易于为人了解接受。且全书无长篇引文的赘述，亦有别于常文。

12.《史记研究》

张大可撰。甘肃人民出版社1985年4月出版。2002年华文出版社重出该书，扩大收文共32篇。本书系新中国成立以后第一部个人的《史记》研究论文专集。全书36万字，共辑文23篇，分为5个部分。第一部分是综合性的论述，重点研究《史记》产生的原因和成书的历史条件。第二部分讨论《史记》疑案，主要是对司马迁生卒年、太史公释名、《史记》断限、《史记》残缺与补窜等问题的探索、考证。第三部分研究《史记》编纂学，着重讨论了《史记》的体制义例、取材、序赞、互见法、倒书以及塑造历史人物的方法等问题。第四部分论述司马迁的思想，剖析了司马迁的一家之言、历史观、政治思想、经济思想、民族一统思想等。第五部分对新中国成立以来《史记》研究的方法理论和成果作了评述，并提出了有关推进《史记》研究的建议。所有这些部分的独立文篇，并非孤立零散或彼此无关，而是有目的有计划地撰述的，是作者从各种不同的角度和方面对《史记》进行全面系统的探索的结晶。

本书的主要特点，是对《史记》研究旧说的诸多方面，进行了一次较为系统的整理评述，并随之阐发出作者的判断意见。其成就首先对要求接触《史记》研究的读者，有较好的梳理作用，有利于人们对《史记》研究史的发展规模，得到一个较为全面概括的了解。由于本书是运用各种方法作综合分析，故文篇概述性强，眉目清晰，形式多样，加之文情畅达，实亦显示出作者在学术研究中的创造力。其次，虽然本书考证性的评议多于理论性的深入探讨阐发，但不繁琐引证，故常能给人提出些启发性的见解。如涉及《史记》成书的历史条件，司马迁"一家之言"的核心思想和表达形式，司马迁的民族一统思想，以及评论《史记》论赞和互见法，等等，即在开拓研究领域和提出看法方面，都有所建树。本书的出现，是《史记》研究中的可喜事件。

作者对《史记》研究工作的开展表现出一定程度的关心，并提出了自己的一些意见。对具体推进《史记》研究的某些问题，诸如组织队伍，成立研究中心，改善研究条件，编写论著目录及主题索引工具书，编辑出版资料丛书，出版全本新的《史记》注本和多种选本，从各方面组织集体攻关，最后编纂出一部集古今研究大成的会注本等各个方面，所提出的建设性意见，也值得引起学术界及社会有关方面的注意。

13.《史记管窥》

程金造撰。程金造（1908—1985），别名建为，河北人。《史记管窥》共收文章20篇，27.4万字，1985年3月由陕西人民出版社出版。傅振伦先生为本书所作之《序》称，程金造"研治《史记》多年，撰为论文，多发前人所未发，实有光于学术"，"实是真能读古人书而深得其文心、史心者"。

依据多年的研究，本书对《史记》作出了较高的评价，认为两千年来《史记》已成为学人士子的普遍读物。除《五经》以外，更无其他书籍能同《史记》相比。《史记》对中国文化知识的提高，对历代忠义节士去就从违的感染与激励，对后世政治、学术思想以及社会生活经验的启发，对中华民族盛衰兴亡统一的影响，其功劳实不可磨灭。程氏还认为《史记》哺育成就历代许多文章能手，从而提出了历代文章作者，只要领会到《史记》为文精义之一点，都是以名世称家的观点。本书的这些议论，既阐发了《史记》的卓越功能与广博影响，亦表现了作者过于偏爱《史记》的某种倾向。

本书于《史记》研究以治考据之事为最精。诸篇文章除关于《史记》的五体渊源、名称的演变、司马迁生于景帝中元五年说等显示出作者的充实见解之外，还提出证据以为"司马迁死于武帝之后的说，是正确而可信的"这一看法，也是一种大胆的意见。尤其是本书各引10例，从甲、解释离奇，疑非中国学者所为；乙、袭取颜师古《汉书》注以为己有者；丙、杂抄群书，又多可疑者；丁、原文《正义》移录之可信者4个方面，论证《史记会注考证》新增的《正义佚存》条文，“乃后世读《史记》者杂录各书有关《史记》之文字，或读者自行解释之语言，但决非从张守节原本《正义》誊录而出者”，结论为“其不得为赤水遗珠复获，是显而易见的”。这应该视为《史记》考据学的重要收获，又考出明末汲古阁主人毛晋跋语所言，《史记索隐》单行本子是北宋秘书省大字刊本的说法，“不过为高其声价而已”，其实并无事实的根据，而“从其体例规模编次文字观之，它当是小司马原书之本，辗转传录而又经后世羼乱的抄本”。亦可称为有识力的见解。

程氏用心探究史公著书的目的，认为是借史事以明义，亦即其主旨“在于拾古代统治帝王治国理民之所遗，补救其施政行事之缺漏”。通过剖析《五帝本纪》，指出“兴无私之政以利民”为司马迁“一家之言”的正面意义。由于认为这一问题有重要意义，本书批评三家注对太史公著书的宗旨未能有所发明，以晓悟于读者，乃是其“重要的缺失”。

14.《史记论稿》

吴汝煜著。江苏教育出版社1986年10月出版。《史记论稿》是当代学术界出版的《史记》研究论著中，兼具文史两个方面价值的一部撰著。由于著者对《史记》体味贴切，故能较准确地把握司马迁的作史真谛，并以之评述《史记》的史学文学价值。

“《史记》与公羊学”一文，论述了汉武帝之尊崇董仲舒《春秋》公羊学与司马迁作《史记》的关系。其中既指出了司马迁把《史记》写成一部“究天人之际，通古今之变”的“一家言”，就是有意追攀以董仲舒为代表的公羊家心目中的《春秋》，又明确了司马迁对公羊学有所批判的诸多方面；特别指出公羊家歌颂汤武革命，主张以有道伐无道，成为了《史记》反暴政的思想武器，使司马迁得以高度评价陈胜、吴广起义；以及根据公羊家所谓“王者无外”的原则，将匈奴、大宛等少数民族地区和国家统统纳入《史记》列传，是司马迁发展了公羊家的“大一统”思想。这些看法能注意从理论上认识与阐述问题，有利于《史记》研究的深入。《论稿》还从社会实际的政治作用的角度，认为在汉初百姓刚“离秦之酷”的具体历史条件下，《史记》对曹参一类人物的肯定并没有抑儒崇道的意思；而汉武帝之提倡儒术，是因为经过董仲舒改造的儒学辅之以法，对约束新贵和暴发户要比黄老政治有力得多，所以在其开始阶段具有明显的进步性；认为孔子政治思想的核心“仁”，是《史记》评价历史人物和事件的最常用的理论武器。说明了司马迁的学术政治思想既不同于道家，又有高于汉初儒学正统思想之处的独特的进步性与批判性。

对于同样的研究课题，如释“史家之绝唱，无韵之《离骚》”，《论稿》能从较新颖的角度，进行深入综合的论述而给人以启发。《论稿》从场面描写、人物描写、论赞咏叹、艺术风格等四个方面，所述《史记》的美学特征，细腻入理，别具识见。“《史记》对后世文学的影响”一文，指出《史记》为后代古文家心目中的千秋宗匠，对韩愈、柳宗元、欧阳修、苏轼等学者有重要的影响；并具体地说明了《史记》为我国古代小说的发展，和在古代戏曲、诗歌的创作中所作出的贡献。文章认为《史记》博大精深的思想、奇伟瑰丽的内容、别具一格的形式和无比宝贵的艺术经验，已经融化在中华民族的血液和灵魂之中。这样豪放精深的评断，足可称赞，在帮助人们认识《史记》对我国文化发展的深远影响方面，具有十分积极的意义。

15.《史记的学术成就》

杨燕起著。北京师大出版社1996年出版，27万字。这是一部基本构建了“史记通论”规模体制的论著。全书七章，加余论，实为八章，分三级标题展开为26节，81目。大体上每一目是一个专题，即全书论列了七八十个专题，内容博大而文字简练。八章可归纳为五个方面的内容：(1) 第一章，“绪论”，讲司马谈作史与《史记》的时代特色，阐释了《史记》的成书条件；(2)第二章，“我国历史上的第一部通史”，(3)第三章，“《史记》体例”，两章一表一里阐释了《史记》作为通史的会通内容，以及五体形式两个方面；(4)第四、五、六、七共四章为全书重点，篇幅占全书过半，分别阐释司马迁的哲学思想、政治思想、历史思想、经济思想，抓住了司马迁诸多思想占主轴地位的几个方面；(5)余论，“《史记》研究史述略”，是对两千年《史记》学术史发展轨迹的评析。作为“史记通论”的要求尚缺略三个方面的内容：(1)《史记》以人为中心的历史主体地位；(2)司马迁作为一代宗师的语言文学成就；(3)《史记》在学术史上承先启后的历史地位。作者在“前言”中指出，这些将在“来日”订补，可见作者的思路是在构建“史记通论”。迄今为止，历代研究《史记》立名成家者以百数，凡取得突出成绩者，基本立足于某一角度，阐发《史记》某一侧面的学术建树，即可获得丰硕成果。全面探索《史记》的学术成就，作会通的抉发，也不乏有人尝试，但取得的成绩反不如专论某一侧面深入。杨著是作全面考索而获得成功者之一，无论是对于《史记》原本思想的阐发，还是融会前人论说精义于著述中，都完成得十分出色。具体说，杨著新义表现在两个方面：一是旧题翻新，二是独出心裁立新意。“我国历史上的第一部通史”，就是一个老生常谈的课题，但一般论者只做描述性论说，司马迁究竟怎么写通史，有些什么内容，是否大体符合历史实际，提出了哪些历史理论，语焉不详。杨著立足于一个“通”字，作分析归纳论述，一一回答了上述问题，翻出了新意，并在第六章中探讨司马迁历史思想中独出心裁，提出了“通”、“变”、“理”、“势”的历史理论概括，与第二章前后关联，使人耳目一新。又如第四章讲司马迁的哲学思想，不是一般的思维模式，讲《史记》的表层文章，即天人关系，而是独辟蹊径，结合《公羊传》、公羊学，对司马迁哲学思想作了深层次的分析。第五章讲司马迁的政治思想，第七章讲司马迁的经济思想，均能打破常规的思维模式，屏除空言论道、史为论注的方法，而是脚踏实地，论从史出，在分析中引出独到的见解，实现诸多的借鉴意义而显现出时代特色。

16.《司马迁经济思想研究》

韦苇著。陕西人民教育出版社1995年出版，23万字。这是第一部全面考察司马迁经济思想及其影响的论著，因此具有界碑的价值。全章七章，结构布局是作者独树一帜的理论构架，有四个层次，两条历史发展的线索。第一章，开门见山，和盘托出司马迁经济思想的体系，这是全书的立论基石，即本义，是第一层。第二章，渊源，第三章，历史背景和地位，第四章，对后世的影响，共三章勾画了司马迁经济思想这一理论体系的历史发展是本义的延伸，是为第二层。第五、六两章，分古代、近代与现代两个历史阶段，总结学术界的研究成果，评述学术发展的轨迹，亦即人们认识司马迁经济理论的历史过程，是为他义，这是第三层。最后，全书殿卷的第七章，评述司马迁经济思想与当代市场经济，这是作者集中阐述的我义，目的是翻新司马迁经济思想，引申和发掘它的现实意义，赋予学术研究以时代的内容，这是第四层。一、二两层勾勒思想史发展的历史线索；三、四两层总结学术史发展的历史线索，四个层次、两条历史发展线索，井然有序地构成一个整体，表现了作者思维的缜密和匠心独运的安排，独树一帜，具有鲜明的个性特质。本书语言流畅，论说简明，不着修饰，直抒胸臆而带政论气质，一扫经院气息，也是一大特点。

17.《史记艺术美研究》

宋嗣廉著。东北师大出版社1985年出版，全书5章，12万字。本书是从美学角度研究《史记》文采的专论，开辟了"史记学"的新领域。作者认为，《史记》所传写的人物、事件情节和结构布局所表现出来的美学风格，大体有雄奇、悲壮、流动、匀称等几个特点。作者发现，司马迁"发愤著书"的非"中和"美思想，渗透在全书中，这是形成《史记》雄浑悲壮的美学风格极其重要的因素。作者首次引入"艺术辩证法"的概念，并列专章讨论《史记》的艺术辩证法。作者认为，司马迁继承了《诗经》以来中国文学美的优良传统，在处理褒善和贬恶、实录与想象、多样与统一、共性与个性等关系上，合于艺术辩证法。拿"实录"与"想象"来说，"史记"在"实录"的基础上，对某些细节通过"入情合理"的想象，"称量以出之"，加以"文饰"，这与小说家之言是不可同日而语的。倒是那种把"实录"只理解为承认客观的看法是不全面的。此说新颖而中肯。作者认为《史记》艺术美是"全面反映了时代风貌的"，并列专章比较《史》《汉》两书的艺术风格，论述了从西汉到东汉文学风格的变化，就总体来说，马《史》具有反对专制、向往百家争鸣的倾向，有异端思想；班《汉》则维护专制，支持独尊儒术，尽心于"圣人之教"，表现了正统观念。就学术思想而言，马、班是有重道与崇儒的差别的。又说，"司马迁之学为君道，班氏之学为臣道"，但是在以"实录"和以人为中心述史上，《汉书》是继承和发扬了《史记》的传统。书后五篇附录，择举《史记》的具体篇章作了示例分析，有助于读者对《史记》艺术美有亲切而真实的了解。

18.《司马迁传记文学论稿》

李少雍著。重庆出版社1987年出版。全书由六篇专论构成，32万字。本书对《史记》纪传体的创立、产生原因、列传题名、纪传文学的意义和艺术特征，以及在小说发展史上的地位和影响，作了全面、深入的研究，颇多创见。本书论从史出，占有丰富资料，运用考证的地方十分精严，因而立论严谨，有很强的说服力，一些独到的见解，使人耳目一新。例如对司马迁写人物传记，谋篇布局故事化的艺术手法，作了具体细微的生动分析，是前所未有的。

19.《史记文学成就论稿》(修订本更名《史记文学成就论说》)

可永雪著。内蒙古教育出版社1991年出版，全书八章，32万字。本书全面系统地抉发了司马迁写人艺术，堪称一部研究《史记》文学性的代表作。该书在继承的基础上创新，进行理论总结，下了很深的功夫。该书最大成就在两个方面。第一，从人物形象塑造角度抉发《史记》的文学性，不仅总结了系统的理论，而且作了大量的例证分析，结论令人信服。作者认为，司马迁具有文人和诗人的气质，对塑造人物的文学性有明确的认识，知道文学应该写什么，为什么写，以及怎么写。作者在例证分析中，总括司马迁在使用《尚书》、《左传》、《国语》、《战国策》等前代典籍文献时是怎样进行再创作的。作者从选择传主、提炼主题、剪裁取舍、类传和合传、互见法、增润生发、移甲作乙等七个方面分析司马迁在典型化方面的创造和贡献，提出了许多新见解，为进一步研究《史记》文学性开拓了新的研究起点。第二，对司马迁作为一代语言巨匠所获得的语言成就，作了全面系统的研究，达到了一个新的境界。本书2001年作者重出了修订版，更名为《史记文学成就论说》，内容有较大调整，突出了对《史记》语言成就的论说，行文更为简洁。

学术界对《史记》文学性的认识与阐发，全面系统地探索司马迁塑造历史人物典型形象的艺术手法，这是20世纪80年代以来当代《史记》研究的一人主流方向，在学术界创造了生动的局面。从1980年以来的近30年来所发表的当代《史记》论文3000篇，其中文学部分占总量23%。鸿篇巨制的论著有多部，上列17、18、19三种仅举其代表而已。可永雪的《史记文学成就论稿》，后来居上，取得突破性成绩是很自然的。

20.《史记评议赏析》

韩兆琦著。内蒙古人民出版社1985年6月出版。全书分两大部分，第一部分是总的分析论述司马迁其人与《史记》其书，包括《司马迁的受宫刑及其忍辱著书》、《司马迁的进步历史观》、《司马迁的求实精神》、《司马迁的经济思想》、《司马迁的审美观》、《史记的小说因素》、《史记一道悲剧英雄人物的画廊》、《史记的抒情性》、《史记书法释例》等文章；第二部分是对《史记》单篇作品进行的分析论述,包括《项羽本纪》、《高祖本纪》、《陈涉世家》、《留侯世家》、《魏公子列传》、《廉颇蔺相如列传》、《田单列传》、《刺客列传》、《李斯列传》、《淮阴侯列传》、《魏其武安侯列传》、《李将军列传》等名篇。书后还附有《关于史记的一些常识》和《司马迁生平年表》。作者关于司马迁受宫刑是因为与汉武帝的"宿怨新愆总爆发"的结果和《史记》是一道悲剧英雄人物画廊等观点,曾在学术界引起很大反响。

注释:

①《春秋繁露·精华》。

②《与挚伯峻书》。

③《报任安书》,载《汉书》卷六十二《司马迁传》。

④《文学评论》1986年第5期。

⑤《陕西师大学报》1986年第3期。

⑥《汉中师院学报》1988年第3期。

⑦《福建论坛》1987年第6期。

⑧《人文杂志》1987年第3期。

⑨《陕西师大学报》1988年增刊。

⑩《史记》卷一《五帝本纪·赞》

第二讲

《史记》是一部继往开来的百科全书

本题集中研讨司马迁创作《史记》的宗旨,《史记》的内容,为什么成为一部历史百科全书,它对于中国传统文化的传承产生了什么样的影响,下分四题来谈。

一、继《春秋》创一代大典

"春秋"本是各国史书的通名,自战国儒家说孔子作《春秋》之后,《春秋》一书就专指春秋时期鲁国史书。《春秋》记事始于公元前722年,迄于公元前481年。它以简练的语言记载春秋大事,类似于后世的大事记。汉代儒学独尊,《春秋》为六经之一,它的地位相当于一部国家宪法。继《春秋》创一代大典,成了司马谈、司马迁父子的理想,也就是创作动机。

孔子作《春秋》说,司马迁在《史记·孔子世家》、《十二诸侯年表》、《儒林列传》、《太史公自序》等篇章中均有记载。这些记载的大意是:春秋末年周室衰微王道中断,孔子为救世而周游列国宣传王道,但各国诸侯都不能用他。晚年的孔子受获麟的激励而作《春秋》。《春秋》笔削严谨,辞约指博,字里行间蕴含了许多"义法",孔子就是通过这些义法来评价历史和现实,以"使乱臣贼子惧"。《十二诸侯年表序》说,孔子"论史记旧文,兴于鲁而次《春秋》,以制义法,王道备,人事浃"。《太史公自序》说得更鲜明,说孔子作《春秋》是"上明三王之道,下辨人事之纪,别嫌疑,明是非，定犹豫，善善恶恶，贤贤贱不肖，存亡国，继绝世，补敝起废，王道之大者也”。即要从道德评判出发，树立社会楷模，整齐社会秩序，概括为两句话，就是“为后王立法，为人伦立准则”。《春秋》的“王法”施行之日，就是王道社会的重建之时。《春秋》是礼义的“大宗”，它是凝聚了孔子心血、希望、理想的力作，是知孔罪孔的唯一依据。

司马氏父子著述《史记》(当时叫《太史公书》)的宗旨，就是要上继孔子《春秋》。这个学术宗旨最初是由司马谈确定的，《史记·太史公自序》载司马谈遗嘱说：“幽厉之后，王道缺，礼乐衰，孔子修旧起废，论《诗》、《书》，作《春秋》，则学者至今则之。自获麟以来四百有余岁，而诸侯相兼，史记放绝。今汉兴，海内一统，明主贤君忠臣死义之士，余为太史而弗论载，废天下之史文，余甚惧焉，汝其念哉！”司马谈心目中的《太史公书》，是要从孔子《春秋》绝笔之年写起，以展现王道由中断到接续再到中兴的历史过程，论载在这个过程中明主贤君忠臣死义之士的辉煌业绩。同篇又载司马迁之语：“先人有言：‘自周公卒五百岁而有孔子。孔子卒后至于今五百岁，有能绍明世，正《易传》，继《春秋》，本《诗》、《书》、《礼》、《乐》之际？’意在斯乎！意在斯乎！小子何敢让焉。”司马迁在此表示，他深知父亲对自己的殷切期望，决心通过述史来继承孔子删述六经的事业，让司马氏的《太史公书》能够像孔子《春秋》一样，成为新的历史条件下的一王之法。

司马迁非常自信，他以承接道统而自居，所写《史记》是一部道德伦理教科书，因此是人人必读的《春秋》。《太史公自序》说：

> 故有国者不可以不知《春秋》，前有谗而弗见，后有贼而不知。为人臣者不可以不知《春秋》，守经事而不知其宜，遭变事而不知其权。为人君父而不通于《春秋》之义者，必蒙首恶之名。为人臣子而不通于《春秋》之义者，必陷篡弑之诛，死罪之名。其实皆以为善，为之不知其义，被之空言而不敢辞。夫不通礼义之旨，至于君不君，臣不臣，父不父，子不子。夫君不君则犯，臣不臣则诛，父不父则无道，子不子则不孝。此四行者，天下之大过也。以天下之大过予之，则受而弗敢辞。故《春秋》者，礼义之大宗也。夫礼禁未然之前，法施已然

之后;法之所为用者易见,而礼之所为禁者难知。

二、《史记》的创作宗旨

司马迁为了实现继《春秋》创一代大典的理想,他鲜明地提出了《史记》的创作宗旨,在《报任安书》中高度概括为15个字:“究天人之际,通古今之变,成一家之言。”这三句话既概括了《史记》在史学上的贡献,也反映了司马迁进步的历史观。先说“究天人之际”。

1. 究天人之际

“究天人之际”就是研究“天”与“人”的关系。今天来看,天人关系是十分简单的事情,即人与自然的关系。但在古代,除自然之天外,还有意志之天,即上帝;命运之天,即某种具有循环周期的天道。《天官书》说:“夫天运,三十岁一小变,百年中变,五百载大变,三大变一纪,三纪而大备,此其大数也。”这就是命运之天。得天下就是得天命,丢失天命,就要丢失天下。古人所说的革命,就是革天命。所以,究天人之际,在古代是上层建筑领域的一个重大问题。天能支配人事,这一观念是维护统治权的理论基础,所以它总是统治阶级的官方哲学。殷周时代宗教神学主宰着思想界,天是至高无上的权威。殷人最迷信,他们把至上神与祖先神合而为一,认为上帝就是他们的祖先。纣王快到亡国的时候还说:“我生不有命在天乎!”①认为有天命保佑是不会亡国的。武王伐纣,殷朝覆灭了,天命受到了一次沉重的打击,“天命靡常”的观念产生了。西周末年,幽王无道,发生了骊山之变和平王东迁,王权从天上跌落下来。春秋战国之际的动乱,贵族下降为皂隶,平民上升了,诞生了新兴的封建地主阶级,政治上发生了变法运动,“亲亲”观念被“尊贤”所代替。各国都重视人谋,讲求富国强兵。所以在《左传》中就记载了“吉凶由人”②,“天道远,人道迩”③等无神论思想。战国末年的思想家荀子甚至提出了“人定胜天”的思想,写出了战斗的唯物主义哲学著作,即《天论》。秦汉之际,社会发生更大的演变,不仅是“五年之间,天下三嬗”,而且陈涉佣耕,兴起为王,他所遣王侯将相竟灭秦。不仅汉高祖刘邦起自匹夫,而且汉初开国功臣大都是细微的下层人物。这些变化给人们提出了两个尖锐的问题,即天人关系与古今变化。在天人关系上，取得了统治权的统治阶级就要恢复天上的权威来巩固地上的王权，所以秦始皇和汉武帝两个雄主都十分迷信。董仲舒宣扬天人感应的神学，就是适应汉武帝加强中央集权而产生的。司马迁向董仲舒学习《公羊春秋》，接受他的大一统思想，但反对老师的“道之大原出于天”的神学思想，而“究天人之际”，在当时是一种了不起的革命奋发精神。

首先，司马迁把自然现象与阴阳五行的迷信说法区别开来。司马迁发挥父亲司马谈的《论六家要指》，对阴阳家评论说：

> 夫阴阳四时、八位、十二度、二十四节各有教令，顺之者昌，逆之者不死则亡，未必然也，故曰“使人拘而多畏”。夫春生夏长，秋收冬藏，此天道之大经也，弗顺则无以为天下纲纪，故曰“四时之大顺，不可失也”。④

这里司马迁肯定了阴阳五行学说中对自然规律的概述，评判了“使人拘而多畏”的迷信禁忌学说。《太史公自序》还批评了“星气之书，多杂机祥，不经”。《封禅书》对秦始皇、汉武帝的迷信活动更作了无情的揭露和揶揄讽刺。在这个意义上，司马迁“究天人之际”是与阴阳五行学说的迷信开展的一场针锋相对的斗争。

第二，司马迁通过对实录史事的具体论述，对天道提出了质疑。《伯夷列传》为七十列传之首，以议论为主，是一篇示例的论传。这篇论传的中心思想是对“惩恶佑善”的天道提出了质疑，实际上是在提示七十列传是讲人事活动的。支配历史发展的是人而不是天。《项羽本纪》与《高祖本纪》是两篇传记性质的《本纪》，相互衬映，构成了强烈的兴亡对比。楚亡汉兴的根本原因不是天意，而是人心的向背决定了事业的成败。《太史公自序》明确地指出：“子羽暴虐，汉行功德。”项羽一系列的杀人屠城的倒行逆施导致了他的失败。所以司马迁在《项羽本纪赞》中批评项羽至死不悟，怪罪“天亡我”是十分荒谬的。在《高祖本纪》中，司马迁进一步通过刘邦之口直接说出了天意不能支配人谋。刘邦说：

> 夫运筹策帷帐之中，决胜于千里之外，吾不如子房。镇国家，抚百姓，给馈饷，不绝粮道，吾不如萧何。连百万之军，战必胜，攻必取，吾不如韩信。此三者，皆人杰也，吾能用之，

此吾所以取天下也。项羽有一范增而不能用，此其所以为我擒也。

这里最清楚明白地说明了刘邦得天下是他善于用人的结果。天意不能支配历史的变迁，同样不能支配个人的祸福。《伯夷列传》在叙述了颜回早夭后说："天之报施善人，其何如哉?"这是对苍天直接发出了抗争的质问。《蒙恬列传赞》否定了蒙恬怪罪筑断地脉而遭诛屠的观点，指出他轻百姓力，助纣为虐，死有余辜。

以上两个方面是司马迁"究天人之际"的主流和精髓。

但是，司马迁却又保留了天命的地盘。他在《高祖本纪赞》中说，"三王之道若循环，终而复始"，并以此证明汉得"天统"。他还在《秦楚之际月表序》中，赞叹汉得天下是："此乃传之所谓大圣乎？岂非天哉，岂非天哉！"并说："非大圣孰能当此受命而帝者乎？"在《天官书》中更是记载了许多天人感应的例证，并做出这样的结论："为国者必贵三五。上下各千岁，然后天人之际续备。"这些话显然是宣扬天命的言论。

从现象上看，司马迁在天命问题上既承认，又怀疑，时而清醒，时而糊涂。这种矛盾思想恰恰反映了那个时代人们所受到的阶级局限性和历史局限性。作为史官，司马迁必须对天命论这一官方哲学做出反应。他又扈从汉武帝几十年，参与了封禅、祭祀天地百神等活动，既看到了它的虚诞，同时也看到了它对于加强统治的作用，而进行记载，这就是阶级局限性。司马迁通古今之变，认为三代之兴是累世积德行义而得天下，秦汉之际天子起于匹夫，古今何以有这样大的差别，他不可能从政治经济学的角度去求得解释，只好求助于天命论，这就是历史局限性。但是，司马迁有着特殊的生活经历，他知识渊博，壮游全国，奉使巴蜀，扈从武帝负薪塞河，有着极其深厚的生活实践，了解人民群体的力量，尤其是无辜遭腐刑，体验了天道的虚妄。这些生活与体验就是司马迁产生进步的天人观的源泉。所以从总体思想上看，司马迁尽管留有天命论的地盘，他并不否认有意志的"天"的存在；但是他主要的思想倾向不是深信，而是怀疑，不是顺从，而是违抗。表现在《史记》中，对天命是抽象地承认而具体地否定。讲"天命"只是表面文章，强调人为才是重点。司马迁在具体地论述历史变迁和评价人物的时候，是看不到天命论的影子的。

司马迁对天道的怀疑而“究天人之际”，强调历史研究以人物为中心，原原本本地总结人为的历史经验，探寻治乱之源，成为古代史学的优良传统。司马迁“究天人之际”的主要思想倾向是应该肯定的。

2. 通古今之变

“通古今之变”这一命题是与董仲舒宣扬的“天不变，道亦不变”针锋相对的。“变”是司马迁朴素唯物主义历史观的核心。他认为宇宙间一切事物都在“变”，只有用“变”的观点才能探究事物的规律。他说：“无成势，无常形，故能究万物之情。”[⑤]没有一成不变的态势，没有永恒存在的形体，所以才能洞悉万物的真情。从“变”的理论观点出发，决定了司马迁用发展变化的眼光看待人类社会的历史，他名之曰“变”，曰“渐”，曰“终始”。他说：“天人之际，承敝通变”，“略协古今之变”[⑥]；“臣弑君，子弑父，非一旦一夕之故也，其渐久矣”；“是以物盛而衰，时极而转，一质一文，终始之变也”[⑦]。司马迁在这方面的言论是很多的。“物盛而衰，固其变也”，“儒者断其义，驰说者骋其词，不务综其终始”[⑧]。等等，不胜枚举。“变”，指社会不断地进化和发展；“渐”，指的是进行、运动，即进化和发展的过程；“终始”，指的是因果关系，人类社会发展的一个个里程是有因果相连的关系，即有规律可以认识的。总括为一句话，“通古今之变”的目的就是“稽其成败兴坏之理”[⑨]，探寻社会治乱的规律。

通观整部《史记》，司马迁“通古今之变”是围绕以下几个层次全方位展开的：

一是时势之变。这是司马迁“通古今之变”的重点。清人顾炎武《日知录》曾说司马迁写《史记》“胸中固有一天下大势”，这的确是提纲挈领地点出了《史记》的通变精神。作为中国历史上的第一部通史，司马迁是把古往今来的历史贯通起来考察的，他不仅在本纪中反映了从黄帝至汉武帝三千年间朝代变迁和帝王相承的大势，而且在年表中以时代的变革划分段落，把他所写的中国通史划分为上古至春秋、战国、秦楚之际及汉代四个阶段，鲜明地表现了各个历史段落的时势发展与变迁，同时还在表序中对各个历史段落的大势承递作了理论的剖析，综其始终，供人自镜。所以白寿彝先生《史记新论》说：“在‘通古今之变’的问题上，十表是最大限度地集中体现这一要求的。司马迁每写一个表，就是要写这个历史时期的特点，写它在‘古今之变’的长河中变了些什么。把这十个表总起来看，确又是要写宗周晚年以来悠久的历史时期内所经历的巨大变化——由封侯建国走到郡县制度，由地方分权走到皇权专制。”可以说，从时势变化来“通古今之变”，是从大处把握了历史的发展变化。

二是兴亡之变。所谓兴亡之变，是指朝代国家的兴亡变化，这也是司马迁“通古今之变”的重点。《史记》中详细记载了夏、商、周和秦、汉的兴亡，并揭示了兴亡的原因。他在《外戚世家》中说：“夏之兴也以涂山，而桀之放也以末喜；殷之兴也以有娀，纣之杀也嬖妲己；周之兴也以姜原及大任，而幽王之禽也淫于褒姒。”这是从后妃是否有德关系到国家兴亡的角度来论述夏、商、周的政权更替的。司马迁论秦亡时则说：“秦失其政，而陈涉发迹，诸侯作难，风起云蒸，卒亡秦族。”[10]这是说，秦朝实行暴政，遭到人民的反对，终于被陈涉起义推翻了。在《秦始皇本纪赞》中，司马迁还引用贾谊《过秦论》总结了秦亡的三点原因：其一，“仁义不施，攻守之势异也”；其二，“危民易与为非”；其三，“壅蔽之伤国也”。秦始皇用暴力统一天下，但不懂得用仁义治天下，而是变本加厉地实行暴虐专政，秦二世因之不变，把全国人民推入了火坑。所以陈涉揭竿而起，天下一呼百应，“其民危也”。又由于秦朝“多忌讳之禁”，皇帝拒谏，没有人敢于出来直言，农民起义的烽火已成燎原之势，可皇帝还被蒙在鼓里，秦朝也就不可避免地灭亡了。贾谊所分析的这些情况，司马迁在《秦始皇本纪》等篇中都有深入描写和论述。

三是成败之变。司马迁尝以“稽其成败兴坏之理”自许，这是他“通古今之变”第三方面的重要内容。在《史记》中，所载由胜而败，或反败为胜的史实，可谓俯拾皆是。如《燕世家》、《乐毅列传》等篇载，乐毅是燕国名将，攻打齐国所向披靡，节节胜利，只要再拿下即墨和莒这两座城池，就可以一举灭掉齐国了，可燕惠王因“与乐毅有隙”，“疑毅，使骑劫代将”，结果被齐国的田单用火牛阵打得大败，燕国从此也一蹶不振，以至于亡，而齐国反败为胜，重振了雄风。又据《廉颇蔺相如列传》载，赵孝成王七年，秦、赵两军在长平对垒。老将廉颇以“固壁不战”的战略沉着应付，一时胜负难分。后来赵王中了秦人的反间计，用只会纸上谈兵的赵括代替廉颇,结果被秦将白起打得一败涂地,40万赵兵在长平惨遭活埋,使赵国大伤了元气。类似的例子很多,司马迁不仅注意到了成败易变的发展过程,而且深刻点明了造成这种变化的重要因素,这就是用人的得当与否。总结了历史上的用人得失以后,司马迁在《楚元王世家》中深有感触地说:“国之将兴,必有祯祥,君子用而小人退;国之将亡,必有妖孽,贤人隐,乱臣贵。贤人乎,贤人乎,非质有其内,恶能用之哉!甚矣,安危在出令,存亡在所任,诚哉是言也!”

四是穷达之变。我国历史上的一个农民起义领袖陈涉有句名言:“王侯将相宁有种乎?”的确,风云际会,沧海桑田,多少王侯将相由达而穷,沦为平民,同时又有多少出身低微的人青云直上,变否为泰而发迹。陈涉只是个佣耕者,却在农民起义的浪潮中做了王;刘邦原先不过是个泗水亭长,后来却机缘凑巧做了皇帝;其他如没落贵族后裔张良做了王者师,刀笔吏萧何做了丞相,饿夫韩信做了大将军,还有商鞅、苏秦、张仪、范雎、蔡泽、蔺相如、李斯、张耳、陈馀、陈平、公孙弘、司马相如等人,无不是由穷而达的典型。司马迁在叙写这些人物的穷达之变时,重在以下两点:一是时代机遇。俗话说,沧海横流方显出英雄本色。时代风云变化,使一些人丧失了原有的尊贵地位,也使另一些人有了大展身手、取得功名富贵的机会。司马迁笔下的穷达变化的历史人物主要集中在春秋战国和秦汉之际,就是因为这个时期的社会动荡变化最为激烈的缘故。二是个人本身的才能和努力。在相同的历史条件下,并不是人人都可以做到由穷而达的,如果本身不具备一定的才能,或者有才能而不肯发奋努力,那都将一事无成。司马迁对那些穷则思变,不甘心碌碌无为,而是勇于进取,建立了功名的历史人物,都作了肯定和赞扬。

以上四个方面,从社会到个人,从整体到个体,从一般到特殊,是司马迁“通古今之变”的四大核心内容。由于司马迁在继承上古以来的史文化的同时,又将《易》理与道家哲学融会一体,因而他的“通古今之变”的“通变”历史观实际上也是一种整体观、辩证观与系统观,具有超越于表象世界而直透历史本质的内在深刻性。

司马迁还有一套通古今之变的方法,要点有原始察终,见盛观衰,详今略古,详变略渐等,这属于历史研究方法论的范畴,将在"司马迁对中国历史学的贡献"专题中阐释,兹从略。

3. 成一家之言

"成一家之言"是司马迁在历史学上的一个首创。这表明,司马迁作史,并不是历史资料的汇抄和事实的堆积,而是要阐明自己的思想。"言"就是议论、理想和主张。司马迁的"一家之言"熔铸在《史记》中,表现为他对哲学、政治、经济、文化、社会及伦理各个领域的观点,内容极其丰富。简括地说,司马迁融会贯通百家学说以建立统一的新思想体系。其核心思想是"稽其成败兴坏之理",以"自古自镜"。具体说,司马迁的"成一家之言",包括了以下几个方面的内容:其一,在学术宗旨上,司马迁不宗一家,不主一说,而是融会贯通百家,自我立说,自成一家,建立了自己的思想体系,因此《史记》蕴涵的思想,既不是道家,也不是儒家,而是新立的史家,品人论事的思想,今称之为历史哲学。其二,在著述构架上,司马迁的"成一家之言",既包含《史记》的内容,也包含《史记》的体例。即《史记》的五体创造与百科内容均是司马迁的一家之言。其三,在叙述模式上,《史记》是文、史、哲三位一体。首先是史学,记事实录。其次,以人为中心,劝善惩恶而塑造了典型化的人物形象,创立了传记文学。再次,基于事而趋于道,寓论于序事之中,像子书作者那样大量地把自己的思想感情融会在写人叙事之中,为中国史书的叙述模式开创了一个新体式。司马迁自称为"成一家之言"。总上三点,后人评析,按其内容,统称之为"历史百科全书"。

三、《史记》百科全书的内容

从历史学角度看《史记》的百科内容,它囊括天人古今,具体条例,可概括为五个方面。

1. 备载天地万物

天地是人生之根本,人类社会活动的舞台。司马迁"究天人之际",把天文、地理、水利等自然环境纳入史学范畴,考察人与自然的依存关系。司马迁十分形象地指出:"夫天者,人之始也;父母者,人之本也。"⑪父母为个体的人的根本,天地为人类的根本。研究人,必须研究天,研究地,就这样,天文学、地理学在《史记》中得到反映,于是特立了《天官书》、《历书》、《河渠书》等专篇。此外,《夏本纪》三分之二的篇幅也是地理专篇。

2. 囊括国家大政

五帝三王时代,国家大政被归纳为八政:一曰食、二曰货、三曰祀、四曰司空、五曰司徒、六曰司寇、七曰宾、八曰师。这是先秦时代儒家的八政观念,载于《尚书·洪范》,《史记》采入《宋微子世家》。民以食为天,故食货居八政的第一、第二。《史记》八书为:礼、乐、律、历、天官、封禅、河渠、平准。司马迁认为礼是维系等级秩序的制度,为治国头等大事,所以列礼为八书之首。礼乐相辅为治,故《乐书》与《礼书》蝉联。《洪范》八政内容,在八书中的反映,"食"、"货"对应"平准","祀"对应"封禅","司空"对应"河渠","宾"对应"礼"、"乐","师"对应"兵"(即《律书》)。《洪范》八政的司徒、司寇在八书中没有对应之篇,然而在列传中有对应之篇,"司徒"对应"儒林","司寇"对应"循吏"、"酷吏"。同时《史记·货殖列传》亦为食货之事。对应只是一种近似的比较。总之,《洪范》八政,在《史记》中均有反映,表明司马迁把国家大政纳入了历史学研究范围之内,专列八书系列开后世政书之先河。内容和序列的调整,表现了司马迁的史学观点和国家大政的轻重序列。班固《汉书》十志,序列为律历、礼乐、刑、食货、郊祀、天文、五行、地理、沟洫、艺文,内容更丰富,结构更严密,发展了司马迁史学,这是应当揭明的。班固还把职官纳入了史学范围,创《百官公卿表》以载其制。

3. 展现古今社会

国家大政只是社会生活的一部分,而更多更丰富更广阔的内容,应是社会基层老百姓大众的物质及精神文化生活。历史家的责任,就是要全面地反映以往历史的社会生活,摆事实,讲道理,还历史本来面目,知往鉴今,使读者受到启迪。司马迁很好地尽到了他的责任,以人物为中心贯通古今,全面地展现了古今社会。司马迁不只研究上层人物、帝王将相,也研究了社会下层各个阶级、阶层的人物,全方位反映社会生活,司马迁对古代社会的风俗习惯、精神风貌等等,都进行了研究和总结,达到了"备天地万物"的境界。

4. 辨章一切学术

《太史公自序》论列六家要指,又立"老庄申韩"、"孟子荀卿"等列传,辨章学术,把学术学派纳入了史学研究范围。班固在《汉书》中立《艺文志》，对学术学派分类，更加条理和细密，是弘扬司马迁之学。其实《汉书》所列九流十家，《史记》中都有反映。《苏秦》、《张仪》两传反映纵横家。《韩长孺列传》述韩安国学术渊源说："尝受《韩子》、杂家学说于驺田生所。"这里明确将杂家视为一个学派。《司马相如列传》载《子虚赋》，是典型的文学虚构，至于卓文君夜奔故事就带有小说笔法。这说明司马迁把小说家纳入了研究范围，并吸取其技巧。司马迁的视野是极其广阔的。有些学术、学问，在当时还不甚发达，或未引起史家足够的重视，无论《史记》、《汉书》都没有专列论载，但实际上司马迁也是纳入了研究范围的。例如金石、简牍、甲骨，作为专门学术是后代的事，金石学形成于宋代，简牍学、甲骨学奠基于近代，但这些学问已在先秦发源。三代已经铸鼎彝，秦代已经重刻石。甲骨盛行于殷周，秦汉是简牍为主的时代。《史记》对金石、简牍、甲骨都有不同程度的载述。《周本纪》记武王克殷后"封诸侯，班赐宗彝，作《分殷之器物》"。《秦始皇本纪》多次记载"刻石颂秦德"。《封禅书》记载得宝鼎，李少君鉴赏齐桓公器。这说明司马迁已将金石作为史学研究对象。《周本纪》记"尹佚策祝曰"，《齐太公世家》记"史佚策祝"，《鲁周公世家》记"史策祝曰"，《孔子世家》记"(孔子)读《易》，韦编三绝"，《匈奴列传》记汉遗单于书，牍以尺一寸。单于遗汉书以尺二寸牍，及印封皆令广大长。反映了简牍的形制、使用情况。可以说简牍已纳入了史学研究对象。至于甲骨，有《龟策列传》，此外记载卜筮卦象的篇章是很多的，如《周本纪》、《晋世家》、《田敬仲世家》等篇，不必一一具引。

5. 遗事旧闻纳入史学研究范围

拾遗事，网旧闻，司马迁作为史学理论贯彻，《太史公自序》作了明确的交代。一则曰"拾遗补艺"，《索隐》注："补六艺之阙也。"再则曰"网罗天下放失旧闻"，《索隐》注："旧闻有遗失放逸者，网罗而考论之也。"拾遗补缺，《左传》注《春秋》开其端，司马迁条释为理论成为中国史学的传统。裴松之《三国志注》，发展成为一种史书体裁，可以说是司马迁拾遗补缺、网罗旧闻理论在实践中的发扬光大。

拾遗补缺，贯彻在创作中，使《史记》内容更加全面。例如，孔子高足七十子，《仲尼弟子列传》实载七十七人。《史记索隐》注：

"自公伯缭、秦冉、鄡单三人,《家语》不载。"说明也补了《孔子家语》之缺。《日者列传》说:"古者卜人所以不载者,多不见于篇,及至司马季主,余志而著之。"古代日者社会地位低贱,史书不载,司马迁特补前人之失而作《日者列传》。列传中许多附传人物,亦是补无传之缺,如《卫将军骠骑列传》补公孙贺、李息等14人无传之缺。《史记》十表,特别是汉代诸表,不仅补纪、传人物之缺,也补行政大政之缺。如《将相表》记高祖六年"立大市","更命咸阳曰长安",以及太尉之废置,都是本纪中没有记载的。

以上条列了司马迁创立百科全书式通史五个主要的方面,均属历史学的范围,所以《史记》最本质的定位,是一部历史学著作。由于以人为中心,司马迁写人,创造了传记文学。《史记》既是史学,又是文学,所以一般通称,《史记》是一部文史名著。

四、《史记》成为百科全书的原因及意义

司马迁为何把一部文史名著,写成百科全书呢?主要有以下四个原因。

其一,中国传统的哲学理念是天人合一。孟子就说:"天生蒸民","为之作之君,作之师"。《左传》说:"天生民而树之君。"[12]人君为王。《说文》:"王,天下所归往也。"董仲舒曰:"古之造文者,三画而连其中谓之王。三者,天地人也。而三通之者,王也。孔子曰一贯三为王。"[13]人立于天地之间,不能脱离天地而生存,所以天地人作为一体来写。用司马迁自己的话说就是"究天人之际,通古今之变,成一家之言"。

其二,历史本身的含义是指过去的事,即以往的一切事情。由于古代生产力低下,社会分工不发达,从而限制了人们的认识能力,反映到思想文化领域,也要求学者、先知先觉的圣人知晓一切。所以古代的历史学家,无论中外,都认为史学要包括一切知识。刘知几在《史通·自叙》中说:"夫其书虽以史为主,而余波所及,上穷王道,下掞人伦,总括万殊,包吞千有。"他认为史学、史书、史学研究与评论要总括天地古今的一切。古希腊历史学家希罗多德所写《历史》就是"百科全书"式的。

其三,在司马迁时代,学科分类方兴未艾,正是所谓文史不分的时代,而正是由于《史记》对文学、史学的突出贡献,推动了

文学、史学的分途。

其四，司马迁父子的理想，要完成一代大典，效《春秋》为民立则。司马迁评论《春秋》说："《春科》文成数万，其指数千。万物之聚散皆在《春秋》。"其实是指《史记》的写作宗旨，要包罗万象，古今皆备。司马迁之父司马谈发凡起例，司马谈为太史令，本身就是掌管天文之官，兼理国家图籍之府。资料搜集，要"网罗天下放失旧闻"，"厥协六经异传，整齐百家杂语"。如此浩繁的工作，司马谈感到一人之力难以完成，所以培养司马迁继承自己的事业，临终遗命司马迁接力修撰《史记》。古人治学，就有这样一种精神，父死子继，为了理想绝不急功近利，这就需要执著精神。司马谈自比孔子，是几百年才出现的圣人之业的继承者，表明他自觉地肩负起这一历史使命，寄希望于司马迁来完成，于是规划了"百科全书"。

司马迁继承父志，完成并发展了"百科全书"的规划，《史记》博大精深，是一部名副其实的继往开来的百科全书，其意义就是"继往"与"开来"。《史记》继往，全面总结了前代历史文化；《史记》开来，推动了文史哲的分途，影响深远。提起中国古代学术文化，人们有文史不分之说，这主要是指先秦时代。当时的文学、史学、哲学，各有分野。《诗经》、《楚辞》是文学，《春秋》、《尚书》、《左传》、《战国策》是史学，《周易》、诸子散文是哲学。但是，又为什么说文史不分呢？当时散文没有纯文学，更没有写人艺术的纯文学；而诸子散文说理，寓含历史知识，而文采斐然；上列史学专书，不仅反映的历史内容和范围有限，而且形式体制都极为原始，《尚书》只是资料汇编，《战国策》可以说是文史参半。也就是说先秦百家争鸣是学术的黄金时代，文学、历史、哲学，往往是一而二，二而一，或三位一体。当时各种学科都还处在童年和蓬勃发展时期。冶文史哲于一炉的《史记》，就是在这样一种历史传统和历史背景下产生和创造出来的。也正由于《史记》的巨大成功，把文史哲的发展推向了一个高峰，从而也推动了文史哲的分途。也就是说，司马迁是集文史哲于一身的一个伟大时代的文化巨人。

注释：

①《史记》卷三《殷本纪》。

②《左传》僖公十六年。

③《左传》昭公十八年。

④⑤《史记》卷一百三十《太史公自序·论六家要指》。

⑥⑩《史记》卷一百三十《太史公自序》。

⑦《史记》卷三十《平准书》。

⑧《史记》卷十四《十二诸侯年表序》。

⑨《报任安书》,载《汉书》卷六十二《司马迁传》。

⑪《史记》卷八十四《屈原贾生列传》。

⑫《左传》文公十三年。

⑬《说文解字》卷一。

第三讲

《史记》对中国历史学的贡献

梁启超在《中国历史研究法》中说："中国于各种学问中，惟史学为最发达；史学在世界各国中，惟中国为最发达。"这段话充分肯定了史学在中国传统文化中的地位。四部目录经、史、子、集，史籍部居第二位，充分显示了它的地位。中国古代史学大家，一般都具有恢宏的历史视野，学兼天人，会通古今，并以高度自觉的精神，肩负修史使命，视史学有补于人伦道德与政治借鉴，强调以古为镜，经世致用，实录史事，这些都是中国史学的优良传统。

中国史学优良传统的创始人就是西汉创作《史记》的杰出史学家司马迁，前苏联大百科全书称他为中国史学之父。《史记》的问世，对中国史学产生了巨大、深远的影响，司马迁对中国史学作出了卓越的贡献。司马迁对中国史学的贡献和影响，最主要的有以下四个方面。

一、奠定了中国史学的独立地位

中国史学的产生有悠久的历史。早在殷商时代就有史官，但这种史官只是记载商王的言行，并负责占卜，类似宗教官员。周代继承这一传统，到春秋、战国时代，史籍产生，有所谓"左史记言，言为《尚书》；右史记事，事为《春秋》"的说法。即《尚书》是"左史记言"的典范著作，《春秋》是"右史记事"的典范著作。列国史官形成的著作有晋《乘》、郑《志》、楚《梼杌》、鲁《春秋》等，均属记言、记事的性质，很少有历史研究。《逸周书》、《左传》、《国语》、《周礼》、《仪礼》、《世本》、《竹书纪年》、《战国策》等，也属史籍，其特点多为资料汇编，或修订、解释历史文献。一般成于众手，作者多为史官或士大夫。成书既非一时一人，因此没有严格的体例。正由于此，先秦史籍成为后世多种史体的源头，故唐代刘知几总结唐以前史体流派有六家①，先秦史籍占了四家。比较有严格义例的是《春秋》家和《左传》家，代表的是编年体。中国古代史籍的三大体为纪传、编年、纪事本末，最早产生的是编年体。

先秦史籍内容庞杂，文字疏简，记事粗略，史实中杂有神话、传说、寓言，又多有后人的增饰，真伪并存。而且先秦史籍，没有系统地、全面地、全方位地记载人类的社会活动。先秦时代的思想家，他们关注历史，凭借掌握的历史资料、历史传说，用来宣传他们各自的政治主张，他们没有自觉地将历史单独地进行有体系的研究，他们关注历史，往往只是把某些片断的历史资料和历史研究作为政治的一部分。诸子著作《墨子》、《商君书》、《申子》、《韩非子》、《虞氏春秋》、《吕氏春秋》等即是如此。这些著作是子书，而融入了历史。孔子作《春秋》，创立了编年史，但重在一字褒贬，不注重史事记载。解释《春秋》形成的《左传》、《穀梁传》、《公羊传》，着重阐释书中的微言大义，《左传》是最具有历史性的典籍，较为详细地记载了春秋242余年的历史，但仍然是借用历史资料来阐释儒家学派的政见、理想，并未对历史溯源、反思和借鉴，对当时的历史也没有做系统的、全方位的记载，因此仍然是经书，而不看做是史书。

总上，先秦史籍，只是反映了片段历史，没有独立成为史书，也没有独立的史家概念。殷商是中国史学的萌芽时期，春秋、战国、秦是中国史学的童年，史籍只是经部的附属。

《史记》问世，改变了这一状况。司马迁以"究天人之际，通古今之变，成一家之言"为宗旨，创作了上起黄帝、下迄汉武3000年的通史，不仅把历史撰述从一个狭小的天地引向了广阔无垠的大千世界，而且以人为主体，建立了崭新的历史观认识体系，这是前无古人的。

《史记》与先秦史籍比较，它是由量变发生了质变，《史记》是一部真正的历史著作，它结束了中国史学的童年而走向成熟。由于《史记》的影响和带动，司马迁之后，史籍蓬勃发展，两汉以后，史籍独立成部，蔚为大观。东晋李充著《四部书目》，史籍已部居第二。

《史记》作为成熟史学的标志，它有着独特的创造，最突出的贡献有以下三个方面：

1. 自觉的历史使命

《史记》书成，司马迁题名为《太史公书》，即太史公所记之书，到东汉桓、灵之际，《太史公书》才演变为《史记》之称。太史公，是司马迁对其父司马谈为太史令的尊称。《太史公书》就是纪念司马谈发凡起例修撰《史记》的业绩。《史记·太史公自序》追述司马氏世系，源远流长，始祖为唐虞之世的重黎氏，职掌司天司地之职，司天即为史职。重黎氏之后，至于夏商，世序天地。到了周代，重黎氏后裔为司马氏，仍世典周史。惠、襄之间，司马氏中衰，去周适晋，史职中绝。司马迁津津乐道，追述远祖，其深层寓意是强调司马氏为史官世家。汉武帝即位，司马谈出仕，职任太史令，他以祖先世世代代为史官而自豪。司马谈重振天官学，并以这一"光荣家谱"教导司马迁，希望他发扬祖德，确立修史壮志。司马迁郑重其事记载了远祖世为史官的传说，也意味着他们父子来修撰一部贯通古今的通史是义不容辞的责任，是当然肩负的历史使命。司马氏父子是自觉的历史家。为此，司马谈发凡起例，以继孔子，效《春秋》为使命，修撰一代大典。司马谈的写作宗旨，《太史公自序》作了明确的交代。司马谈临终遗言说："夫天下称诵周公，言其能论歌文、武之德，宣周、邵之风，达太王、王季之思虑，爰及公刘，以尊后稷也。幽、厉之后，王道缺，礼乐衰，孔子修旧起废，论《诗》《书》，作《春秋》，则学者至今则之。自获麟以来四百有余岁，而诸侯相兼，史记放绝。今汉兴，海内一统，明主贤君忠臣死义之士，余为太史而弗论载，废天下之史文，余甚惧焉，汝其念哉！"司马谈的这段临终遗言，可条列其发凡起例的宗旨有三端：一曰效周公"歌文武之德"；二曰继孔子，效《春秋》，"修旧起废"，为后王立法，为人伦立准则；三曰颂汉兴一统，论载"明主贤君忠臣死义之士"。合此三端，即以人物为中心，帝王将相为主干，颂一统之威德，这正是秦汉中央集权政治在学术思想上的反映。《论六家要指》就是司马谈所作的述史宣言，倡导融会百家思想为一体，自成一家之言。这些就是《史记》的本始主题。

史学是什么？在司马迁时代，整个思想界还是一片朦胧的认识，司马迁本人也没有直接提出“史学”的概念。但是，在司马谈和司马迁的头脑中，早已孕育成熟了一个完整的系统的史学思想体系，并且父子两代身体力行在实践中。司马谈为此，耗尽了一生，司马迁继承父志为太史令，接力修史。当《太初历》颁布之时，汉兴已历百年，封建国家出现了空前的统一，封禅改历，举国欢庆。这年司马迁42岁。他在激动之中，深感修史责任重大，岁月蹉跎，一种紧迫感也在催促自己要奋力写作。这时司马迁再次想到了父亲的遗言，他说：“先人有言：‘自周公卒五百岁而有孔子，孔子卒后至于今五百岁，有能绍明世，正《易传》，继《春秋》，本《诗》《书》《礼》《乐》之际。’意在斯乎，意在斯乎！小子何敢让焉。”先人，即指父亲司马谈。司马谈认为周公卒后五百年而有孔子，孔子卒后至于今，应该有人继承孔子，宣扬清明盛世的教化，依据《诗》《书》《礼》《乐》来衡量一切。他发凡起例，功业未就而与世长辞。如今这副担子落在了司马迁的肩上，司马迁要实现父亲的遗愿而不敢推辞。司马迁也耗尽了一生，最终完成了《史记》，并将《史记》的主题升华为“究天人之际，通古今之变，成一家之言”。“言”即议论、理想和主张。“成一家之言”，就是要独创一个思想体系，具有划时代的内容，能启迪后人，影响社会。“成一家之言”，是司马迁在历史学上的一个首创，这一创造，把历史记述与历史研究融合起来，从而写出了具有理论体系的真正历史著作，也开创了史学研究的先河。司马迁自觉述史的创造，既为士大夫开辟了一条治史做学问的新路，同时也使史学研究从经学附庸中脱颖而出，引起了统治者的高度重视。班彪即“专心史籍之间”，撰写《史记后传》。其子班固继承父业，潜精研思，改《史记后传》为独立的断代史书《汉书》。班固初为私撰，惊动朝廷，汉明帝批准，班固名正言顺奉诏修史，这正是士大夫受《史记》影响热衷治史，而统治者亦重视治史的例证。《汉书》问世，被目为五经之亚。从此纪传体史籍的“正统”地位确立，治史成为统治者的行政要务，也是士大夫的学问大端。

2. 司马迁第一次叙述了全社会全方位的历史

《史记》体大思精。体大，指《史记》的五体形式；思精，指《史记》内容的全面性和系统性。《史记》体例完备，内容丰富，包罗万有，贯通古今。它上起黄帝，下迄太初，汇总古今典籍，“网罗天下放失旧闻"，成为一部百科全书式的古代中国通史，从内容到形式都是划时代的伟大创造。诸如经济、政治、文化、学术、民族、社会以及自然界的星象、历法、地理、水利等等无所不备。人物除帝王将相之外，还记述了农民起义的领袖，如陈涉、吴广等，下层社会的侠客、医卜、工商、俳优、博徒、妇女等等，凡在人类活动中起过作用的人物都叙入史中。也就是说，司马迁创作《史记》，虽然以帝王将相为中心，但它却扩大范围，描写了全社会的各个阶层。司马迁不仅首创民族史传，记载周边各民族的历史发展；而且记载了国外民族，远及西亚，这是司马迁当时所理解的世界范围，使《史记》具有古代世界史的意义。《史记》内容如此丰富，正是因为五体结构形式体大思精，能容纳丰富的历史素材。

3. 独立史体的创立

《史记》由本纪、表、书、世家、列传五体构成，它是司马迁创作的独立的新史体，既是编纂方法，也是史学研究的基本方法。五体分开来看又各自成为一个独立的系统，首尾完备贯通历史发展的线索，各有不同的侧面和重心。五体合起来看又是组织严密互相交融的一部著作，自成一家之言。这种新史体、新方法，以人为本位，得到了历代史家的认同。因此"百代而下，史官不能易其法，学者不能舍其书"[②]，"自此一例一定，历代作史者，遂不能出其范围，信史家之极则也"[③]。司马迁之后的继作者，有的五体不全，或缺表，或缺书，后世废封建，世家一体，自然消失。但各史纪传必备，故称纪传体。

由于纪传体以人为本位，帝王将相是人本位的中心，所以得到历代统治者的赞许，历代统治者设馆修撰纪传体，并颁令为正史。中国自《史记》以后历代蝉联而下的纪传体正史积数有26种，4042卷，洋洋4500万言，按各史的朝代完整无缺地保成下来，故学术界有"全史"之称。记事起黄帝迄于清末，中华民族五千年文化发展的规模体制，载述毕于此编。历代封建王朝明令颁布的纪传史，迄《明史》止共二十四史，故二十四史成为学术界的一个专用名词。二十四史加上民国年间修成的《新元史》、《清史稿》，共是二十六史。纪传体史系列的形成，司马迁首创之功，无论怎么评价都不过分。

二、规范了史学研究的对象和范围

《史记》把国家大政、社会生活、学术学问，即古今万物作为史学研究的对象，开创了百科全书式通史的规模，这种模式、格局遂成为后世史学研究的正宗，使两千年的中国封建史学向着文化史、百科全书的模式发展。虽然《汉书》以下，均断代为史，与《史记》通史有所不同，然研究对象、范围基本上沿袭《史记》，而且根据社会生活的变化发展，不断发展史学研究的对象、范围。

《史记》礼、乐、律、历、天官、封禅、河渠、平准八书，循吏、儒林、酷吏、游侠、佞幸、滑稽、日者、龟策、货殖诸传及其他一些部分，分别论述了国家大政、社会生活、学术学问等，将政治史、军事史、经济史、思想文化史、科学技术史、社会风俗史等包罗无遗。《汉书》沿着这一方面继续前进。《汉书》改“书”为“志”，设律历、礼乐、刑法、食货、郊祀、天文、五行、地理、沟洫、艺文十志，其中地理、艺文、刑法诸志，使《史记》中尚未独立研究的内容，进一步独立起来，使史学研究百科专史的格局有所发展。《汉书》又设《百官公卿表》，使百官的研究有所发展。以后历代修史，都设志、表，以反映一代典章制度，政治、社会生活。如缺志缺表，便会有人补作。

司马迁著《史记》，在史学研究对象上作出的最大贡献，是确立了人本位，以人为中心。《史记》的本纪、世家、列传，基本上是人传；表是人谱；书是人事、人传。此后历代修史便都遵循人本位的“祖制”。

司马迁规范史学研究的对象和范围，提出了许多首创的范例。如果把司马迁的创新加以具体的罗列，至少可以列举以下10个主要的方面：

1. 首创纪传体，形象地照映了封建社会的等级序列；

2. 首创贯通古今的通史，建立了历史发展断限理论的年代学；

3. 首创“太史公曰”的史论形式，提出了系统的史学理论；

4. 首创经济史传，发展了古代朴素的唯物史观，意识到经济发展状况对社会历史起决定的作用；

5. 首创军事史传，系统地总结了古代的战争理论和叙述了战史内容；

6. 首创学术史传，辨章学术，考镜源流；

7. 首创民族史传，提出了民族一统的思想；

8. 首创各色人物的类传，全面地反映社会生活；

9. 首创语译古文，使艰深古奥的语言通俗化；

10. 首创历史文学，把历史人物的实录塑造成为典型形象。

其他还可以罗列一些，例如首创礼、乐、历、星等各种专题的文化史传，扩大了历史记叙的范围；首创《大宛列传》，载述外国史事，等等。

三、创立了史学研究的基本方法

司马迁怎样写历史，尤其是古代史，即五帝三王、夏商周、春秋战国这一段历史，今称之为先秦史。在司马迁以前，没有真正的可资借鉴的历史书，也没有史学研究的理论和方法。司马迁的《史记》是第一次系统地整理了古代历史，并赋予了历史哲学的理论体系。司马迁自已称之为“厥协六经异传，整齐百家杂语”[④]。司马迁如何“厥协”与“整齐”历史文献，构建中国古代史，即司马迁编纂史学成书的基本方法，主要有以下四个方面：

1. 原始察终

“原始察终”，司马迁又称“综其终始”、“谨其终始”、“咸表终始”[⑤]反复言之。司马迁又说：“考之行事，稽其成败兴坏之理”[⑥]，即司马迁考察历史事变的始末，是围绕“治”“乱”二字写历史。所谓“成败兴坏”，即“治乱兴衰”。系统地总结历史经验，借鉴历史教训，以求长治久安，这就是司马迁写历史，写通史的目的。从贯通的考察中，从终始的叙述中，探求事理和法则。《史记》十表，划分历史断限，表序做出理论交代。三千年历史，司马迁划分为五个时期。

(1)《三代世表》，起黄帝，迄西周共和，统称五帝三王时期，表现积德累善得天下的王道时代。

(2)《十二渚侯年表》，起共和迄孔子卒，即公元前841—前476年，表现王权衰落的霸政时代，也称为春秋时期。

(3)《六国年表》，起周元王元年，迄秦二世之灭，即公元前475—前207年，表现暴力征伐得天下的战国时代。

(4)《秦楚之际月表》，起陈涉发难，迄刘邦称帝，即公元前209—前202年，详著月表以表现“八年之间，天下三嬗”的剧烈变革时代，这是典型的原始察终，若无陈涉发难，哪来秦汉之变？没有陈涉发难，也无楚汉相争。

(5)汉兴以来诸表，分类条析，表现大一统的今世时代。

本纪、世家、列传，依年表所分历史断限，联络相关篇目，合并阅读，就可见这一历史时期的系统历史。五帝三王时期，相关的主要篇目为五帝、夏、殷、周四篇本纪。春秋时期，相关的主要篇目为《周本纪》共和以后的东周前期，春秋十二诸侯世家。战国时期，相关的主要篇目为《秦本纪》、《秦始皇本纪》、韩、赵、魏、齐诸世家，以及相关的战国人物列传。秦汉之际，相关主要篇目为《项羽本纪》、《高祖本纪》、《陈涉世家》，汉初功臣人物列传等。今世汉代，为司马迁所详写的汉代现当代史，占全书过半篇目，不细列举。

每一个历史时期，司马迁均做了系统的整理，我们从《史记》中可以看到系统的三代历史，系统的春秋历史，系统的战国历史，详尽的秦汉变革历史，汉初的建国历史，合起来就是三千年的中国古代通史。如此完备的原始察终，结束了中国史学的童年，司马迁奠定了中国历史学的基础，司马迁被称为中国史学之父，当之无愧。

2. 见盛观衰

“原始察终，见盛观衰”，这八个字是不可分割的一个整体，一个方法论。司马迁用这八个字来看人类社会历史的发展，整个长河是一个不断兴衰发展的连续系列。“原始察终”，前已述及，就是追原其始，察究其终，一个历史事件，从哪里开始，到哪里结束，把握历史大势，就是把握历史的全过程来看它的原因、经过、发展和结果。“见盛观衰”，是把握与观察的一个方法，就是在兴旺的时候，要看到它的转化的起点。这一方法的理论基础，就是承认历史是在不断地变化、发展。变，是历史的永恒主题。所以司马迁写历史，最高原则与目的就是“通古今之变”。这个命题是司马迁针对他的老师董仲舒宣扬的“天不变，道亦不变”提出的。这表明司马迁是一个严肃的历史家，他考信历史的总原则是“考信于六艺，折衷于夫子”，但又不盲从。在一些具体的问题，以及不同价值取舍的原则，又“不与圣人同是非”。例如孔子批评学生子贡经商，孔、孟不言利，司马迁却写《货殖列传》赞颂推动生产发展的商人活动，司马迁的义利观就不与圣人同是非。司马迁吸收董仲舒大一统的历史观，却反对他的“天不变，道亦不变”，而认识到历史之变。而且“变”，是司马迁朴素唯物历史观的核心。他认为宇宙间一切事物都在“变”，只有用“变”的观点才能探究事物的规律。他说，“无成势，无常形，故能究万物之情”⑦。

3. 详变略渐

“详变略渐”是把握古今的一个原则，它又是“详今略古”的一个特例。司马迁对古今关系，基本原则是详今略古，在详今略古的前提下，又“详变略渐”，即详变革之世而略升平之世。“详今略古”包括“详变略渐”，“详变略渐”不能代替“详今略古”，我们可以看成是两个原则，在“详变略渐”的题目下，一并讨论。《史记》述史三千年，共一百三十篇，百年汉史篇幅过半，有六十二个专篇，兼及十三篇，共七十五篇。而五帝三代近两千年，只有五帝、夏、殷、周四篇本纪，三代、十二诸侯两篇年表，共六篇。详今略古还贯穿在每一个历史时期中。为何详今略古？主要有两大原因：一是愈古史料愈少，巧媳妇难为无米之炊；二是“近己而俗变相类，议卑而易行”，即离今世愈近的历史愈有借鉴价值，这也是详今略古最主要的原因。推广这一原则，愈是变革的历史，愈有借鉴的价值，所以“详变略渐”，成了处理古今关系最重要的原则。

统观《史记》全书特详四个段落的历史。一，西周建国史；二，战国之世的变革历史；三，秦汉之际的剧变历史；四，武帝建元、元封之间的变革历史。这四段变革历史加起来只有三百多年，只占三千年历史的十分之一，而叙述的内容，占全书52万字的百分之八十，即40余万字。秦汉之际八年，建元、元封之间三十年，合计不到四十年，而叙述的篇目涉及四十四篇，占三分之一，篇幅字数亦约三分之一。

详今略古与详变略渐，这两个原则的共同点，说明司马迁“通古今之变”，目的是着眼于现世和未来，写古是以古为鉴，不是宣扬复古，所以才详今略古。在详今略古中又着重究变革之世，因变革的历史经验与教训，更有借鉴价值。这一思想，司马迁有着鲜明的交代。其言曰：“居今之世，志古之道，所以自镜也，未必尽同。帝王者各殊礼而异务，要以成功为统纪，岂可绲乎？观所以得尊宠及所以废辱，亦当世得失之林也，何必旧闻？”[8]一方面讲以古为镜，一方面又讲古今不同，不可混同古今，表现了司马迁通古今之变的朴素辩证法思想。司马迁特别重视对秦朝历史的总结，就是为汉世作镜子。

4. 熔铸改写

《太史公自序》说：“凡百三十篇，五十二万六千五百字，为《太史公书》。序略，以拾遗补艺，成一家之言，厥协《六经》异传，整齐百家杂语。”一部《史记》引载六经异传及百家杂语，并不是资料的纂辑，而是要纳入“一家之言”中，表达出历史的意蕴，以及作者寓含的思想。用今天的话说，叫做再创作。但历史著作，不同于文学作品，以抒情见意，辞必己出；也不同于哲理著作，以空言论道，设寓说理。写历史要记事实录，广博地占有资料，应当做到无一事无出处，无一字无来历。但历史又是复杂的，写古代史，资料贫乏，司马迁不得不点滴搜求，零散积累。例如《五帝本纪》，司马迁写了黄帝、颛顼、帝喾、唐尧、虞舜五帝，全篇只有3000多字，至今可按核的资料来自十余种书，有《尚书》、《五帝德》、《帝系姓》、《国语》、《左传》、《世本》、《庄子》、《孟子》、《韩非子》、《战国策》、《吕氏春秋》、《礼记》、《淮南子》。材料不仅零散，而且风格不一，各种资料有很大的时间跨度，语言不一，甚或事实抵牾。许多当代的人和事，是司马迁第一次撰写，事迹或从传闻中得来，那么创作的成分要居多。从总体说，《史记》有述与作之分。大体说来，百年汉史以“作”为主，战国以前的古代史以“述”为主。所谓“述”，即熔铸剪裁，摘抄旧史而成。“厥协《六经》异传，整齐百家杂语”，是就“述”而言。其工作包括剪裁摘要、增文补史、训释古文、熔铸改写等等。如有关尧舜禅让的传说杂见于《尚书·尧典》、《淮南子·泰族训》以及《韩非子·难一》、《孟子·万章上》等等，彼此有同有异，司马迁熔铸了以上各种说法在《五帝本纪》中，将其改写道：“舜父瞽叟顽，母嚚，弟象傲，皆欲杀舜。舜顺适不失子道，兄弟孝慈。欲杀，不可得；即求，尝在侧。舜年二十以孝闻。三十而帝尧问可用者，四岳咸荐虞舜，曰可。于是尧乃以二女妻舜以观其内，使九男与处以观其外。舜居妫汭，内行弥谨。尧二女不敢以贵骄，事舜亲戚甚有妇道。尧九男皆益笃。舜耕历山，历山之人皆让畔；渔雷泽，雷泽上人皆让居；陶河滨，河滨器皆不苦窳。一年而所居成聚，二年成邑，三年成都。”“于是尧乃试舜五典百官,皆治。”

《史记》以实录著称于世,是就历史本质而言,至于细节,往往有改动,甚至虚拟情节,尽管与具体事实的细节不符,但更符合历史发展的真实。这一创造,贵在掌握分寸,唯司马迁能之。

四、树立了中国史学的进步历史观

司马迁吸收先秦、秦汉的进步历史观,并发扬光大,体现于《史记》之中,这就为中国史学树立了进步的历史观。《史记》的研究对象与方法影响了后世的史家,《史记》的进步的历史观,也给后世进步的史学家以极大的影响。

司马迁进步的历史观,主体内容可概括为三个方面:

1. 大一统历史观

中华民族认同大一统。中华民族历经夏商周到秦汉已基本形成,并突破中原的界限而实现了大一统局面。这一历史过程为古代思想家所捕捉,经过孔子、董仲舒,到司马迁首次做了完整的构建。司马迁所写的《史记》,上起黄帝,下迄汉武帝,象征历史从统一到统一的发展,就是突出大一统的历史观。在司马迁笔下,从黄帝到秦皇、汉武的大一统,象征着历史发展的方向,象征着帝王德业的日益兴盛。中华民族不断壮大,各民族互相融合,远方殊俗日益统一,这就是司马迁大一统历史观的内容。《史记》开卷为《五帝本纪》,塑造了人文始祖黄帝统一部落、草创国家的生动形象,成为中华民族的共同祖先。三皇五帝的传说是华夏文化多元民族融合的反映。三皇五帝以伏羲、炎帝、黄帝为代表,最尊为黄帝,归功于司马迁的塑造。《史记》全书所写列国世家、周边民族、人物列传,追本溯源,都是黄帝子孙。中华民族自称龙的传人、黄帝子孙或炎黄子孙,其中黄帝子孙这一口号最响亮,毫无疑义,应归功于司马迁的创造。中华民族共认一个祖先,最能唤起同血缘、同地域、同文化的民族亲情,中华民族都是龙的传人、黄帝子孙,这一民族大一统观念,数千年来激励了无数的仁人志士为中华民族的生存、繁荣和进步而斗争。“黄帝子孙”至今仍是一个神圣的名词,具有无限的号召力。只要提起伏羲、炎帝、黄帝,就能唤起全体中华儿女的激情,追念先祖,认同文化,产生民族自豪感和爱国心,奋而思进,不畏艰难险阻,贡献一份儿女情，作出个人的贡献。

2. 发展、进化、变革的历史观

历史是周而复始的循环，还是在发展、进化？历史是因循守旧，回顾往古，还是在因俗变化，不断革新？这是司马迁在《史记》中所要探索和回答的问题。司马迁的历史观带有循环论的色彩。《历书序》云："夏正以正月，殷正以十二月，周正以十一月，盖三王之正若循环，穷则反本。"这是讲天道循环。《高祖本纪赞》云："夏之政忠。忠之敝，小人以野，故殷人承之以敬。敬之敝，小人以鬼，故周人承之以文。文之敝，小人以僿，故救僿莫若以忠。三王之道若循环，终而复始。"这是讲人道循环。学术界以往的论述，一讲到"循环"，总与"因循""倒退"的字眼相联系，或者贴上一记"唯心史观"的标签了事。其实在秦汉之际，我认为循环论历史观是当时人们认识历史发展所能达到的认识论的制高点，初起是一种进步的历史观。在先秦诸子百家争鸣的时代，老子法太古，主张小国寡民的社会为至治之极。儒家法尧舜，也是向后看。他们的理论基础即是认为世风日坏，人心益恶，历史向着衰败的方向演变。主张法后王的法家，赤裸裸地以人性恶为其理论基础，政治方针刚毅戾深。而邹衍倡导的五德终始循环论和董仲舒构思的三统循环论，却是宣扬大一统，是适应秦汉统一的需要而出现的。循环论摒弃了人心益恶，而讲天道惩恶佑善，本来的意愿是劝诫人君重视历史变化，施行仁政，争取民心，争取天命，获得五德之属。"循环"二字包含着发展和变化的思想，只不过是转圆圈。转圆圈也是一种运动。

司马迁发展、进化、变革的历史观，不仅表现在议论中，而且更加鲜明地表现在《史记》的具体内容中。朝代更替，制度建立，对民施政等各个方面都表现了这些进步的历史观点。《五帝本纪》说：黄帝之世，部落互相攻战，生产落后。黄帝"修德振兵"，统一了天下。他举风后、力牧、常先、大鸿以治民，按时播百谷草木。风后等人只是黄帝的助手。黄帝本人"披山通道，未尝宁居"。这时制度草创，不能成体系。经过颛顼、帝喾、帝尧相继，礼法与制度日趋完备。当舜之时，礼仪制度都建立起来。舜举了22个贤人治理国家。伯禹为司空，平水土；契为司徒，敬敷五教；皋陶为士，掌理刑狱；垂为共工，主百工；益为虞官，治山泽；伯夷为秩宗，掌礼仪；夔为典乐，和人神；龙为纳言，宣诰命。各部主事有正有佐，

“三岁一考功，三考绌陟，远近众功皆兴”，各种事业都兴办起来。司马迁说，“天下明德皆自虞帝始”。这句话就是《五帝本纪》的主题。历史经历了从黄帝到虞舜的不断发展，国家建制才初具规模。《五帝本纪》的思想脉络对于读《史记》全书是一个示例。本篇仅3000余字，具体生动地描绘了五帝相承的发展变化，鲜明地表达了司马迁进化论的历史观。

如上所述，司马迁扬弃和改造了循环论，借用循环论的语言来表述历史之“变”，发展成为进化论的历史观，这是他对历史学的一大贡献。

3. 带二元论色彩的朴素唯物历史观

历史是怎样向前发展、变化的，即是谁在创造历史，司马迁的回答具有浓厚的二元论色彩，但基本倾向是朴素唯物论历史观。我们可以从两个方面来说明。第一，司马迁认为天人相感，却又不受星占术荒诞迷信的束缚。《史记》“极人言”，不言“怪物”，不信鬼神，而在抽象议论中又保留有天命论、天人感应的地盘，但在历史记叙中却是否定天命论，也否定天人感应，对项羽“天亡我”等的天命论进行了批判。司马迁的这种进步历史观，也成为中国优良史学传统的组成部分。刘知几著《史通》纵论唐以前史书，就猛烈地批判了天命论、灾异论。《史通》有《汉书五行志错误》、《五行志杂驳》等篇，专门批判“五行灾异”是“诡妄”之谈，“祥瑞符命”是“欺惑”之说。因此，刘氏主张史书要删除《天文志》、《符端志》等内容。这是《史记》问世以后，史学领域对阴阳五行说、天命论等的一次勇猛广泛的清算。司马光一贯反对鬼神灾异之说，“尝疾阴阳家立邪说以惑众，为世患”，而上奏皇帝，禁阴阳家之书⑨。司马光认为“国之兴衰，在德之美恶，固不系葬地、时日之志凶也”⑩。他主持编纂《资治通鉴》，对于灾异、符瑞、图谶、占卜、鬼怪之类均剔除之。尽管日食、彗星等一些天文星象仍予记载，但决不“强附时事”，把天象与人事完全分开。以上这些史学家的朴素的唯物主义观点，显然都是继承了司马迁建立的优良史学传统。这个优良传统一直到近代仍有很大的影响。

此外，司马迁述史虽以帝王将相为中心，但有两个显著的进步的历史观点，符合唯物主义的认识论，为后世史家所不能望其项背。其一，司马迁认为任何一个成功的统治者都不能自以为是，而是必须广泛集中百官群臣的智慧。他说：“尧虽贤，兴事业不成，得禹而九州宁。"[11]又说："'千金之裘，非一狐之腋也；台榭之榱，非一木之枝也；三代之际，非一士之智也。'信哉！夫高祖起微细，定海内，谋计用兵，可谓尽之矣。然而刘敬脱挽辂一说，建万世之安，智岂可专邪！"[12]为此，司马迁为侠客、医卜、工商、俳优、博徒、妇女等等下层人物作传，创立类传，使《史记》具有丰富的人民性。其二，司马迁认为，民心向背，对一个国家的兴亡起最后的决定作用。"民为邦本"，是儒家宣扬的观点；而司马迁的贡献，是生动地描绘了人民群众的创造力量。秦朝之亡，是由于陈涉发难，"风起云蒸，卒亡秦族"；"子羽暴虐，汉行功德"，这是楚亡汉兴的根本原因。孝文帝"专务以德化民，是以海内殷富，兴于礼义"[13]。汉武帝专事残酷，郡县相聚而叛，"大郡至数千人"，阻山川，抗朝命，"无可奈何"[14]。汉武帝晚年悔征伐之事，下轮台罪己之诏，封田千秋为富民侯，改弦更张，西汉才转危为安，出现了昭宣中兴。这是东汉班固在《汉书》中替司马迁续写的一章。《史记》中的许多进步观点也影响了班固。

注释：

①《史通·六家》中六家为《尚书》家、《春秋》家、《左传》家、《国语》家、《史记》家、《汉书》家。
② 郑樵：《通志·总序》。
③ 赵翼：《二十二史札记》卷一《各史例目异同》。
④《史记》卷一百三十《太史公自序》。
⑤《史记》卷十四、卷十八、卷十九《十二诸侯年表序》、《高祖功臣侯者年表序》、《惠景间侯者年表序》等篇。
⑥《报任安书》，载《汉书·司马迁传》。
⑦《史记》卷一百三十《太史公自序·论六家要指》。
⑧《史记》卷十八《高祖功臣侯者年表序》。
⑨《司马文正公传家集》卷六十五《葬论》。
⑩ 同上，卷二十七。
⑪《史记》卷一百一十《匈奴列传·赞》。
⑫《史记》卷九十九《刘敬叔孙通列传·赞》。
⑬《史记》卷十《孝文本纪》。
⑭《史记》卷一百二十二《酷吏列传》。

第四讲

《史记》对中国文学的贡献

《史记》作为历史名著，它一问世就得到了学术界的公认，而作为文学名著的认识，则经历了一个漫长的历史过程。《史记》的人物传记，是实录，还是创作？至今文史两界的认识并不统一。由于司马迁笔下的历史人物，一个个栩栩如生，形象鲜明，使读者如闻其声，如见其人，脍炙人口，所以当今《史记》已被公认为古典文学的优秀作品。也就是说，《史记》人物传记兼有史学与文学一身二任的特点。如何界定这一身二任的特点，实质是探索司马迁怎样冶文史于一炉，在实录作品中如何塑造历史人物的。不解决这个问题，对《史记》传记文学的研究就无从谈起。因为，如果脱离写实而侈谈小说创构，那就不是司马迁的文学。

司马迁怎样在实录作品中塑造历史人物，即写人艺术，另作专题来谈。本讲讨论司马迁对中国文学的贡献，主要有四个方面：其一，语言巨匠；其二，散文大家；其三，创立传记文学；其四，是创立中国文学理论的先驱者。本讲还将讨论《史记》中典型人的形象是实录，还是虚构？是否是小说人物？下分五个问题来谈。

一、语言巨匠

语言与情节是文学创作的最基本元素。语言巨匠，就是文学大家。《史记》语言之优美，不仅独步当时，而且为后世人所不可企及。《史记》中的短句一个字，长句有四五十字，当代汉语中的各种复杂句型，《史记》全有。《史记》语言生动、流畅，而又雄健峻洁，婉曲细微，形成独特的风格。《史记》已经创造了个性化的语言，例如《秦始皇本纪》写始皇统一中国，群臣议上尊号，上奏说："古有天皇，有地皇，有泰皇，泰皇最贵。"始皇批示："去'泰'著'皇'，采上古'帝'位号，号曰'皇帝'，他如议。"这去"泰"著"皇"，一字一顿，凛凛然一派金口玉言，拍板定案不容置喙的至尊语气，极为传神。又如《张丞相列传》中写周昌口吃，模拟周昌神态说："臣口不能言，然臣期期知不可！陛下虽欲废太子，臣期期不奉诏！"其中"期期"是周昌急于表态而又因口吃说不出话时发出的声音，描摹周昌又急又怒的神情声貌，逼真到了十分，历历如在目前。诸如心理刻画、夸张修辞、讽刺艺术，《史记》语言，般般皆有。

《史记》语言生动、流畅，文章简洁，辞采华美，是《史记》文学性的第一个层次，魏晋以前最普遍的认识。晋人张辅的评论是其代表。张辅说："迁之著述，辞约而事举"，并举证苏秦、张仪、范雎、蔡泽等传，"逞辞流漓"，"述辩士则辞采华靡，叙实录则隐核名检，此所以迁称良史也"[①]。司马迁语言运用所达到的艺术境界，出神入化，精彩绝伦。金人王若虚《史记辨惑》以挑剔《史记》语言冗赘为能事，多为偏激之言。明人黄震的《黄氏日抄》谓太史公书不可省。曰："苏子由《古史》改《史记》多有不当。如《樗里子传》，《史记》曰：'母，韩女也，樗里子滑稽多智。'《古史》曰：'母，韩女也。滑稽多智。'似以母为滑稽者。然则'樗里子'三字可省乎？《甘茂传》，《史记》曰：'甘茂者，下蔡人也。事下蔡史举，学百家之说。'《古史》曰：'甘茂者，下蔡人也，史举学百家之学。'似史举自学百家矣。然'事'之一字其可省乎？以是知文不可以省字为工，字曷可省，太史公省之久矣。"《史记》行文，或繁或简，皆有深义，不可增减一字。

有时为了追求感情的淋漓酣畅，司马迁重复使用同一词语，加重抒情成分，增强感染力。这称之为重沓。如《魏公子列传》写魏公子与魏王论韩事曰："韩必德魏爱魏，重魏畏魏，韩必不敢反魏。"三句十六字，五用"魏"字。《平原君列传》写鲁仲连见新垣衍曰："吾视居此围城之中者，皆有求于平原君也。今吾视先生之玉貌，非有求于平原君者也。"又曰："始以先生为庸人，吾乃今日知先生为天下士也。"重复"平原君"与"先生",似颂似贬,强化鲁仲连游说攻心的穿透力。又如《张释之冯唐列传》,写汉文帝听完冯唐论将后,以手拍腿高兴地说:"嗟乎,吾独不得廉颇、李牧为吾将,吾岂忧匈奴哉!"陆游《老学庵笔记》评云:"两句叠用三'吾'字,而语若飞动,减一字不得。"

二、散文大家

着眼于《史记》散文的成就和艺术风格美,认为司马迁是散文大家,这是《史记》文学性的第二层次,唐宋人深化的认识。唐宋八大家掀起古文运动,以司马迁为旗帜,把《史记》树为追慕学习的典范。韩愈论《史记》雄健,柳宗元论《史记》峻洁,韩柳并师法《史记》作文,把对《史记》文学性的认识推进了一步。《史记》文章为汉代散文典范,从此确立。明清人评点《史记》,对其文章艺术美的研究,挖掘更深,尤以清桐城派的评点,成绩最大。方苞用"义法"论《史记》,已经明确地触及内容与形式统一的认识。《方苞集·又书货殖传后》说:"《春秋》之制义法,自太史公发之,而后之深于文者亦具焉。义即《易》之所谓言有物也。法即《易》之所谓言有序也,义以为经而法纬之,然后为成体之文。"这里明确地说,"义"就是"言有物",即文章的内容;"法"就是"言有序",即文章的表现形式。"义以为经而法纬之,然后为成体之文",也就是内容与形式的高度统一,才是富有文学价值的好文章。桐城派另一大家刘大櫆,在方苞义法说的基础上,进一步探索《史记》散文的艺术美,指出《史记》文法有"大"、"远"、"疏"、"变"的四大特点。桐城派最后一位代表人物林纾,他对《史记》散文艺术美的研究卓有成绩。他撰写的《春觉斋论文》,对《史记》文章情韵之美,以及运用虚字和结尾艺术作了不少具体分析,发前人所未发。

三、创立传记文学

刘勰《文心雕龙》标立"史传"专题,明确地把《史记》人物传记包括在文学范围之内。从人物形象塑造的角度评价《史记》的文学性,文章结构,转折波澜,细节描写,具有小说因素,这是第三层次，明清评点家多所发抉。宋人已开始了这方面的探索。《史记评林》引南宋魏了翁评论《高祖本纪》中高祖还乡一节文字时说：

> 后世为史者，但云“还沛置酒，召故人乐饮极欢”足矣。看他发沛中儿，教歌，至酒酣击筑，歌呼起舞，反转泣下，缕缕不绝。古今文字淋漓尽致，言笑有情，安可及此！

这里指出，司马迁对高祖还乡生活细节的描写，对浓厚的人情味的刻画，已经超出了历史记述的范围，而是刻画人物形象需要的文学创作了。宋末元初的刘辰翁，他在《班马异同评》一书中，对《史记》人物形象的塑造和细节描写就作了大量的分析，并明确指出《司马相如列传》中文君夜奔的故事是一段小说情节。最早把《史记》与小说相提并论的是明嘉靖间人李开先。他在《词谑》一书中说：“《水浒传》委曲详尽，血脉贯通，《史记》而下，便是此书。”李开先把《水浒传》的情节安排与文章技巧与《史记》的文章技巧联系起来。到了明末清初，金圣叹径直把《史记》、《庄子》、《离骚》、杜诗、《水浒传》、《西游记》并称为“六才子书”。金圣叹在评点《才子古文》一书中留下了他选评的《史记》序赞90余篇。又在《水浒传》和《西厢记》的评点中多次赞扬司马迁的文笔。尤其是《史记》与小说的关系，金圣叹有深刻的认识。他在《读第五才子书法》中说：“《水浒传》方法，都从《史记》出来，却有许多胜似《史记》处。若《史记》妙处，《水浒》已是件件有。”金圣叹还在《水浒传会评本》第二十八回回评中说：“马迁之为文也，吾见其有事之巨者而隐括焉；又见其有事之细者而张皇焉；或见其有事之缺者而附会焉；又见其有事之全者而轶去焉，无非为文计，不为事计也。”金氏从史料剪裁、细节的夸张描写、附会增益、略去枝蔓的事实等四个方面，说明司马迁处理史事人物，服从于文学性的创作，这见解是很深刻的。

全面地系统地抉发司马迁塑造历史传记人物典型形象的艺术表现手法，这是第四层次，可以说是近年来才深入的。

四、司马迁是创立中国文学理论的先驱者

先秦时代，文史哲各学科还是混沌一片，正外于分立的前夜，各学科的理论建立还是萌芽状态。当时文学、史学的概念尚

未提出。各家学说，统称百家。司马谈归并为儒、墨、名、法、阴阳、道六家。司马迁写作《史记》，宣称“自成一家言”。言，就是理论和主张，自成一家，就是别立一家，有理论，有主张。《史记》跨史学、文学两家，司马迁对史学、文学都有一系列的理论与主张，正由于此，《史记》才成为既是史学，又是文学，《史记》的成就，推动了史学与文学的分途。那么司马迁都有着哪些文学理论与主张呢？是否超越了前人，启迪了后人呢？

在司马迁之前，孔子有言：“诗三百，一言以蔽之，曰思无邪。”[②]《诗谱序》有“诗言志，歌永言，声依永”[③]的说法，诸子中也有这样零星的文学理论思考。司马迁是第一个较为系统地提出了他对于文学的理论与主张，而现今的中国文学史没有给予足够的重视，这就是本文重点所谈之所在。

司马迁的文学理论可以概括为四个方面。

第一，开始注意文学的特点，区分文学与学术的界限。“文学”一词出现很早，《论语·先进》曰：“文学，子游、子夏。”子游、子夏都是孔子的高足，这里的文学主要是指经学。在《史记》中多次出现。

《孝武本纪》：“上乡儒术，招贤良，赵绾、王臧等以文学为公卿。”《晁错传》：“晁错以文学为太常掌故。”《儒林列传》：“今上即位，招方正贤良文学之士。”又说：“窦太后崩，武安侯田蚡为丞相，绌黄老、刑名百家之言，延文学儒者数百人，天下学士靡然乡风矣。”这些“文学”，均指精通文献典籍的学士，是一个复合词组的概念，精通儒家的典籍，就是精通经学，因儒家典籍在汉代被尊为经。

对于诗赋、文章的文学特质，司马迁有明确的认识。他创造了“文章”、“文辞”、“文采”、“辞”等词语来描述。如《三王世家》：“文辞烂然，甚可观也。”《屈原列传》：“屈原既死之后，楚有宋玉、唐勒、景差之徒者，皆好辞而以赋称。”《报任安书》：“所以隐忍苟活，鄙没世而文采不表于后也。”这些，表明了司马迁有意识地突出文学的特质，与非文学的学术相区别，对当时和以后人们的文学观念和文学实践具有重大的推动作用。班固修《汉书·艺文志》就明确地把诗赋别为一略。

第二，重视文学创作和文章家。司马迁为屈原、贾谊、邹阳、司马相如等文学家立传，大量引载他们的作品入传，开创重视文学与文学家的先河。

第三，强调文学作品的讽刺作用，提出了“发愤著书”说。在我国古代文学发展史上，讽刺是现实主义文学作品创作的一个优良传统。先秦儒家就十分重视文学作品的社会功能。孔子说：“诗可以兴，可以观，可以群，可以怨。迩之事父，远之事君。”[④]《诗》序则说：“风，风(讽)也，教也，风以动之，教以化之。”[⑤]要求文学作品发挥感人、化人，起到移风易俗的作用。司马迁肯定屈原、司马相如赋的讽喻价值。《屈原传》称赞《离骚》说：“上称帝喾，下道齐桓，中述汤武，以刺世事。明道德之广崇，治乱之条贯，靡不毕见。”《太史公自序》说：“作辞以讽谏，连类以争义，《离骚》有之。”司马迁在《史记》中把讽刺艺术发挥到了极致。至于司马迁提出的“发愤著书说”，强调作家的写作动机是“发愤”，不仅是继承了孔子说“诗可以怨”的传统，更多的是继承和发展了《离骚》“发愤以抒情”的文学观，在文学理论上具有重大的开拓作用，影响巨大。唐李白倡言：“正声何微茫，哀怨起骚人。”韩愈《送孟东野序》云：“大凡物不得其平则鸣，人之于言也亦然。有不得已而后言，其歌也有思，其哭也有怀。凡出乎口而为声者，其皆有不平者乎！”宋人欧阳修也说：“非诗人能穷人，治穷者而后工也。”[⑥]清赵翼《论诗》说：“国家不幸诗人幸，赋到沧桑句始工。”这些议论与司马迁“发愤著书说”一脉相承。

第四，主张作家思想品格与作品内容一致，作品内容与形式一致。司马迁以此原则评论前代作家与作品。例如评价屈原与《离骚》说：“《国风》好色而不淫，《小雅》怨诽而不乱，若《离骚》者，可谓兼之矣。”又说：“其文约，其辞微，其志洁，其行廉，其称文小而其指极大，举类迩而见义远。其志洁，故其称物芳；其行廉，故死而不容自疏。濯淖污泥之中，蝉脱于浊秽，以浮游于尘埃之外，不获世之滋垢，皭然泥而不滓者也。推此志也，虽与日月争光可也。”这里，司马迁认为作家的思想品格对作品的内容有决定性的作用。由于屈原具有“志洁”、“行廉”的伟大人格，才有千秋不朽的《离骚》，其作品才有深厚的内容，才具有那种沁人心脾、滋人五内的含蓄美。而司马相如等一些辞赋家由于多缺乏这种人格美，所以他们的作品多“虚辞滥说”，或只有形式上的“从容辞令”，做不到“文约”而“义远”。

司马迁除要求艺术与人格统一外，还要求作品深厚的内容有美的语言与美的形式。汉武帝封三子为王,本无事迹可述,只因封册文“文辞烂然,甚可观”而作《三王世家》。《儒林列传》要求群臣奏章“文章尔雅,训辞深厚”。司马迁作《史记》,要求有“文采”以便流传后世。司马迁的刻意追求,所以《史记》才能以丰富多彩的内容和独具一格的纪传体形式,以及与优美语言完美地结合在一起,从而成为文史结合与文质结合的典范,达到“史家之绝唱,无韵之《离骚》”的境界。

五、《史记》中典型人物的形象是实录,还是虚构?是否是历史小说?

在司马迁笔下的历史典型人物,个性鲜明,一个个呼之欲出。像项羽的叱咤风云,刘邦的豁达大度,吕后的刚毅嫉妒,樊哙的勇猛粗犷,叔孙通的阿谀逢迎,公孙弘的诈伪饰智,周勃的木讷厚重,陆贾的风流倜傥,石奋的恭敬醇谨,韩安国的圆滑世故,张良的策谋,陈平的奇计,李广的善射,张汤的苛酷,以及古代人物,如信陵君的谦恭,蔺相如的智勇,廉颇的忠诚,苏秦、张仪、范雎、蔡泽等策士的智辩,屈原的志洁,荆轲的悲壮等等,各色人物都有极成功的刻画,生活细节的描绘,心灵深处的情感,给人留下深刻的印象,成为典型的人物形象。司马迁能够言人人殊,如张释之是厚重之人,就“还他一篇厚重文字”;万石君、张叔是醇谨之人,就“还他一篇醇谨文字”。总之,司马迁笔下的人物各具风采,他写谁像谁。司马迁的笔力如此非凡,能在实录之中带有文学创作成分,这是不容否定的。人物生活细节,两个人的密谋或窃窃私语,个性化的语言,有谁看见,有谁听见?例如鸿门宴的场景,霸王别姬的诀别,有录像记录吗?赵高与李斯的密谋,淮阴侯韩信教唆陈豨谋反,有窃听记录吗?司马迁是怎么知道的?诸如此类情节甚多,是实录,还是虚构?于是有人断言,《史记》是一部历史人物小说集。杨荫深的《中国文学史大纲》在《汉代文学家》一章中说:《史记》是“一部最伟大的创作,不仅可以作史学读,实可当作一部小说读”。胡怀琛编选的《史记选注》在《序言》中径直说《史记》“绝像是现在的历史小说”。当今研究古典文学的不少学者对《史记》典型人物的许多情节分析,往往以小说情节、虚构故事,一语带过,从而忽略了历史的真实与价值,也不能领悟司马迁的思想与写人艺术,是应予纠正的。

首先,要弄清什么是实录和历史真实?评价要有一个标准。刘向、扬雄评价《史记》说,司马迁“博极群书,皆称迁有良史之才,服其善序事理,辨而不华,质而不俚,其文质,其事核,不虚美,不隐恶,故谓之实录”⑦。

这段话提出了实录的两条标准。第一,其文直,其事核,即文字要质朴,说的事要真实,有一说一,有二说二。第二,不虚美,不隐恶,即善与恶都要说,可以夸张,可以包容创作成分,所谓“直而不俚”者指此,但不是虚夸,所夸张的部分也是确有其事。

但在实际操作中,实录要符合当时的礼义道德标准。古代最被称颂的直笔史家,晋董狐“书法不隐”,书“赵盾弑其君”;齐太史氏兄弟直书“崔杼弑其君”,十分悲壮地献出了生命。但董狐与齐太史氏,他们记录的历史并不是完全的历史事实,董狐隐去了晋灵公的作恶,齐太史氏隐去了齐庄公的荒淫。因为当时古人对于“史”的观念,是重义不重事,列国史官直笔是据礼直书,并非据事直书。古时的大义要维护君君、臣臣、父父、子子的道德纲常,所以孔子修《春秋》提出了为尊者讳、为亲者讳、为贤者讳,又说:“父为子隐,子为父隐,直在其中矣。”⑧这说明在古史文献中记载的实录,要受到时代的道义与史家立场的局限,并不是完全的历史真实。同一件事,流传讲述,因人而异,有了许多差别。《史记》中许多矛盾的记载,正是这一情况的反映。司马迁是第一个提出了“贬天子,退诸侯,讨大夫”,不为尊者、亲者、贤者讳的人,是最尊重历史真实的一位历史家。

第二,文与史相异而本质却又相通。历史要真实,文学可以虚构,这是最大的相异,好像水火不容。文学与史学,都是写人的活动,其实在本质上又相通。古代史学理论极为重视文史相异,提出了史笔与文笔的分野。直笔记事,不带任何主观色彩,如同照相一样留下逼真的影像,这就是所谓的史笔。对一件事,铺陈夸张,描写绘声绘色,细节生动,感情强烈,这就是所谓文笔。中国古史理论,反对文人修史,反对用文笔述史。例如本讲前文所引《高祖本纪》写高祖还乡置酒,按史笔但云“高祖还沛置酒一事,召故人乐饮极欢”两句,11个字即足。司马迁洋洋洒洒写了300多字一大段文章,看高祖悉召故人父老子弟饮酒,发沛中儿教歌，至酒酣击筑，歌呼起舞，反转泣下，缕缕不绝。《史记评林》引魏了翁曰："古今文字淋漓尽致，言外有情，安可及此！"如果没有这段文笔描写，何有高祖形象，焉有《大风歌》的流传。

再进一步看，没有生活细节，不能状历史之真。例如《鸿门宴》，按史笔写："某年某月某日，刘项入关，会于鸿门，嫌隙稍解。"司马迁却铺陈了1000余字的大块文章，补充了许多史事和细节，展示了两大集团君臣的智略与斗争艺术。在这里，作者描写了刘邦在张良等人的协助下怎样收买项伯，争取项伯，挫败范增，从而在鸿门宴这场惊心动魄的斗争中化险为夷，表现了刘邦在政治上的成熟与随机应变能力，对比了项羽的幼稚、粗疏、寡谋与优柔，预示了刘邦斗智必胜，项羽斗力必败。宴会座次的细节描写与人物对话，把矛盾冲突与化解渲染到了最高潮。细节揭示了人物性格与智略，道出了成败的原因，从而反映了最大的历史真实。如果说，没有细节、故事和感情，就没有文学，同样，没有细节故事和感情也没有史学。《春秋》经文是一部天书，纯粹的史笔，隐去了历史细节，也隐去了历史真实，不是真正的史学。《左传》补充了细节、故事，融入了感情，既创造了文学，也创造了史学。在本质上，文学、史学是相通的。一见到史学中有细节，就说是虚构，完全是错误的。史笔与文笔的分野是必要的，也是必须的，但分别过了头，也就是谬误。

第三，文学虚构的细节是以文生事，可以无中生有，史事细节也是创作，是以文运事，内核不能无中生有，这是两者的区别。史事细节是在已知的事实基础上，通过合理想象和推理去补充历史细节，恰恰在求历史之真。因为这些细节，是本已发生，只是没有记载下来罢了。合理想象，就是在补记。但合理想象的史事细节，必须把握一个"度"，这个"度"就是真实发生的历史事件。"鸿门宴"实有其事，处下风的刘邦赴宴向项羽赔礼道歉，也是必然的事，当时或有传闻，或有口述，或有记录，司马迁加以升华遥想，正是补其历史真实，不能说是小说虚构，这是显而易见的。

注释：

①《晋书》卷六十《张辅传》。

②《论语》第十七《阳货》。

③《诗谱序》,载《十三经注疏·毛诗正义》。

④《论语》第十七《阳货》。

⑤《诗经·周南·关雎序》。

⑥《梅圣俞诗集序》。

⑦《汉书》卷六十二《司马迁传》班固引。

⑧《论语》第十三《子路》。

第五讲

史家之绝唱 无韵之《离骚》

鲁迅称誉《史记》是"史家之绝唱,无韵之《离骚》"(《汉文学史纲要》),十分中肯,是学术界公认的定评。本讲研讨这一定评的具体内容。

一、史家之绝唱

"史家之绝唱",从狭义上说,指司马迁的创作,独具个性,前无古人,后无来者;从广义上说,就是继往开来,对先秦史籍作了集大成的总结,给后来的史学发展开拓了广阔的领域,提供了榜样,从而成为两千年传统史学的优秀楷模。具体用一句话概括:《史记》是一部体大思精的著作,其要义是"体大思精"四个字。体大,指《史记》的五体结构,规模宏大,是一个系统工程,能容纳百科知识。思精,是内容的全面性和善叙事理。下面分四个节目来谈。

1. 宏大的五体结构

《史记》由五体构成。(1)《本纪》12篇,(2)《表》10篇,(3)《书》8篇,(4)《世家》30篇,(5)《列传》70篇。凡130篇,526500字。《史记》的这一五体结构,载述古代从黄帝到汉武帝3000年历史,创造了纪传体通史,从内容到形式都是划时代的伟大创造。在史学史上建立了一座巍峨的丰碑。宋代史学家郑樵评论说:

> (《史记》)使百代而下，史官不能易其法，学者不能舍其书，六经之后，惟有此作。①

清代史学家赵翼更进一步评论说：

> 司马迁参酌古今，发凡起例，创为全史。……自此例一定，历代作史者遂不能出其范围。②

郑樵和赵翼的评论，基本上是符合事实的。自班固《汉书》以下至《明史》，以及后来的《清史稿》，都承袭了《史记》的体例，创一代一代的大典，丰富了中华民族的悠久文化。《史记》问世以后所起的开创与启后的作用是非常巨大的，无论怎么评价都不过分，“史家之绝唱”的评价当之无愧。

五体结构的意义和特点有三：

其一，五体结构是一个完整的统一体系，它是一种编纂方法，能容纳大量的历史素材。内容决定形式。《史记》是百科全书，分门别类加以有条不紊的记载，决定了五体形式。《本纪》以王朝的更替为体系，用编年的方法纂录历史大事。《世家》记述诸侯世系。《列传》载官僚、士大夫、名人和一般平民的活动，是注述《本纪》的。《表》用简明的表格标注错综复杂的史实，表现历史发展的线索，它是联系纪、传的桥梁。《书》分专题记述政治、经济、天文、地理、典礼等方面的制度沿革，可以看做是分门别类的文化专史。五体各部是一个独立的纵向体系，叙述从古到今的历史发展，《本纪》和《表》均上起黄帝，下迄太初。五体相互之间又有着横向的联系，司马迁创造了互见法，详此略彼，使五体构成了一个统一的体系。这样的五体结构拥有无限的容量。正如刘知几评论所说：“《史记》者，纪以包举大端，传以委曲细事，表以谱列年爵，志以总括遗漏，逮于天文、地理、国典、朝章，显隐必该，洪纤靡失，此其所以为长也。”③

其二，《史记》五体，各具笔法义例，呈现宝塔式结构，形象地照映了封建社会的等级秩序。特别是《本纪》、《世家》、《列传》三体，用不同笔法载述社会等级序列的人群，呈现出鲜明的等级序列。裴松之《史目》云：“天子称本纪，诸侯曰世家。”司马贞曰：“列传者，谓叙列人臣事迹，令可传于后世，故曰列传。”张守节发挥说：“本者，系其本系，故曰本；纪者，理也，统理众事，系之年月，名之曰纪。”④ 刘知几总论之曰：“夫纪传之兴，肇于《史》、《汉》，盖纪者，编年也；传者，列事也。编年者，历帝王之岁月，补《春秋》

之经;列事者,录人臣之行状,犹《春秋》之传。《春秋》则传以解经,《史》《汉》则传以释纪。”[5] 因此,纪传史是以帝王将相为中心的历史,适应了封建统治者的思想体制,这就是纪传史之被封建王朝颁令为正史的内在原因。

司马迁运用五体序列的等级秩序,破例为体寓褒贬,如为项羽立本纪,为孔子、陈涉立世家,降吴王刘濞,淮南王刘长、刘安,衡山王刘赐为列传,均是寓褒贬。

其三,五体结构的序列、数目,内涵天人合一与五行运行的哲理,形象地展现历史就是不断循环往复的流年。

本纪十二篇,称十二本纪,写帝王,编年记事。十二这一数目象征一年有十二月。

表十篇,称十表,为数之极。十又为两五,恰是人的一双万能的手的数目。十表划分历史断限。

书八篇,称八书,象征一年四季的两倍。八书分门别类载朝章国典和天文地理。《史记》八书为:礼、乐、律、历、天官、封禅、河渠、平准。

世家三十篇,称三十世家,载诸侯,象征一月有三旬,二十八宿环卫北辰,是中央王朝的藩篱。

列传七十篇,称七十列传,记载将相黎庶。七十之数是环周天 360 度的五分之一。五行环周天,其数 360 度,一行为 72 度,70 举其成数。列传记载人臣黎庶等众多人物的言行。

《史记》的五体结构,是五行哲学图解宇宙运行的模型,把宇宙的书面描写从结构上变成一个可视可感知的年、月、日的时间流逝运行。《史记》五体之数,构建了一个思维模型。五体结构又是一个人间等级制度的宝塔模型。本纪是塔尖,列传是塔基,表、书、世家是塔身,形象地反映了封建社会的等级序列。

汉代流行的五德终始学说,是一种循环论的理论。司马迁的历史观包括历史进化论、循环论、二元论、大一统历史观等。五行哲学与五德终始学说是司马迁创作历史的理论基础之一。那么什么是五德终始呢?五德终始,又称五德之传,是战国时期齐人邹衍等人解释历史发展改朝换代的一种循环论理论。这种理论把古代朴素的自然观五行说用于人事。“五行”为金、木、水、火、土五大物类,也是构成世界万物的五大元素。五行是运动变化的,生生不息。其规律是五行相生相克。五行相生为:木生火、火

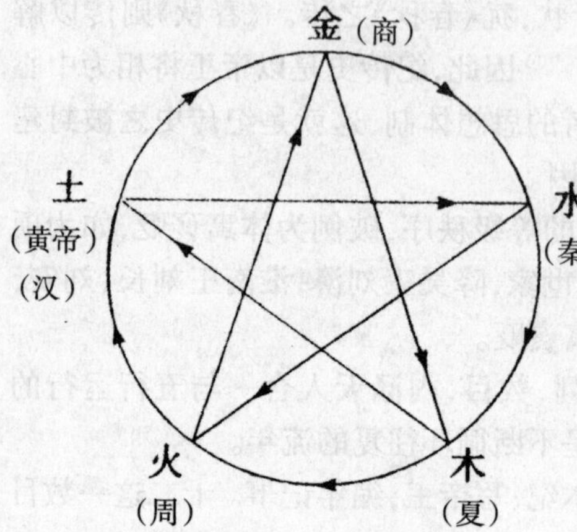

五行相生相克图示：
圆上顺时针箭号为相生；
五角星上箭号为相克。

生土、土生金、金生水、水生木。五行相克为木胜土、土胜水、水胜火、火胜金、金胜木。如此相生相克，永恒不灭，构成了万物变化的世界，具有朴素唯物论与朴素辩证法思想。朝代更替为五行相克，循环往复相承，故称"五德终始"。其说认为：黄帝为土德，夏为木德，商为金德，周为火德。代周者必为水德。照五行说法，水为北方，色黑，水德主阴，阴主刑杀。秦以水德王，所以秦始皇统一六国后，衣服、旄旗、节皆尚黑，施政以刑杀为主，不能讲仁慈。汉代秦，克水者为土，所以汉为土德，色尚黄。秦汉时代是五行学说盛行的时代，五德终始是当时深入人心的历史观。司马迁化五行哲学为五体结构，创造了纪传体历史编纂学的人工系统工程。

2. 善叙事理

两汉学者刘向、扬雄、班彪、班固等评价司马迁"善叙事理"，"辨而不华，直而不俚"[⑥]。这是从《史记》的文采方面立论。"辨而不华"，指《史记》叙事，翔实而不空疏；"质而不俚"，指叙事有文采，质朴而不粗俗。这两个特点，明何乔新作了具体阐释，他说："如叙游侠之谈，而论六国之势，则土地甲兵，以至车骑积粟之差，可谓辨矣，而莫不各当其实，是辨而不华也；叙货殖之资，而比封侯之家，则枣栗漆竹，以至籍藁鲐鲨之数，可谓质矣，而莫不各饰以文，是质而不俚也。"[⑦]何氏的评述和所举例证，都极为精当。如《货殖列传》，记叙各地都市、地理、气候、物产、风俗、人情，样样皆为实录而文采斐然，内容翔实而不浮华，行文质朴而不粗俚，全篇布局精妙，就是一篇善序事理的奇文。

文采是"叙事"的表现形式，而内容实质，就是一个"叙"字。司马迁"序帝王"、"记侯国"、"系时事"、"详制度"、"志人物"，全都是叙事，目的是“通古今之变”，要在历史实录中把握社会事势之变，阐明历史演变因果，表明自己的看法和分析，这就是理。叙事说理，不华不俚，生动形象与事理交融，天衣无缝，这是历史书法。例如《五帝本纪》，熔铸剪裁古史文献，司马迁都能在叙事中贯注了黄帝开创一统和尧、舜明德的历史观点。清人吴见思评论说:“尧、舜二纪，纯用《尚书》、《孟子》之文，略改字面，便是太史公之文，不是《尚书》、《孟子》之文。且既经删改，而运用插和，绝无痕迹，岂非神手！”[8]

《史记》中蕴含了司马迁整套的叙事述史的书法，如大场面描写，细节构思，对比映衬，虚实详略，氛围渲染等等文学手法，限于篇幅，不一一展开，《史记》行文，谋篇布局，结构巧妙，是善序事理的一大特色。《史记》叙事，章法结构，别开生面，似散而紧凑，千头万绪而条理明晰。《魏其武安侯列传》是一典范。全传只3000余字，叙事涉及西汉统治集团上层人物27人。传中三个主人公窦婴、田蚡、灌夫都是平庸的官僚，无甚业绩可述。司马迁以三人为主线，关联穿插了形形色色的政治人物，编织了一幅寓意深微的政治风云画卷，用以揭示西汉盛世下的宫廷内外的矛盾斗争，通过贵族们互相倾轧、横暴自恣的丑恶形象，有力地抨击了当时专制政治的黑暗和腐朽。全传叙事，看似平淡，读来却扣人心弦。三人合传的章法结构就别开生面。三传分开来说，各具首尾，只反映各个人物的个人荣辱，平淡无奇，司马迁把三传连缀起来，利用两个外戚的特殊地位，穿插各色人物，从而把复杂的矛盾交织起来，反映了波澜壮阔的历史画面。清人郭嵩焘说:“魏其、武安、灌将军，各以其势，盛衰相次言之，合三传为一传，而情事益显。”[9]此外，筛选一系列典型的生活场景来组织故事，刻画人物，反映不同政治集团势力的消长，富有生活情趣，引人入胜。窦田矛盾发展有两个重要场面。一是窦婴夫妇宴请田蚡，一是灌夫使酒骂座。前者是窦婴夫妇宴请田蚡，马屁没有拍上，倒助长了田蚡的骄矜，一席酒肉，换来了田蚡求索城南田，真是赔了夫人又折兵。后者是窦婴、灌夫去庆贺田蚡结婚，窦婴遭众人冷眼，好打抱不平的灌夫，气恼不过使酒骂座，遭来横祸。两次宴会，起因都是失势的窦婴和灌夫主动去讨好田蚡，结果弄巧成拙，演出了两场滑稽戏。这根本原因是窦婴、灌夫两人内心极为嫉恨田蚡，于是结成同党来对抗，可是他们又心存幻想，表面上巴结田蚡,想借田蚡的势来抬高自己的身价。也就是窦婴、灌夫两人违心事权贵,内心积蓄的憎恶与痛苦如洪水一样冲决了强颜欢笑的堤防,所以导致逢迎的表演弄巧成拙。司马迁捕捉这些典型的生活场景来铺叙故事,情节虽无波澜起伏,却曲折生动,引人入胜。

巧妙的篇章布局和善于选取典型素材，这是司马迁善叙事理的大关节。此外,司马迁在一篇之中的段落层次,以至一句之中的字法变化,也十分讲究叙事笔法。如清人李晚芳评《伯夷列传》说:"一篇之中,忽序忽断,如论如赞,若吊古,若伤今,令读者迷离,莫名其妙。"吴见思评《汲黯列传》说:"忽序事,忽行文,忽而简质,忽而铺排,逐段变换,又有山回谷转、云破月来之妙。"这说的是叙事段落笔法的变化。牛运震评《廉颇蔺相如列传》中"完璧归赵"一节说:"一璧耳,变出易璧、奉璧、完璧、授璧、得璧、求璧、取璧、持璧、破璧、送璧、归璧、留璧,字虽非经意,即有多少生情处!"[10]这是说字法变化。一个"璧"字,随着情节发展,用一系列不同的动词变化,描写场景的转换,表现人物心态的变化,酣畅淋漓地刻画了蔺相如大智大勇的形象。由此可见,司马迁叙事段落起伏，以及文字变化，完全是为了写好人物或者增强说理服务的,非大手笔,不能为此。

3. 记事实录

记事实录,又称实录精神,或直笔精神,它是我国古代史学的一个优良传统。两汉大儒都十分推尊《史记》为实录。班固在《汉书·司马迁传》中引刘向、扬雄之言,赞扬《史记》"其文直,其事核,不虚美,不隐恶,故谓之实录"。具体内容和特点,有三个方面,试析之如下。

其一,其文直,其事核。文直事核是实录的最基本精神,也是历史著述最基本的方法。它要求史家作史有据,要全面地占有材料,承认客观事实的存在,全面而系统地直书史事,不做任何曲笔或漏略。司马迁写历史,全方位地展现社会生活,他写了各色人物的传记,反映了历史的本质,这是实录精神的一种反映。忠于实录,从更高的标准来看,它不是记流水账,而是要捕捉事件和人物的典型性,它表现为一个史家高远的识见,反映在史例史体中。司马迁为项羽、吕太后作纪,为孔子、陈涉、后妃立世家,就是实录精神升华为卓越史识的一种表现。

实录精神要求对具体史实的载述，要符合事实的本来面貌，不能随从流俗和习惯，对讹传的史事要作细致的调查和考证。这些方面，司马迁做得很出色。他在许多篇章作出交代，说明所引据的史籍或其他根据。如《五帝本纪》："予读《春秋》《国语》。"《殷本纪》："自成汤以来，采于《书》《诗》。"《高祖功臣侯者年表》："余读高祖侯功臣，察其首封"等等。又如司马迁在五帝、夏、殷、周各篇的"太史公曰"中，对古史的考证作出了说明。写五帝事迹，是综合各种材料"择其言尤雅者"；夏、殷两代的姓氏，夏禹之崩于会稽，殷人之习俗，周室何时迁居洛邑，都做了认真的考证，可见司马迁作史的谨严态度。

司马迁不从流俗为苏秦翻案，特在赞中作出交代。他认为"苏秦起闾阎，连六国从亲，此其智有过人者。吾故列其行事，次其时序，毋令独蒙恶声焉"。苏秦行事奇异诡谲，在民间流传中，"异时事有类之者皆附之苏秦"，有许多附会传说，神化了苏秦；而在史籍记载中，由于苏秦早死，张仪"振暴其短以扶其说，成其衡道"，千方百计诋毁苏秦，使"天下共笑之"。对苏秦的过誉或过损，都不符事实，所以司马迁据事迹实录，让读者公断是非。又如《李斯列传》记载秦丞相李斯，他有大功于秦，却被五刑而死，天下之人咸称其冤。司马迁用事实记载，条列了李斯辅佐秦始皇统一六国，建立制度的功绩，同时又记叙了他因贪重爵禄，与赵高合谋，助二世为虐的罪责，改变了历史的进程，成为天下的罪人，其死虽惨，固不足惜。从而驳斥了李斯极忠而死的俗议。

其二，不虚美，不隐恶。这是在"文直事核"的基础上的进一步发展，它要求史家具有求是存真的高尚史德，不仅要善恶必书，具有两点论；而且要"明是非"，"采善贬恶"。自觉地表明对史事人物的褒贬爱恨，而且要做到恰如其分。司马迁明确反对"誉者或过其实，毁者或过其真"的主观臆断[9]。所以司马迁论载史事人物，一般不作全盘肯定或全盘否定，而是原原本本地讲清楚人物行事和客观事物的变化和发展，依据事实给予恰如其分的评价，不虚美，不隐恶。例如，司马迁反对秦朝的暴政，却肯定秦朝的统一之功和制度体系；司马迁颂扬汉家一统，却又深微地揭露和刺讥汉家帝王的一些隐私和时政；司马迁肯定项羽灭秦之功，把他塑造成一个叱咤风云的英雄人物，但也揭露和批判了他的残暴不仁；司马迁同情李广，形象生动地描写了他的英勇善战和爱国主义情怀，并给予了高度评价，但并不饰过；司马迁极其憎恶酷吏，却也肯定了廉洁不枉法的酷吏，……如此等等，力求做到尊重客观的历史实际。因为只有实录的历史，才能提供真正有益的教训，使历史起到镜子的作用。

其三，书法不隐，写当代汉史赋予了深刻的批判精神。刘知几称赞古代的直笔史家说："董狐之书法不隐"，"齐史之书崔弑，马迁之述汉非，韦昭仗正于吴朝，崔浩犯讳于魏国"[10]。这些直笔史家，以司马迁成绩为最大。刘知几着重指出，史家直笔，贵在对现实生活不合理部分的批判，特别肯定了司马迁的"述汉非"。如果一个史家没有批判现实的勇气，没有爱憎分明的立场，没有直言不讳的精神，那么史家就丧失了史德，也就没有史家的地位和历史的价值。司马迁"述汉非"被东汉王允斥为"谤书"[11]。章怀太子李贤注云："凡史官之事，善恶必书。谓迁所著《史记》，但是汉家不善之事，皆为谤也，非独武帝之身。"[12]这说明司马迁"述汉非"的内容，不只是刺讥汉武帝，它涉及了百年汉史的整个纵横面。司马迁对汉朝最高统治者刘邦到汉武帝，对汉代文质彬彬而竞荣逐利的儒生，对汉武帝时代的社会矛盾，都做了深刻的"微文刺讥"。例如"受命而帝"的"大圣"刘邦，他的自私、刻薄、猜忌、冷酷，在司马迁笔下，得到淋漓尽致的反映。清人王鸣盛从《史记》描写中总结刘邦品格，说他唯利是图，顽钝无耻，"有急则使纪信代死，不顾子女，推堕下车；鸿沟既画，旋即背之；屡败屡蹙，不以为辱；失信废义，不以为愧也"[13]。

汉儒的代表为叔孙通、公孙弘、董仲舒。叔孙通草具汉仪法，公孙弘倡导儒学，董仲舒治"公羊春秋"宣扬大一统。司马迁对这三个赫赫有名的人物，均在平实的记述中，肯定了他们的业绩，同时也对他们各自的个性弱点予以意味深长的讽刺。叔孙通之"谀"，公孙弘之"诈"，董仲舒之"迂"，都描绘得十分形象而生动。

百年汉史的重点是集中地写武帝一朝的政治、经济、文化各个方面。司马迁深刻地揭露了汉武帝时代的社会矛盾，批评时政。《平准书》集中批判横征暴敛的经济政策；《酷吏列传》集中批判残酷黑暗的官僚政治；《儒林列传》、《公孙弘传》通过揭露汉儒阿贵取容的丑态，批判文化政策；《封禅书》讥刺汉武帝的痴妄迷信，劳民伤财。这些篇章，《平准书》起照应各篇、点明其内在联系的纲领作用。司马迁首先写汉承秦之弊，经过 70 年间休养生息，民殷国富，以此为铺垫与汉武帝大肆兴作由盛转衰作对照。然后以“物盛而衰，固其变也”，将笔锋转入正题，一桩桩一件件载述武帝对外用兵、对内兴作与聚敛所造成的民穷国困，结尾以秦喻汉给统治者敲起了警钟。《平准书》记事至元封元年止，意味深长地示意见盛观衰，不能不使人惊叹司马迁的胆气豪壮与识见非凡。

4.寓论断于序事

一部史书只有事实的堆积，而无史家的论断，它只是一部文献学而不是历史学。司马迁首创史论形式，称“太史公曰”，直接发表史家的论评，为后代史家所继承，“班固曰赞，荀悦曰论，东观曰序，谢承曰诠，陈寿曰评，王隐曰议，何法盛曰述，扬雄曰撰，刘昞曰奏，袁宏、裴子野自显姓名，皇甫谧、葛洪列其所号”[14]。名称虽殊，但都是效法司马迁作史论。“太史公曰”，内容丰博，涉及政治、经济、军事、思想、文化、天文、地理、历史、伦理、世俗、形势、人事等等，往往补篇中所未备。“太史公曰”，议论宏阔，笔势纵横，言辞精练，旨义深微，或考证古史，或叙游历所得，或揭示取材义例，或明述作之旨，或褒贬人物，或纵论史事，或隐微讥刺，皆直抒胸臆，观点鲜明，构成了系统的历史学理论。司马迁所引典籍及君子之言，如《诗》、《书》、《论语》、孔子、诸子等，皆化为自己的语言。还大量引用诗赋歌谣及俚语俗谚来加强评论的生动性和通俗化。

司马迁还创造了更高级而隐蔽的史论，把作者的论点贯注在叙事中，不言而评论自见。清人顾炎武首发此论。他在《日知录》卷二十六中说：“古人作史，有不待论断而于序事之中即见其指者，惟太史公能之。《平准书》末载卜式语，《王翦传》末载客语，《荆轲传》末载鲁勾践语，《晁错传》末载邓公与景帝语，《武安侯田蚡传》末载武帝语，皆史家于序事中寓论断法也。”今人白寿彝先生指出：司马迁的这种方法，在“历史写作上，给我们开创了一个很好的范例”[15]。肯定了这是历史叙述中的一种好方法，至今仍有借鉴意义。

顾炎武举的例子都是在篇末借他人之语来表达作者的评论。是其显例。其实这样的例子在篇中更多，可以说是举不胜举，而且形式多样。例如《叔孙通列传》对叔孙通的批评，有秦博士诸生之言，有汉初鲁生之言，有高帝之言，有弟子之言，这些批评贯穿于全篇之中。秦博士诸生之言与两鲁生之言是正面批评，高帝之言是褒奖，弟子之言是恭维，形式多样，其旨则一，都是讥刺叔孙通的面谀。

寓论断于序事，借他人语只是形式之一，而最基本的形式是在历史叙述过程中就表达了作者的爱恨和褒贬，唯司马迁能之。如《淮阴侯列传》用重笔叙写韩信拒武涉、蒯通之说，可以说就是司马迁用事实为韩信辩诬，寓论断于序事的妙笔，韩兆琦先生在《史记书法释例》一文中[16]，列举的十例，可以说都是寓论断于序事的文理构思。具体内容为：其一，明知史实不确，亦必记入，以见作者的观点、理想。如《赵世家》载程婴、公孙杵臼义存赵孤之事，《滑稽列传》载优孟之效叔孙敖之事，不过是借事以道义，至于事实的有无，则不重要。其二，基本事实或有，而夸张虚构细节，以求故事生动感人。其三，书写神灵怪异，若有介事，实乃厌恶其妖言惑众。其四，记载"阴谋阳祸"，似信天命，实乃借以抒发愤世不平。其五，著录荒诞传闻，以表个人之爱憎。其六，故露矛盾破绽，以见大事之隐情。其七，口赞其是，实则正鄙其非。其八，口斥其非，实则正叹其是。其九，引入大段言论，以翻历史冤案。其十，细节饱含感情，以发难言苦衷。我们还可以列举一系列史笔的与文笔的书法创例，如叙事安排的次序颠倒、对比衬托等，都可泛含在寓论断于序事的大题之中。在《史记》一书中，寓论断于序事最精彩的笔触，也总是体现在最典型的人物传记中。例如秦始皇、汉高祖、项羽、陈涉、萧何、曹参、张良、陈平、周勃、吴起、商鞅、战国四公子、屈原、贾生、李斯、蒙恬、张耳、陈余、淮阴侯、叔孙通、万石君、魏其武安侯、李将军、刺客、游侠等人物传记，都是运用各种笔法实写历史事迹来说明、论断历史问题，有关文学细节构思也是从属于史实的。总之，"寓论断于序事"，是立足于史论结合，冶文史于一炉的有效方法之一。历史功能是自然妥帖的"摆事实"、"讲道理"的方法。白寿彝先生指出："应该学习司马迁，让历史事实说话，作者不要站在前面大声吆喝"，不要"强加于人"，肯定了这一方法在今天仍有借鉴意义。"寓论断于序事"的文学功能，就是不发空论，通过事实把道理说透，把人物写活，表达了飞扬的神韵，引导读者对人物评价自然而然地得出结论。总括这两个方面，可以说"寓论断于序事"是太史公创作的文史交融的叙事笔法，也是《史记》散文叙事的一大特点。

二、无韵之《离骚》

从形式比较，屈赋与《史记》两者文体不同，内容迥异，一个是抒情诗，一个是史传散文，似有天壤之别。但学术界一致认为二者精神一脉相承，把《史记》与《离骚》相提并论，有许多评论，鲁迅作了最准确精要的概括，称《史记》是“无韵之《离骚》”，获得文史两界的公认而成定评。明杨慎说：“太史公作《屈原传》，其文便似《离骚》其论作《骚》一节，婉雅凄怆，真得《骚》之旨趣也。”[17]清刘熙载说：“太史公文，兼括六艺百家之旨。第论其恻怛之情，抑扬之致，则得于《诗三百篇》及《离骚》居多。”又说：“学《离骚》得其情者为太史公，得其辞者为司马长卿。”[18] 刘鹗说：“《离骚》为屈大夫之哭泣，《史记》为太史公之哭泣。”[19] 近人李长之说：“司马迁的先驱实在是屈原。”[20] 鲁迅的评价，不仅是指二者思想相通，还包含了《史记》获得了无与伦比的文学艺术成就，如同《离骚》那样永垂不朽。“无韵之《离骚》”，短短五个字，蕴含深厚的历史内容，是对《史记》文学性成就及思想精髓的高度评价。下面从三个方面加以阐释，抉发《史记》的文学思想与艺术成就。

1. 司马迁发愤著书，其思想与屈原相通

屈原是楚文化的杰出代表，司马迁读屈原赋，敬佩他的为人，同情他的遭遇，从思想到精神，从精神到文章，处处都深受到了屈原的教育和鼓舞。

屈原是在司马迁时代影响司马迁最大的近代诗人。两人坎坷的遭遇，命运相通；两人的品格情趣，思想相通。司马迁受李陵之祸发愤著书，并提炼出发愤著书说，直接来自屈原的影响。

所谓“发愤”，就是指一个人身处逆境而其志不屈，更加激扬奋发而有所作为。司马迁受祸遭腐刑，痛不欲生，他引古人自况，认为只有那些能够经受得起艰难环境磨炼的人才能做出一番事业来。他从沉痛中奋起，用更加坚韧的毅力来完成传世之作，揭露和抨击统治者的荒淫和横暴，同情社会的下层人民，歌颂敢于反抗、敢于斗争的历史人物，把个人的不平和愤懑，宣泄在对历史人物的褒贬上，述往事，使来者思，升华了《史记》的主题，这是加害于司马迁的统治者们非始料所及的。

2.《史记》愤怨，深得《离骚》情韵

抒情性与叙事性是相对概念。《史记》主要是一部叙事作品，但由于司马迁与屈原有共通的人生坎坷际遇，司马迁深受屈原的影响，效其为人，运笔于心，《史记》辞章情采，有浓郁的抒情性与悲剧性，颇似屈赋。《史记》、《离骚》，都是作家呕心沥血之作，倾注了鲜明的爱憎感情，因而《史记》行文，深得《离骚》情韵。具体分析，主要有以下三种形式。

其一，《史记》行文夹叙夹议，或以叙代议或以议代叙，叙议结合，使整个作品像一首抒情诗。《伯夷列传》的论赞，就是另一首《天问》。而《屈原列传》则"其文便似《离骚》。其论作《骚》一节，婉雅凄怆，真得《骚》之旨趣也"[21]。又有部分段落颇具抒情意味。大部分篇末的"太史公曰"都有此特征。如《孔子世家》的论赞："《诗》有之：'高山仰止，景行行止。'虽不能至，然心向往之。余读孔氏书，想见其为人。适鲁，观仲尼庙堂车服礼器，诸生以时习礼其家，余祗回留之不能去云。天下君王至于贤人众矣，当时则荣，没则已焉。孔子布衣，传十余世，学者宗之。自天子王侯，中国言《六艺》者折中于夫子，可谓至圣矣！"句句感叹，句句传情。

其二，个别段落如诗般押韵，行文则长短句交错运用，形成参差错落之美，又以重沓、虚字传神等手法，增强语言的节奏感[22]。更有直接以诗歌的韵文形式，构成一唱三叹的抒情效果。如《滑稽列传》淳于髡论酒一节，其文曰：

> 赐酒大王之前，执法在傍，御史在后，髡恐惧俯伏而饮，不过一斗径醉矣。若亲有严客，髡帣韝鞠𦝼，侍酒于前，时赐余沥，奉觞上寿，数起，饮不过二斗径醉矣。若朋友交游，久不相见，卒然相睹，欢然道故，私情相语，饮可五六斗径醉矣。若乃州闾之会，男女杂坐，行酒稽留，六博投壶，相引为曹，握手无罚，目眙不禁，前有堕珥，后有遗簪，髡窃乐此，饮可八斗而醉二参。日暮酒阑，合尊促坐，男女同席，履舄交错，杯盘狼藉，堂上烛灭，主人留髡而送客，罗襦襟解，微闻芗泽，当此之时，髡心最欢，能饮一石。故曰酒极则乱，乐极则悲；万事尽然，言不可极，极之而衰。

其文如行云流水，唱叹有致。

其三，大量诗赋和民间谚语歌谣的引入，尤其是作品中人物的即景作歌，更增强了文章的抒情色彩。《大风歌》对国家未来的

隐忧,“四顾寂寥,有伤心者”的心境及深沉的反思;《鸿鹄歌》的无奈与凄惶;《易水歌》的慷慨悲壮……都成为千古绝唱。至于《垓下歌》更是“一腔愤怒,万种低回,地厚天高,托身无所,写英雄失路之悲,至此极矣”[23]。而这类诗赋,正像清代周亮工所指出的那样:“垓下是何等时?虞姬死而子弟散,匹马逃亡,身迷大泽,亦何暇更作歌诗?即有作,亦谁闻之,而谁记之欤?吾谓此数语者,无论事之有无,应是太史公笔补造化,代为传神。”[24]显然,在表现某种特殊情景时,作品的主人公慷慨悲歌,用诗句和歌声道出内心的各种感受,已成为文学创作的一个重要抒情模式。

3. 司马迁尚奇,继承了《离骚》浪漫主义的精神

司马迁尚奇,西汉扬雄首发此论。唐司马贞附其议。清章学诚在《文史通义·史德》篇说司马迁是“贤者好奇”。近人李长之认为,司马迁好奇是继承了屈原《离骚》的浪漫主义精神的“最露骨的表现”[25]。屈原好奇,在《离骚》中有着充分的表现。他以鸷鸟自比,以精玉为粮,驱策龙凤,役使风云雷神上天下地,真可以令人叹奇观止了。所以刘勰称《离骚》为奇文。

司马迁的好奇审美观又是从“发愤”精神中引申出来的,所以好奇的内容又是现实的,与屈原的好奇有所区别。屈原好奇,充满幻想,他以香草美女自喻,通过神游往古,访圣求贤,餐菊饮露等的描写来抒发自己的奇情奇趣和高尚胸怀。司马迁好奇,是好奇人奇事,李长之径直解释为“爱才”,就是爱好奇人奇事。用司马迁的话来说,就是爱那些“忠臣死义之士”,“辅拂股肱之臣”,“扶义俶傥,不令己失时,立功名于天下”的人。司马迁在忠于史实的前提下,描写“奇伟倜傥”之人的奇行、奇言、奇策、奇计、奇伟功业或奇伟德行。例如,写项羽,他是一个“力拔山兮气盖世”的奇人,身长八尺,力能扛鼎,长有重瞳子;他有奇行,巨鹿之战惊天动地,鸿门宴上仁如妇人,垓下突围悲歌别姬,乌江自刎以头赠人。写荆轲,易水送别风云变色,秦廷行刺鬼泣神惊。写妇女,卓文君夜奔,太史嫩女自择婿,聂荣赴死扬弟之名,缇萦上书救父,他们是奇女。写游侠,一诺千金,不爱其躯。写重义,程婴、公孙杵臼为救赵孤而献身。写知遇,豫让漆而为厉、吞炭变哑为知己报仇。写发愤,范雎入秦,孙膑走齐,吴起干将,越王勾践卧薪,无不充满传奇色彩。总之,司马迁好奇,是“传畸人于天下”,他要塑造一系列人灵之精的奇节异行,讴歌英雄主义。

司马迁与屈原两人具有共通的傲世精神，一是基于进步的政治主张，一是共同蒙受了不平的遭遇。他们都是才不世出，学问渊博的学者，有理想、有抱负，又刚直不阿，“正道直行，竭忠尽智，以事其君”，但却“信而见疑，忠而被谤”，一个遭放逐，一个受腐刑，正由于此，司马迁对屈原的思想感情、生平志趣、政治遭遇，以及作品抒情，发生了强烈的共鸣。屈原的作品具有强烈的批判性，锋芒所指，上至楚君，下至党人，卖国贼、专权者、嫉妒者、造谣者，统统成了笔下的鞭挞对象。司马迁以屈原为榜样，无所畏惧地批判了汉代帝王的种种劣迹，剥去皇帝头上的神圣光圈，把刘邦的无赖，汉景帝的寡恩，汉武帝的残酷、迷信和好大喜功，一一暴露在光天化日之下。至于那些厚颜无耻的小人如田蚡，阿谀逢迎的市侩如叔孙通，外宽内深的伪君子如公孙弘，尸位素餐的平庸官僚，如狼似虎的贪吏、酷吏，司马迁有区别地作了有力的揭露和鞭挞。司马迁这种不畏权势、不媚权贵的刚正性格，正是屈原精神的真正继承者。至于他们积极的政治热情，讥刺时政的锋芒，并不是为了个人利益的得失，而是带有一种深沉的思考，深重的忧患，忧国，忧民，忧社会。忧患意识促使敢于坚持真理的思想家大胆揭露社会矛盾，奋力与污浊的社会现实抗争。司马迁与屈原正是这样的诗人、哲人。他们的精神也给后代进步文人产生了积极的影响。

注释：

①《通志·总序》。
②《廿二史札记》卷一。
③《史通》卷二《二体》。
④裴松之、司马贞、张守节诸人之语，均见《史记》三家注。
⑤《史通》卷二《列传》。
⑥见《汉书》卷六十二《司马迁传·赞》。
⑦《何文肃公文集》卷二。
⑧《史记论文·五帝本纪》。
⑨《史记札记》卷五下。
⑩《史记评注》卷八十一。
⑪《史记》卷六十七《仲尼弟子列传·赞》。
⑫《史通》卷七《直书》。
⑬王允语见《三国志·董卓传》裴注引谢承《后汉书》，又见范晔《后汉书·

蔡邕传》。

⑭注文见《后汉书·蔡邕传》注。

⑮《十七史商榷》卷三。

⑯《史通》卷四《论赞》。

⑰《司马迁寓论断于序事》,载《北京师大学报》1961年第4期。

⑱该文收入作者《史记评议赏析》,内蒙古人民出版社1958年版。

⑲《史记评林》引。

⑳《艺概·文概》。

㉑《老残游记序》。

㉒《司马迁之人格与风格》,三联书店1984年版,第2页。

㉓《史记评林》引明代杨慎语。

㉔(清)吴见思:《史记论文·项羽本纪》。

㉕钱钟书:《管锥编》引。

㉖《司马迁之人格与风格》,三联书店1984年版,第92页。

第六讲

司马迁的写人艺术

本讲接续第四讲,"《史记》对中国文学的贡献"这一话题,专题探讨司马迁创立传记文学,是怎样塑造历史人物的。具体说,是司马迁怎样在实录史事的基础上刻画了典型性的人物形象,用通俗的话说,就是司马迁的写人艺术。下面概括为十个方面来谈。

一、纪传体的确立,奠定了写人艺术的理论基础

司马迁创立纪传体,由十二本纪、十表、八书、三十世家、七十列传构成,体大思精,容纳百科知识,发展了史学。同时,五体以人为中心述史,变"编年"为"纪传",改记事为写人,突出人的作用,反映了社会历史的变革,由神的历史进入了人的历史,这不仅是史学上的空前创造,而且也是文学上的空前创造。五体中,本纪、世家、列传三体,重点都是写人,特别是记言记行的人物传记,本就是文学发展的标记。换句话说,纪传体的确立,就是为传记文学奠基。

写人本不是史学家的必然要求。司马迁以前的史学著作或为编年体,或为国别体;或记事,或记言。编年以事系人,人为事件的附庸;记言则将一个人的故事集中编排,有集中表现某一人物的倾向,但材料还是机械组合,并非有机组合。不管体例如何,它们都很成功,都不失为中国史学史上的经典。也就是说,体例

是否为纪传体，并不影响作品的史学价值。而司马迁五体设计的意图何在？《太史公自序》明确地做了回答，那就是为写人而创设。集中叙写人物的列传，就是为了表彰“扶义俶傥，不令己失时，立功名于天下”的人。立功、立名、立言是儒家的追求。司马迁写《史记》而立言，也同时将历史人物的功、名记载下来，给别人“立名”即通过“立人”而“立己”。因而纪传体的体例设计是司马迁将写史、立人、立己三者合为一体的表现。

纪传体的创立打破了以前的史书分国或系年纪事，人作为事件的附庸出现的旧例；它以人为本，使作者有可能更充分更集中地刻画人物性格，并较完整地写出人物的命运；这与叙事文学主要靠描写人物来反映生活的这一特征，在精神实质上是一致的。高尔基说过：“文学就是人学。”因而，纪传体不仅成为后代史书的固定体例，最重要的是它也成为后代传记文学和小说的不祧之祖。司马迁以非凡的热情和无限的创造力独创了纪传体体例，为塑造成功的人物形象提供了基本保证。

二、选择人物，剪接材料

司马迁以人物为中心记述历史，目的有二：其一，勾勒历史；其二，贤贤贱不肖，为后王立法，为人伦立准则。《史记》全书载述4000多个人物，绝大多数是帝王贵戚、列侯显宦，司马迁用本纪、年表、世家分别记载，用以勾勒从黄帝到汉武帝3000年的历史发展，而司马迁着力刻画的，则并不以血统尊卑和爵秩高低为转移，而是侧重于那些对历史作出了重大贡献的英杰人物。这一原则，司马迁有着明确的揭示。他在《张丞相列传》中交代说：“自申屠嘉死之后，景帝时开封侯陶青、桃侯刘舍为丞相。及今上时，柏至侯许昌、平棘侯薛泽、武强侯庄青翟、高陵侯赵周等为丞相，皆以列侯继嗣，娖娖廉谨，为丞相备员而已，无所能发明功名有著于当世者。”这就是说，即便是封侯拜相的显赫人物，尸位素餐，则不为立传。反之，“能亦各有所长”的佞幸，司马迁立有《佞幸列传》；“谈言微中，亦可以解纷”的俳优，司马迁立有《滑稽列传》；“取与以时而息财富”的商贾，司马迁立有《货殖列传》。刺客、游侠、医卜、日者等都是社会下层人物，司马迁均选择典型，一一作传，表彰他们对于社会所作的贡献。凡列传人物，特别是社会下层人物，包括附传人物，都是经过严格选择的，每个人各有自己的特色。例如，《游侠列传》热情歌颂“修行砥名”的布衣之侠朱家、郭解等人。“至若北道姚氏，西道诸杜，南道仇景，东道赵他、羽公子，南阳赵调之徒，此盗跖居民间者耳，曷足道哉！”对这些“侵凌孤弱”的土豪恶霸，司马迁不为之立传。司马谈临终遗命说，他所欲论载的是“明主贤君忠臣死义之士”①，司马迁是继承了这一原则的。至于古史所载皋陶、伊尹、傅说、仲山甫、柳下惠等若干历史人物，由于文献不足，司马迁也不立传。后世史家以繁博为功，许多人物“阙之不足为少，书之唯益其累”②，失去了司马迁选择之旨，连篇累牍的帝王将相家谱，一系列的生老病死账单，人物事迹平淡，形象也就很难塑造了。

传主既定，一生行迹并不做流水账式的记载，而是依照一定的主旨，以及人物个性特点，选择材料，剪裁熔铸。司马迁在《留侯世家》中示例说：“留侯从上击代，出奇计马邑下，及立萧何相国，所与上从容言天下事甚众，非天下所以存亡，故不著。”作为刘邦的主要谋臣张良“言天下事”甚众，司马迁删去枝蔓，只集中了关于辅助刘邦争天下的“运筹”大事来塑造张良善谋的特点。又如商鞅刻薄，李斯贪利、项羽勇猛、刘邦狡诈、韩信多智、萧何稳重、李广善射等等古今人物各有各的性格特点和才干。司马迁总是抓住人物的各自最主要的特点去筛选材料，进行集中和概括，以此塑造人物形象，突出个性，获得了很大的成功。所以《史记》的传记人物都具有小说人物的特点。

三、运用“互见法”，冶文史于一炉

选材剪辑，若把人物传记写成人物特写，它就不能全面地反映这个人物的精神面貌和品德，也就失去了具体人物的历史真实。既要选择和集中材料造出丰满的人物形象，又要不失历史之真，司马迁巧妙地运用“互见法”来融汇二者的关系，两全其美，冶文史于一炉，表现了司马迁卓越的创造和艺术才华。

互见法是将一人事迹，或一件历史事件分散开来写，参错互见，彼此相补，互文相足。例如“鸿门宴”这一历史事件，《项羽本纪》、《高祖本纪》、《留侯世家》、《樊哙列传》等篇同时记载，但详略不同，互相补充。各传详略不同都是为了有利于凸显本传人物。一人事迹的分散更利于塑造人物形象。例如《项羽本纪》，集中笔墨叙述巨鹿之战、鸿门宴、垓下之战三个关键的历史事件，铺叙故事，塑造了项羽的英雄形象，写得有声有色，流传后世，家喻户晓。而项羽的缺点，尤其是他个性中凶残的一面，在本传中只是轻描淡写，一笔带过，或略而不载，却分散在《高祖本纪》、《陈丞相世家》、《淮阴侯列传》、《黥布列传》等篇中补叙出来。又如《魏公子列传》，司马迁满怀深情塑造了一个礼贤下士坚持正义的政治家形象，魏公子急人之难，形象高大，可以说是一个完人。但是，在《范雎列传》中却补述了魏公子畏秦不纳魏齐的虚饰情态，受到了侯嬴的批评，而本传却只字不提。

四、两两对照，烘托人物

两两对照记叙人物是司马迁常用的一种写作方法，它对比见义，形象鲜明。在篇目排列上，司马迁有意识地在时代顺序中进行穿插，连类相及。在本纪中，刘、项两纪对照。在世家中，赵、魏、韩、田齐四篇对照，因三家分晋与田氏篡齐为同一类型的诸侯。在列传中，苏秦与张仪两传，战国四公子四传，张释之冯唐与万石张叔两传，李将军与卫霍两传均构成对照。以上是相邻篇传的对照，因体例不同而编目悬远的也构成对照。例如卷三十《平准书》与卷一百二十九《货殖列传》对照，卷五十三《萧相国世家》与卷九十二《淮阴侯列传》对照。合传、类传人物更明显地在一传之中构成强烈对照。如《管晏列传》，管仲与晏婴，一奢一俭相对照，又是知人与不知人相对比。《平津侯主父列传》，廉吏与贪利之对比：公孙弘廉，善终；主父偃贪，族灭。《循吏》与《酷吏》两类传对比，突出抚民与虐民两种治民态度的对照。正传人物与附传人物对比，有如红花衬以绿叶。如《李将军列传》，李广和程不识对比，李广对士宽，程不识治军严；李广与李蔡对比，李广怀才不遇时，立功不得封，李蔡平庸却得封侯，任宰相。各人个性，才能大小，品格高低，对比叙写，节省笔墨而又相得益彰，作者感情倾向，在对比见义中而自显。以上各种类型的对照，构成了司马迁塑造历史人物独具的互相映衬的特色。

两两对照，刘邦与项羽是相邻之传，容易看出。不相邻之传的对照则要细心体会。李广和卫霍两传之间隔插《匈奴列传》，这是司马迁有意编排的，用以表现征伐匈奴的专题人物。司马迁将李广与卫青、霍去病两个贵族将军，从出身、治军、出征、结果各个方面进行对比。李广出身寒微，全靠善射和英勇征战而升为将军。他爱惜士卒，才气无双，只因廉正不阿，落得个悲剧的下场。卫、霍靠裙带关系青云直上，出征匈奴虽打胜仗却不恤爱士卒，尤其是霍骠骑，“重车余弃粱肉，而士有饥者”。李广的将才因得卫、霍这两个声势显赫的贵族衬映而更觉超群。再如萧何与韩信均为汉初大功臣，但有两种不同的下场。萧何小心谨慎，又依日月之光，靠走吕后的门子，虽不免高帝之忌，曾被囚禁，但他终于保住了自己的爵禄，颇带喜剧色彩；韩信功高震主却不识时务，明知“汉王畏恶其能”，偏又“日夜怨望，居常鞅鞅”，成了刀下亡人。这两传构成悲喜剧的强烈对照，加强了淮阴侯韩信的悲剧气氛，激发读者思绪回荡，使淮阴侯的形象让人可敬可惜，从而也揭露了专制政治的恐怖与黑暗。为了让读者体味这一对比的气氛，司马迁在《萧相国世家赞》中意味深长地说：“淮阴、黥布等皆以诛灭，而何之勋烂焉。位冠群臣，声施后世，与闳夭、散宜生等争烈矣。”

在一传之中构成强烈对照当以《魏其武安侯列传》最典型。该传写了三个主要人物：魏其侯窦婴、武安侯田蚡、将军灌夫。标题只称“魏其武安侯列传”是为了突出矛盾主线。灌夫是窦婴死党，斗争中同归于尽，故附入；御史大夫韩安国虽是党同田蚡，但非死党，而且尚能荐贤喜士，有长者之称，故司马迁另立一传以示有别于田蚡。班固抄录《史记》将四人合传，标题“窦田灌韩传”，只是平铺直叙了历史过程，没能把生动曲折的主线委曲尽致，人物形象不如原传生动，由此可见司马迁结构布局之妙。窦田两人都是平庸人物，靠裙带关系飞黄腾达。司马迁借两人的斗争来表现封建盛世下的宫廷斗争，揭示封建社会统治阶级的尔虞我诈。品德愈是卑鄙无耻，愈能占上风。正直的人总是要遭殃的，这就是所谓君子败而小人胜。正所谓“卑鄙是卑鄙者的通行证，高尚是高尚者的墓志铭”。所以该传主要篇幅写田蚡，也正是用主要篇幅在揭露封建社会的黑暗面。作为历史人物，田蚡微不足道，但他很典型，集中了小人的丑行。该传还写了一些陪衬人物，两个不可一世的皇太后，两个至高无上的君主，一班保官自全的朝臣，一群蝇营苟且的宾客，纷纷登场表演。司马迁将各色人物纳入窦田矛盾这一主线上来，用犀利的笔触展示他们的内心世界，勾画了一幅绝妙的群丑图，各色人物在对照衬映中形象异常鲜明。

五、人物事迹情节故事化，引人入胜

《史记》重要人物的传记，大都按时间顺序，包举一生行事。开篇写姓名、乡里、家世、生辰，结尾述其死，人物一生言行，构成首尾完备的故事。《项羽本纪》写一个盖世英雄如暴风骤雨般兴灭的故事，《高祖本纪》写一个布衣平民登基的故事，《李将军列传》写李广怀才不遇的故事，《魏其武安侯列传》写窦婴、田蚡等人互相倾轧的故事等等。而且人物一生言行的情节发展也故事化。如《李将军列传》重点记述李广追杀匈奴射雕者、佯死脱险、斩霸陵尉、右北平射虎没镞、破左贤王之围、不对簿自刎等六个故事，展现他一生"数奇"、怀才不遇的悲剧故事。《廉颇蔺相如列传》重点有三大故事，即完璧归赵、渑池之会、负荆请罪。中间穿插赵奢、赵括、李牧事迹，也可分解为若干故事。司马迁写人物言行的一个细节，一个场面都可构成故事。如《陈丞相世家》写陈平为宰分社肉的故事，由三十六字对话构成。其文曰：

> 里中社，平为宰，分肉食甚均。父老曰："善，陈孺子之为宰！"平曰："嗟乎！使平得宰天下，亦如是肉矣！"

这一简短对话，描写了陈平的抱负和怀才不遇的慨叹，在对话中父老的赞语也反映了陈平的为人。对话具有故事性，使读者仿佛看到了说话人的精神。

《史记》中人物传记最精彩的篇章，也是故事性最强的名篇。《刺客列传》《游侠列传》每一人物传记都是一个完整的故事。《魏公子列传》主要写信陵君虚左迎侯生、窃符救赵、从博徒卖浆者游等故事，特别是他救赵抗秦的大事件，也化做窃符救赵的故事。历史人物的事实不能虚构，但是通过选择、剪裁、集中、布局等各种手法，进行故事化的构思，也就是人物典型化的过程。可以说，情节故事化是司马迁创作人物典型化的一个最基本的方法。中国明清小说人物带史传色彩，中国人喜欢听故事，可以说就是受《史记》的影响。

六、熔铸鲜明的爱憎感情以感染读者

司马迁写历史人物熔铸了自己鲜明的爱憎感情。强烈地感染着读者，引起共鸣，从而增强了人物的形象。司马迁褒贬人物的爱憎感情之所以能够深深地打动读者，是因为他同情被压迫人民，反对暴力统治，颂扬正义，诅咒邪恶，与古代的人民感情同声相应，同气相求。司马迁二十壮游，广泛地接触了下层社会，故而在《史记》中不仅写了帝王将相，也写了众多的小人物。刺客、游侠、俳优、工商、医卜等等中下层人物，在统治阶级眼里是没有社会地位的市井小民，但在司马迁笔下，他们有着优秀的品德、卓越的见识和一技之长，受到了热情的歌颂和肯定。还有一些正传中的附见人物，如《平原君虞卿列传》中的食客毛遂、邯郸传舍子李同，《魏公子列传》中的夷门监者侯嬴、市井鼓刀屠者朱亥以及邯郸博徒毛公、卖浆者薛公，这些人物具有傲视权贵的高尚情操，强烈的爱国主义感情，尤其有助人于危难的牺牲精神，司马迁以饱满的热情刻画了他们的光彩形象。司马迁对重义的公孙杵臼，对先国家后私怨的蔺相如，对勇于改过的廉颇，对义不帝秦的鲁仲连，对铮铮硬骨的田横，对发难灭秦的陈涉、项羽，对抗暴的刺客，对已诺必诚、助人危难的游侠等等都写得有声有色，强烈地贯穿着歌颂正义、歌颂抗暴的精神。反之，对暴君污吏则尽情地鞭挞和揭露。《酷吏列传》刻画酷吏们枉法害众的残虐形象，面目可憎。总之，司马迁对美好事物、崇高形象无比热爱，无比赞赏；对腐朽事物、邪恶形象无比愤怒、无比痛恨。“正因为他爱得深，所以他也恨得切。在他的笔端纸上、字里行间不期而然地就翻滚激荡着感情的波涛，给读者的心灵以强烈的震撼，这就是《史记》抒情性的根本来源”[③]，这也是《史记》人物能感动人震撼人的根本原因。

其次，司马迁对所写人物赋予深沉的人情味，也是感染读者的一个原因。垓下之围，项羽悲歌别姬，江边赠马与亭长、赠头与故人，情调悲凉，表现一个倔强英雄在穷途末路时对于人生的眷恋，寄托了作者无限的惋惜之情。司马迁写刘邦好酒及色、无赖、大言、斤斤计较、豁达大度与小肚鸡肠，都极富生活情趣。刘邦晚年还乡纵酒，与父老击筑而歌，即席赋诗，唱《大风歌》，令一百二十小儿和习歌唱，描绘的是胜利者的风光无限，一生戎马征尘，刘邦难得有这样的人生欢乐。司马迁这样描写，具有多方面的艺术效果。君王与百姓同乐，正是为了表达天下安定后人民对于高祖的深切感念。另一方面，《大风歌》也透露了刘邦屠灭功臣后的悲哀之意，大好山河，谁来辅佐，曲折表达了集权专制君王的复杂心态。至于《魏公子列传》，司马迁不仅以公子名篇，而且一篇之中，凡称公子 147 次，许多段落句句有公子，这不像在叙事，而是在娓娓讲故事，叙感情，可以说每一个字都倾注了作者满腔热情的歌颂，魏公子的形象自然光彩照人。

人情味的另一种表现形式是司马迁坚持了评价人物的客观性。司马迁对正面和反面人物都不作绝对化的评论。他歌颂正面人物，同时也惋惜和批判他们身上的缺点。例如批判项羽天之亡我为谬，惋惜李广无辜杀降和杀霸陵尉的狭小胸怀。反之，对酷吏中廉者亦加以肯定。总之，司马迁写历史人物有血有肉，不是超凡脱俗的神仙圣人，使人可亲可爱。

七、场面描写，制造氛围；轶事传神，以小喻大

司马迁擅长大场面的描写，夸张渲染，制造氛围，凸显人物个性，同时又精于细事点染，借轶事传人物之神，以小喻大。试分别言之。

《项羽本纪》载鸿门宴就是一个大场面。司马迁把楚汉君臣聚合在一起斗智，刻画人物形象。刘邦狡诈、项羽坦荡、张良机智、范增阴险、樊哙憨猛、项伯笃厚，各个人物个性鲜明。鸿门宴经过司马迁的重笔夸张和渲染，情节如戏剧般的紧凑、集中。例如樊哙闯宴，《项羽本纪》作了如下描写："哙即带剑拥盾入军门。交戟之卫士欲止不内，樊哙侧其盾以撞，卫士仆地，哙遂入，披帷西向立，瞋目视项王，头发上指，目眦尽裂。"显然，"卫士仆地"，"头发上指，目眦尽裂"等，皆夸张之词。樊哙数落项王，喻之为虎狼之秦，也不无渲染成分。司马迁立意用樊哙的勇猛憨直来衬托项羽的仁爱和坦荡胸怀，故作夸张，但有违史实，于是在樊哙本传中用互见法陈述事实来补正。樊哙本传云："樊哙在营外，闻事急，乃持铁盾入到营。营卫止哙，哙直撞入，立帐下。"对比两传，显然樊哙本传的记载切合历史实际。

与大场面相映照，司马迁又擅长于文学的细节描写，用以揭示人物的思想面貌，着墨不多，却能表现出人物特有的个性。所以，司马迁在选择材料和谋篇布局中，常常穿插生活小故事。如《淮阴侯列传》开篇写韩信少时穷困受辱，极具匠心地组织了三个小故事展现人物的思想情志。其一，写韩信怒绝南昌亭长，表现了他对世态炎凉的憎恶，对势利小人的唾弃。其二，写韩信受漂母施饭之恩，谓之必报，表现了他以德报恩的忠义思想。其三，写韩信遇恶少而“熟视之，俯出袴下”，表现了他的忍耐性格。这三个小故事表现的精神气质，照应了韩信的一生。韩信怒绝南昌亭长，为他后来背离项羽伏笔。韩信报答漂母和俯出袴下，正是他不背德汉王，即使被夺兵、徙封、诈捕、降爵，都能逆来顺受的思想基础。又如《酷吏列传》写酷吏张汤，用他审讯老鼠盗肉的故事开头：

> 张汤者，杜人也。其父为长安丞，出，汤为儿守舍。还而鼠盗肉，其父怒，笞汤。汤掘窟得盗鼠及余肉，劾鼠掠治，传爰书，讯鞫论报，并取鼠与肉，具狱磔堂下。其父见之，视其文辞如老狱吏，大惊，遂使书狱。

这个小故事活脱脱刻画出张汤酷烈毒辣的性格，为以后治狱刻深作了铺垫，给读者留下深刻印象。《李斯列传》，司马迁用四次叹息的细节描写做眼，展示李斯人物个性的发展，写活了李斯。李斯见厕鼠、仓鼠的不同处境一叹，贵为丞相一叹，篡改遗诏一叹，具五刑一叹。这四叹深刻地揭露了李斯利己主义的人生观，从而刻画出一个既极端自私又抱负不凡的双重性格的人物形象。司马迁描写这些小故事与“言天下事”的取材原则并不矛盾，因这是为着刻画人物突出个性特点和展示思想境界的，是典型的材料。像《管晏列传》和《张释之冯唐列传》，司马迁只描写了几个生活片断和小故事就把大政治家管仲、晏婴和汉初名臣张释之、冯唐等人的神态写活了，这是司马迁塑造人物的一大特色。

八、遥情想象，补充细节

“实录”是司马迁写历史人物传记的一项最根本的原则，得到扬雄、刘向、班氏父子的肯定，称之为：“其文直，其事核，不虚美,不隐恶,故谓之实录。”④但“司马迁的实录并不是无动于衷、完全被动地直录事实,而是和他的著述理想密切联系的”⑤。司马迁继承父志,记载“贤君忠臣死义之士”,为的是传之久远,深恐“文采不表于后世也”,所以要着意刻画人物形象,“面目活现”,故在他所写的史事中添加某些细节的补充和想象,这是符合历史真实的。事实的真实,只是说明发生了什么事,历史的真实是要揭示为什么发生这件事,所以合情入理的想象与评析补充是合乎逻辑的。例如《五帝本纪》写象谋害舜,让舜打井,象落石填井,以为舜必死,于是匆匆忙忙赶回舜宫去调戏两位嫂嫂。舜亦知象要谋害自己,于是打井时留了一手,在井壁上穿了一个支洞,史载“匿空旁出”。《孟子》等书的记载是,当象奔入舜宫时,舜早已回到宫中。孟子主张男女授受不亲,他不能允许象去玷污两位嫂嫂,只不过用象来陪衬舜的高尚伟大、仁慈友爱,记事符合孟子的义理。司马迁引用,改动了细节,写舜从支井逃出,回到宫中时,象已经坐在自己的床上调戏二嫂了。这一改动不仅加强了戏剧冲突,它更符合事实的发展,若真有其事,象肯定要先于舜赶回宫中。又如鸿门宴的惊心动魄的细节描写,显然有作者的添枝加叶。但这些细节的补充,是对真实事件的回顾,是合理想象的补充,与子虚乌有的虚构有本质的不同。这一点时贤往哲有着许多中肯的评论。明代黄省曾说:司马迁、班固之史“每传一人,则不特功德言语了了无遗,模写如画,又且其形态之状,以铺张之”⑥。凌约言评论《吕后本纪》时说:“欲侯诸吕,则有先封,而以‘乃’字转之;欲王诸吕,则有先应,而以‘风’字转之——皆太史公揣摩吕后本意欲假公义济私也。”⑦今人钱钟书在《管锥篇》中做出理论概括说:“史家追叙真人真事,每须遥体人情,悬想事势,设身局中,潜心腔内,忖之度之,以揣以摩,庶几入情合理,盖与小说、院本之臆造人物、虚构境地,不尽同而可相通。”上述昔贤今人所用“铺张”、“模写”、“忖度”、“悬想”等等,用词不同,其实都是指以“入情合理”的想象补充细节,这是作家实录史事过程中,必然要包含的作者对事实的认知、想象与体会,可以说这也就是小说因素,虽非小说而与小说相通。两者的区别就在于尺度的把握,是“入情合理”还是“天马行空”,创作者与读者都是心知肚明的。

九、运用通俗化和个性化的语言，凸显人物形象

司马迁博览群书，“年十岁则诵古文”，是先秦散文语言的集大成者。他又周览全国名山大川，采集了四方之民的口头语言。也就是说文人锤炼的书面语言和人民大众的生活语言，这两个方面司马迁都认真学习和吸收，并加以创造性地运用，形成了独具艺术魅力的《史记》语言。司马迁写人物声口毕肖，叙故事波澜起伏，发议论酣畅淋漓，抒感慨抑扬尽情，成为罕有其比的语言大师。通俗化和个性化是司马迁语言艺术最突出的两个特色。

司马迁创造通俗化的书面语言，突出地表现在以下三个方面：

其一，引用先秦文献资料，对古奥难懂的古文进行汉代通行语的翻译。例如，我们将《尚书·尧典》与《五帝本纪》对照就可以发现司马迁做了全面的翻译，有的句子直译，有的为意译，有的变换了语序句式和转译词汇，有的为熔铸改写，表现了司马迁在古语今译上积累了丰富的经验。

其二，大量采用和提炼民歌谣谚，以及方言俚语叙事，丰富了语言的内容，提高了语言的表现力。例如“桃李不言，下自成蹊”，这是古代流行的一个谚语，意思是说桃树李树没有向人们打招呼，由于它有甜美的果实而吸引着无数的人争相趋往，在树下踩出了一条路。李广厚重木讷，他的忠实心肠感动了天下的人，司马迁就用桃李的果实来做比喻，于是引用这个谚语来赞颂他，不仅形象鲜明，含义深刻，而且用得非常贴切，富有生活气息。《春申君列传》写春申君优柔寡断，不采纳朱英的劝告杀掉奸人李园而遭害，司马迁评论说：“语曰‘当断不断，反受其乱’，春申君失朱英之谓邪？”姑息奸人就是对自己的残忍。“当断不断，反受其乱”，这条谚语把这一历史教训总结得极为深刻，用它一点，胜过千言万语。又如《白起列传》载鄙语云：“尺有所短，寸有所长”，《淮阴侯列传》载“狡兔死，良狗烹；高鸟尽，良弓藏；敌国破，谋臣亡”等等谚语，蕴含的哲理极为深刻，司马迁也用得恰到好处，足以使作品增色。

其三，司马迁用于刻画人物的语言，精意锤炼，使之口语化，并模拟各种人物声色口吻，具有个性色彩，成为一大特色。例如

《李将军列传》写霸陵尉酒醉，呵止李广不得夜行，回答李广"故李将军"的解释时说："'今'将军尚不得夜行，何乃'故'尔！"这是模拟装腔作势的醉汉语言，用以摹写醉汉神态，十分精妙。《魏其武安侯列传》写灌夫使酒骂座，语言又别具一格。灌夫是一个骄横的失势将军，他是借酒生事，并非真醉，所以他不需装腔作势，而是冲着临汝侯灌贤指桑骂槐，挑起事端，接着怒冲冲对武安侯说："今日斩头陷胸，何知程、李乎！"一副狂态。吴见思《史记论文》于此批注说："语无伦次，是醉中语，如闻其声。"这个评论指出灌夫的醉语切合灌夫的个性。又如《魏其武安侯列传》，在东朝廷辩一节，司马迁通过切合各人身份、品格的语言，把窦婴之怒，田蚡之奸，韩安国之圆滑，王太后之愚泼，汉武帝之难言，惟妙惟肖地再现出来，使各个人物的情态历历如在眼前。

《范雎蔡泽列传》写须贾发觉秦丞相张禄就是范雎，顿时吓得面无人色，大吃一惊，赶忙肉袒膝行请罪，入门对范雎连连磕头说："贾不意君能自致于青云之上，贾不敢复读天下之书，不敢复与天下之事。贾有汤镬之罪，请自屏于胡貉之地，唯君死生之！"语气急促而无伦次，左一个贾如何如何，右一个贾如何如何，一副失魂落魄而惊惶乞命的情状跃然纸上。

总之，司马迁运用语言的成功，是他精意学习和锤炼语言，使之口语化、通俗化、个性化的结果。司马迁还运用各种修辞手段和虚字来加强语言的文学性，打破平铺叙述的史笔，所以《史记》文章极富文采，这和班固的严谨形成了截然不同的风格。司马迁正是用这种独具魅力的语言，塑造出了一个个形神俱备、栩栩如生、个性鲜明的人物形象。

十、司马迁塑造历史人物的理想

司马迁将历史人物典型化，这是他有意识地创造以符合述史理想的需要，其用意是以史为鉴，"善善恶恶，贤贤贱不肖"，使社会各色人物都能够照照镜子。他把《史记》看成是继《春秋》的著作，"上明三王之道，下辨人事之纪"，为后王立法，为人伦立准则。司马迁在《太史公自序》中发表长篇议论来评价《春秋》，说它"文成数万，其指数千"，包括了君臣父子的伦理秩序，每个人要立于人世间都必须读《春秋》。司马迁是借题发挥阐明《史记》塑造历史人物的微义。司马迁写历史人物进行全面褒贬,用以警醒世人,“别嫌疑,明是非”,若无形象性是达不到目的的。这一点,司马迁有着明确的认识和交代。他在《报任安书》中说:“所以隐忍苟活,函粪土之中而不辞者,恨私心有所不尽,鄙没世而文采不表于后也。”这里所说的文采,不单单是指文章辞采的练达;作为历史传记的文采,更重要的是指人物形象的塑造。司马迁冶文史于一炉,并不是偶然的音韵天成,而是刻意的匠心独运,有意识地突出历史人物的典型性,用以表现他“一家之言”的理想。当然,客观环境和文化传统也是重要因素。秦汉之际是我国历史上一个剧烈变化着的时代,也是英雄辈出的时代。西汉前期的鼎盛孕育了司马迁的博大胸怀。中国古代的文化传统是文史并重,文学和史学没有截然的区分。著述家无论写史学、哲学都讲究文采辞章和表达技巧,而文学作品也充满着典故和史实。例如《左传》《战国策》等书都是文史兼包的著作。司马迁继承了这一传统,并创造性地使二者达到了高度的统一。

以上漫谈,使我们清楚地看出,司马迁塑造历史人物的成功,不只是他有厚重的文学素养,而更重要的是他有进步的历史观,有崇高的理想,敢于创新。司马迁塑造历史人物的创新精神和取得的成就,达到了传记文学的高峰,对后世影响深远,值得我们借鉴和思考。

注释:

①《史记》卷一百三十《太史公自序》。

②《史通》卷八《人物》。

③韩兆琦:《史记赏析集·前言》,巴蜀书社 1988 年版。

④见扬雄《法言·重黎篇》及《汉书·司马迁传》赞语。

⑤季镇淮:《司马迁怎样写历史人物传记的——从“实录”到典型化》,载《语文学习》1956 年 8 月号。

⑥⑦《史记评林》引。

第七讲

司马迁悲壮抒怀　感动读者两千年

明人茅坤评价《史记》说:“读《游侠传》即欲轻生,读《屈原贾谊传》即欲流涕,读《庄周·鲁仲连传》即欲遗世,读《李广传》即欲立斗,读《石建传》即欲俯躬,读《信陵君传》即欲养士。”[①]形象地描绘了《史记》抒情性给予读者的感染力。抒情的实质是内心感情的宣泄,激昂慷慨,是文学范畴。记事是冷静的叙事,理性思维,是史学范畴。中国古代正统史学理论家如唐刘知几,是反对将二者混淆的。悲剧抒情是最激昂的抒情。韩兆琦先生说,《史记》是一道悲剧人物的画廊,全书悲剧人物达一百二十人[②]。《史记》人物充满悲剧色彩,这说的是《史记》的悲剧性。悲剧性的形成有主观和客观两大原因。客观原因,从春秋战国到秦汉之际,500 多年间,社会政治、经济、军事、文化,一切都发生着急剧的变化,这是一个多灾多难、战乱不休的时代,人间悲剧时时上演,同时也是一个英雄辈出、风云变幻的豪迈时代。两者合一,结晶为时代充满悲剧英雄。主观原因,司马迁所受腐刑的悲剧,使他承受了身体的伤残与一度精神的崩溃,痛不欲生。但司马迁最终以极强的意志力挺过来,化悲痛为力量,并从悲剧人物身上汲取豪迈气质,净化自己的人生。因此,司马迁与所写传主的悲剧精神心灵相通,化于笔端,往往借他人酒杯,浇自己之块垒,情不自禁地宣泄悲壮情感,使《史记》人物充满浓郁的抒情性与悲剧性,强烈地感染一代又一代的读者,至今两千多年,仍然鲜活生动,跃然纸上。司马迁打破史笔禁区,把浓郁的抒情与冷静的叙事融合在一起，从而创造了既是史学，又是文学的史传文学。史传文学不是纯文学，它根植于记事实录。所以本文解读的《魏公子列传》、《廉颇蔺相如列传》、《鲁仲连邹阳列传》、《屈原列传》、《李将军列传》五篇，着重于思想分析，不做文学欣赏，以斑窥豹，品味司马迁写史传人物的情怀。

一、魏公子列传

魏公子无忌，是魏昭王的小儿子，魏安釐王之弟，封信陵君，是战国四公子之一，而最贤者。战国四公子为齐国孟尝君田文、赵国平原君赵胜、楚国春申君黄歇，以及魏公子无忌。战国四公子分别为齐、赵、楚、魏四国之相，各养士 3000 人，又是同时代的贤公子，所以并称“战国四公子”。《史记》各有专传，而唯独信陵君以“魏公子”名篇，篇中称魏公子者，凡 147 处，表现了司马迁对信陵君的无比敬仰、亲切而特称公子。后世读者习惯上以封爵统称四公子，故《魏公子列传》，也称《信陵君列传》。

魏公子礼贤下士，所养士人多杰出之士。附传人物有侯嬴、朱亥、毛公、薛公，都是不平凡的人。信陵君一生大关节在救赵却秦，史称“窃符救赵”，而成其这一大功者，全赖乎客。故本篇以“客”作眼，通篇以客起，以客结，前后照应，连环无端，成一篇绝妙文章。写客是为了衬托信陵君的礼贤下士和急人之难的高尚品德。信陵君礼贤以国事为重，这是司马迁的理想，故本篇充满爱国主义的激情。信陵君窃符救赵，表现违抗王命，实质救援盟国，亦实救魏，落叶归根，还在“爱国主义”四个字上。

四公子礼贤养士，而真正能礼贤下士的只有魏公子。孟尝君有鸡鸣狗盗之徒。平原君几失毛遂之才，但能接受毛遂自荐，亦佳公子也。春申君晚年昏聩，失朱英之谋而断头。

三公子广收宾客，很大成分出于讲排场，摆阔气，故有平原君客与楚春申君客争艳斗富的故事。因此，当时许多有才能的士人，近在三公子咫尺往往失之交臂。像埋名于博徒和卖浆家的毛公、薛公就闻名在外而平原君不知。唯有魏公子礼请侯生，亲为之执辔，信用屠夫朱亥，微服访毛公、薛公，关键时候得诸人之力，生动地表现了魏公子的真诚待士，以及主客关系。《魏公子列传》重点笔墨也就自然地落在魏公子与诸人的交往上。

侯嬴隐身在看门人队伍中，度过了漫长的岁月，无人能知其贤者。偏偏信陵君知道他是一个贤者，而且精心设计了一个礼请侯嬴的场面。魏公子特别举行盛大宴会，高朋毕至，贵宾满堂。就在此时，公子本人率领了众多的人马车辆，亲自去迎接侯嬴赴会。这给了侯嬴以很大的面子。而侯嬴的表现似乎要比当年的田子方更过头些。他穿戴着破旧的衣帽，表露出满不在乎的轻慢。公子亲自驾车，他却傲然直登上座。车到半途，他又下车去访问自己的朋友朱亥，站在喧闹的街市，故意与朱亥谈论了很久，倒把公子冷落在一边。但是公子的态度却是越来越温和，没有丝毫的愠色。在宴会上，公子当着满堂贵宾，赞誉侯生，又亲自向侯生祝酒。末了，侯生却大言不惭地对公子说："今日嬴之为公子亦足矣。"因为侯生在大庭广众之中故意用自己的倨傲放诞来反衬公子的礼贤下士和虚己待人，这实实在在是一种不同寻常的举动。后来信陵君在窃符救赵的非常壮举中完全得力于侯生的策划，到这时，我们才完全领悟到"嬴之为公子亦足矣"这句话含有多大的分量！这句话的意思就是"今日我侯嬴也够难为公子了"，表示为以身许公子了。侯生后来果然以死励军，实践了自己的诺言。

毛公、薛公，一个沉沦在赌徒中，一个靠卖酒浆为生。在平原君眼里，这种操业卑下的人，不值得与之交往。但信陵君却不然，他看人不在于其人的操业，而是品格和才能。所以当他探得毛公、薛公是贤者，就装扮成平民，放下架子主动去拜访，吃了闭门羹也不计较。魏公子的赤诚相待，金石为开，毛公、薛公终于成了他的座上宾。从平原君与信陵君对待毛公、薛公的态度上，清楚地显现了二人在识见上的高下。平原君好客，只是一种豪举，并不注重实际，所以尽管收罗了很多门客，具有真才实学的人却寥若晨星，而贤能的人往往还不肯屈就。信陵君就高明得多，他好客，特别注重才学德行，为了罗致门下，不惜放下架子，折节礼待。由于这个缘故，有学行的人也就乐于为之所用了。有一次，公子和魏王下棋，魏王得到报告说赵国要入侵，公子说这是赵王在打猎。后来证明确实是赵王在打猎。公子的情报之所以那样确切，以致连赵王的一举一动都能了如指掌。我们由此也可以判断，信陵君不仅在赵国布满了耳目，其他诸侯国基本上也是如此，可见信陵君的本领之大。而这正得力于他礼贤下士的优秀品质和作风。

信陵君在司马迁的心目中是个理想化了的历史人物。这篇列传除了叙述他能礼贤下士外，还叙述了他在其他几个方面的品德和优点。

信陵君突出的优点是善于听取别人的批评，采纳正确的意见,及时改正错误。这在封建时代的贵族身上是难能可贵的。信陵君因窃符救赵及椎杀晋鄙两件事,得罪了魏王,故长期居留在赵国。秦国伺机不断侵犯魏国,魏王派遣使臣迎请公子归国,以解救魏国的危急。公子因旧憾未释而不愿回去,并不许宾客们劝谏。这时,毛公和薛公出来,正色批评他昧于大义,言辞很激烈。公子幡然醒悟,立即整顿行装返国,担负起抗秦的重任。在对待自己国家的态度上,若以孟尝君与信陵君比较,是不能等量齐观的。孟尝君有功于齐国,但被齐王废黜后却怀恨在心,背弃祖国。当他做了魏相国后,竟联合燕、秦、赵一起出兵进攻齐国。孟尝君的这一举动,实在是不足取的,这分明已是把自己的利益和恩怨放在祖国之上了。

信陵君能奋不顾身急人之难。当秦攻赵时,邯郸危在旦夕,而魏王救赵却又举棋不定。信陵君和门客们想尽一切办法企图说服魏王立即催促晋鄙进军救援,但是劝说无效。信陵君竟不顾一切,准备带领亲信赴前线与秦军拼命。信陵君也明知这是一条下策,等于自投虎口。但他这样做,的确是表现了不怕牺牲的侠义精神和大无畏的勇气。当然,这种举动对解救邯郸的危亡毫无作用,可以说是不明智的。然而,这却是信陵君高人一等的可贵品德,即能急人之难。窃符救赵就靠了这一精神品德,赢得了各种人士的帮助,赢得了全军的上下一心,也赢得了胜利。

在《史记》中,《魏公子列传》是作者对传主感情最深厚最真挚的篇章之一。信陵君在司马迁的心目中是一个理想化了的人物,这使作者在行文中既洋溢着对他的崇敬之情,又充满了同情和惋惜之心。

信陵君忠于兄长魏王，却不谙世故。魏王与信陵君虽是同胞,但连枝而不同气。出于利害关系,魏王一直就对信陵君怀有猜忌,不敢任以国政。信陵君窃符救赵以后,长期住在赵国,魏王既无骨肉之情,也无存魏安魏的远大打算,一任亲弟久羁异乡。只是由于秦国不断地侵犯,国势日危,才不得已把公子请回来。

兄弟相抱哭了一场,似乎有所悔悟,其实不然。因为这时再不请公子返国,领兵抗秦,恐怕连身家性命也保不住了。公子在军事上有出色的才干,他率领五国军队联合抗击秦兵,击败了不可一世的猛将蒙骜,这在战国合纵史上,是东方各国卓有成效的一次联合军事行动,使整个政治局势一度出现了有利于东方各国的转机。魏国得以暂时摆脱了困境,而公子施展才能的机会也随之告终了。公子被废黜,反间计固然是厉害的一着,但如果内部团结牢不可破,秦有何机可乘?魏王害怕公子的声望太大,有了兵权,会动摇自己的王位,便夺了他的兵权。公子一再遭受猜忌,不能施展才能和抱负,最终陷进了自暴自弃的泥潭。其结局是可悲的,公子死后不久,魏国终于为秦所灭。

当然,历史总归是前进的。信陵君生当秦国正在猛烈向东方挺进的时期,统一的趋势在秦军节节胜利的步伐声中已经明朗化了。信陵君纵使能够充分施展自己的才能,也只能暂时挽回一时的局面,所谓大厦将倾,非一木所能支,魏国和东方各国的覆灭最终还是不可避免的。信陵君生当那个时代,身处那种地位,本身就是一个悲剧。司马迁也看得很清楚,他在《魏世家》末尾的论赞中曾说:"天方令秦平海内,其业未成,魏虽得阿衡之佐曷益乎?"这里的"天"字是对客观历史必然事势的简练概括。任何个人的力量是无法挽回的。但是,司马迁认为,历史事势包含着人为努力的积极因素。信陵君在那个时代,本来还可以发挥出更大的历史作用,只是由于人为的原因,使他失去了机会。司马迁在另一名篇《屈原贾生列传》中就曾无限感慨地引《易经》说:"井泄不食,为我心恻。"即"井挖好了,但泉水仍未被人们取用,使我感到伤心"。比喻人才被埋没,难以施展自己的抱负。《屈原列传》说,屈原死后数十年(实为 55 年)楚国便灭亡了;《魏公子列传》中也说,信陵君死后 18 年,魏国就灭亡了,用的手法是一样的。旨在说明屈原、信陵君身系着国家的存亡安危。这就揭示了这样一个真理,即人才的使用问题,直接关系到了国家的兴亡。人才是每个国家、每个民族、每个时代都有的,但机缘对每个人却不一样。司马迁笔下的屈原和魏公子,在他们生活的时代里不能施展自己的才干,这是值得人们深思和同情的。

《魏公子列传》始终以信陵君与宾客之间的活动为主线,把当时的历史画卷有机地贯穿起来,展现在人们的眼前。信陵君礼贤下士，士也乐于为之奔走，而信陵君声名的远扬和事业的成功，又全赖于宾客们的帮衬。作者通过具体事例，把信陵君的才能品质等各方面的优点用饱含激情的史笔揭示了出来。篇末赞语，寥寥数语也充分表现了这一特色。司马迁没有用华丽的辞藻对信陵君大加歌颂，而只是淡淡地说，自己曾访求过大梁遗址，又寻访了当年的夷门。接着又说，汉朝建立后，高祖每次巡行经过大梁，常常亲自去祭祀公子，又特地叫人看守公子的坟墓，待以诸侯之礼。这些具体事由如叙家常般地絮絮道来，作者对信陵君的怀念之情，跃然纸上。

二、廉颇蔺相如列传

《廉颇蔺相如列传》是赵国四大忠臣良将廉颇、蔺相如、赵奢、李牧的合传。他们不仅智勇兼备，而且品德高尚，先国家之急而后私仇，在保卫赵国、抗击强秦的斗争中立下卓越的功勋。司马迁以热情的笔触叙写了四人的品质和才干，突出地表现了他们身系赵国安危的历史作用，颂扬了他们的爱国主义精神。为了突出“廉蔺交欢，将相合而赵强”这一思想，所以只用廉、蔺标题，赵、李均为附传。

本传是《史记》中最脍炙人口的名篇之一。它的思想深刻，写法也别具匠心。宋代黄震说：“太史公作《廉颇蔺相如列传》，而附之赵奢、李牧，赵之兴亡著焉。一时烈丈夫英风伟概，令人千载兴起。而史笔之妙，开合变化，又足以曲尽形容。”[③]明代茅坤也说：“两人为一传，中复附赵奢，已而复缀以李牧为四人传，须详太史公次四人线索，才知赵之兴亡矣。”[④]黄震、茅坤两人的评议，十分中肯，他们把本传高度的思想性和奇绝的艺术手法深刻地揭示了出来。所谓“开合变化”、“次四人线索”，是指本传的构思奇特；“赵之兴亡著焉”，是说思想性深刻；“一时烈丈夫英风伟概”、“曲尽形容”，则是指人物形象生动、语言精妙。本文准备着重从构思奇特和人物形象塑造两个方面作一些分析。

1. 构思奇特，完美地表现了思想性和艺术性的高度统一

本传记事上起赵惠文王十六年(前 283)廉颇东伐齐，迄于赵王迁八年(前 228)秦灭赵，前后历赵惠文王、赵孝成王、赵悼襄王、赵王迁四君 55 年。从全篇布局看，首为蔺相如传，次为赵氏父子传，再次为李牧传，各自可以独立。而廉颇传则如一条串珠的红线，他的事迹分散在合传的全篇，但却又的确是靠着他将各传串连起来。司马迁为何如此布局?茅坤说，“须详太史公次四人线索，才知赵之兴亡”，这给我们作了很好的提示。只要我们将本传所载史实与《史记·六国年表》对照，排出廉蔺赵李等人的活动年代，就可以鲜明地看出，司马迁在这里所描写的是一个时代的风云变化，它生动地记载了阏与之战、长平之战等大大小小的几十次战争，但他不是着眼于某个人物的个人际遇，而是通过这个系列的人物画卷来寄寓国家兴亡之感。当战国后期，东方六国日益削弱，争相与秦连横的局势下，赵国前后相继涌现出廉、蔺、赵、李等一大批忠臣良将，他们精忠报国，使赵国一度强盛，成为阻挡秦兵东进的主要障碍。赵惠文王尚能用贤纳谏，外交倚蔺相如，军事重用廉颇、赵奢，强秦无如之何;赵孝成王、悼襄王、赵王迁却都是平庸之主，故廉蔺李的际遇如江河日下，一天不如一天，而赵国也就日渐衰落，并终致灭亡。这不只是某几个人的悲剧，也是赵国的悲剧。《太史公自序》云:“国有贤相良将，民之师表也。”而贤才的任与废却取决于政治的好坏。由于四人活动时代不尽相同，彼此间又不尽有牵涉的四人合传的事迹，然而司马迁居然构成了一幅时代变迁的风云画卷，使作者寄寓的深刻思想得到了鲜明的反映。

本传不仅谋篇布局好，而且叙事清晰，详略得当。廉颇是本传的中心人物，他历仕赵惠文王、孝成王、悼襄王三王，功劳最大。赵王迁时，他客死于楚，仍念念不忘为故国效力。老将廉颇的荣辱紧紧地与赵国的盛衰相联结。司马迁尽管对廉颇的事迹写得很简括，“然叙次诸人，在以廉颇缨络其间”⑤，的确是抓住了最适合表达全篇主题的典型。蔺相如的主要功绩是取得外交上的成功。战国时代的外交斗争是军事斗争的继续和补充，具有很重要的地位。蔺相如使秦完璧归赵和渑池之会，为赵争得了地位，顶住了强秦的压力，具有不同寻常的意义。而这两次外交活动的背景，恰恰又是强秦对赵取得军事胜利之后所进行的政治讹诈。蔺相如抗拒强秦所表现的智勇和才干令人惊叹! 对于廉颇，蔺相如却以大局为重，处处表示谦退，“先国家之急而后私仇”，表现了崇高的精神境界和广阔的磊落胸怀。司马迁极为铺陈蔺相如的事迹，着意刻画他的形象，就是以他的这种思想照应全篇，这也是一个典型。廉蔺二人，一个以其事迹贯通首尾，一个以其思想照应全篇，这就是本篇奇特构思的神韵。

2. 塑造了一批公忠体国、无私无畏的人物群像，高度颂扬了“先国家之急而后私仇”的爱国主义精神

梁启超说：“太史公述相如事，字字飞跃纸上，吾重赞之，其蛇足也。顾吾读之而怦怦然刻于余心者，一言焉，则相如所谓‘先国家之急而后私仇’也。呜呼，此其所以豪杰欤！此其所以圣贤欤！彼亡国之时代，曷尝无人才？其奈皆先私仇而后国家之急也。往车屡折，来轸方遒，悲夫！”[6]

蔺相如的高尚情操和他的大智大勇，是通过一组生动的故事表现出来的，完璧归赵、渑池之会是集中地表现他建立在爱国思想基础上的勇和智，将相和则是集中表现他识大体顾大局的高尚境界。

秦昭王以十五城易赵国和氏璧，这一悬殊的不等价交换出于强秦之口，显然不是出于诚意。赵国答应易璧，等于自甘屈服；如不答应，秦国就可以借口出兵侵赵。赵国君臣十分清楚秦国的这种政治阴谋。经过权衡之后，他们决定通过外交斗争以求得解决，争取化被动为主动。但是谁可以为此出使呢？在这紧急关头，宦者令缪贤推荐了蔺相如。

秦国历来贪暴无信，人们称之为“虎狼之国”，蔺相如的使命是十分艰巨的。但是，由于他事前有周密的考虑、充分的准备和明确的斗争目的，所以能够做到随机应变，处处争取主动。秦王在离宫中的章台接见蔺相如，传璧以示美人及左右，没有举行隆重的接见礼，完全暴露了无意偿值赵城的企图。蔺相如当机立断，他机智地诓回和氏璧，并以身死玉碎威慑秦国君臣，迫使秦王不得不“辞谢固请，召有司案图”，装出一副真想偿还赵城的样子。这种无可奈何的表演，不管其真意如何，本身就宣告了秦王第一场外交斗争的失败。

在“渑池斗智”中，相如请秦王击缶，召入御史书之，请咸阳为赵王寿，一次又一次狠挫秦王的锐气，直到盟会结束，秦王“终不能加胜于赵”。蔺相如以他的机智再次取得了外交斗争的胜利。

廉颇与蔺相如相较，资格老，建功早，他有“攻城野战之功，以勇气闻于诸侯”，位为国家的上卿。对于蔺相如的由一个布衣之士一跃而为上卿、尊贵且位在自己之上，廉颇是不服的。他认为蔺相如"徒以口舌为劳"，声言要当众折辱他。一个是勇将，一个是智士。蔺相如深知，"强秦之所以不敢加兵于赵者，徒以吾两人在也"。而今二人相斗，如两虎相扑，"其势不俱生"，这将危及国家的安危。于是他顾全大局，称病不朝，"不欲与廉颇争列"。道遇廉颇，"引车避匿"。相比之下，廉颇意气用事，争个人名位，真是太渺小了。但是廉颇毕竟是一位忠心耿耿的社稷之臣，他的争胜，无非是争个人的面子。后来当他一旦明白过来，立刻悔愧交加，立即负荆请罪，肉袒谢相如。廉颇勇于改过的精神同样是出于"先国家之急而后私仇"，这就是廉蔺交欢的思想基础。历代以来，"将相和"的故事深入人心，被历代人民群众口碑相传，正说明了先公后私这种思想的感人之深。

赵奢、李牧两人的传记很自然地融于廉蔺传中，仍然是以先公后私的爱国主义精神贯起来的。传文不仅歌颂了赵、李二人的善于征战，而且记载了英雄蒙冤、国家遭难的结局，使全传笼罩在慷慨悲凉的气氛中。

三、鲁仲连邹阳列传

这是一篇跨时代而连类相及的合传。鲁仲连，战国时人；邹阳，西汉人。两人合传，其交合的类在哪里？为什么两人合传？为什么不同时代的人能合传？司马迁似乎已考虑到人们会提出这些问题，所以在传末赞语中作了交代。其言曰："鲁连其指意虽不合大义，然余多其在布衣之位，荡然肆志，不诎于诸侯，谈说于当世，折卿相之权。邹阳辞虽不逊，然其比物连类，有足悲者，亦可谓抗直不桡矣，吾是以附之列传焉。"这段话既是评说鲁邹两位历史人物，也是解说为什么二人合传。"比物连类"是一句关节语，也是双关语。邹阳"上梁王书"，引载众多的古人尽忠受谗，排比连类以自况；再是指鲁邹二人合传亦是比物连类，即二人皆为抗直之士，又皆以雄辩取胜于人，所以合传。可以说这是出人意料之外。鲁仲连与邹阳，时代不同，行事不同，司马迁居然找到了两人同类的契合点，写成合传。司马迁的交代，只是一个表层的意义，目的在于提示，凡合传，类传，都有相提并论的契合点，提请读者注意，这是司马迁发现与运用的一种历史观，非常进步，史识非常超前，也就是现在流行的比较研究法。司马迁所达到的比较研究的学术水平与识见之精，在古代历史家中是空前绝后的。下面先说本篇合传的内容及特点。

司马迁创造的人物传记，因是记述历史人物，不能随意虚构，主要是载人物的言与行，情节故事化。事迹多故事，也多曲折，例如文臣有治绩，武将有战功，才艺之士有造诣，有成果等，都好叙述。而游说人物，其精彩之处是能言善辩，驰骋说词。本篇合传，实际只是连缀了三篇言辞。第一篇是对话，记载"鲁仲连说辛垣衍义不帝秦"，《战国策》有记载，是一篇历代传诵的名篇，一般标题称"鲁仲连义不帝秦"。第二篇鲁仲连"遗燕将书"，替齐将田单说降燕将，齐兵不战而下聊城。第三篇，邹阳"狱中上梁王书"，自我辩解，鸣冤得释。鲁仲连的言辞是替人排忧解纷，邹阳的言辞是替自己鸣冤，事势大小不可同日而语，但两人都善言辞，又都品德高洁，不屈于权贵，以言辞释难解纷，所以合传。司马迁仅仅载其文，略加点缀，以文如其人的精神显现文章主人的风骨情采，纯以言传人，这真是一大奇特创造，非大手笔不能为。《史记》中《孔子世家》、《司马相如列传》都是以言传人的名篇。《孔子世家》基本取材《论语》，将孔子语录编织在特定的场景中，成为显现的人物传记，活生生再现了人物精神。司马迁采用人物语言，略加点染或特色编排，便成司马迁之文，并使原文增色，令人拍案叫绝。

再具体分析，司马迁是怎样运用人物语言显现其人灵魂与风骨的，供读者评说。

鲁仲连说辛垣衍义不帝秦，其背景是秦赵长平之战后，秦围邯郸，赵国面临亡国之祸，而诸侯不敢救。长平之战，秦赵两国都拼了全力。秦国 15 岁以上的男子都征发上了战场。赵国战败，40 多万大军全军覆没，被秦军坑杀，表现了秦为虎狼之国的残暴行径。长平之战，震动诸侯。秦国向各国发出外交照会，谁敢救援赵国，秦军灭赵后就移兵攻打它。本来秦军是进攻韩国，赵国出兵救韩国，引火烧身而有长平之战。但是赵国不救韩国，秦国将各个击破，统一天下。春秋战国长期战乱，人们渴望和平，渴望统一，这是天下大势。秦国最强，有统一天下的实力。从历史进程说，秦统一天下，顺应潮流是进步的，但秦取天下多暴，遭到东方各国人民的强力反抗，这也不能厚非。鲁仲连义不帝秦，就是扶持大义，主张抗击秦国，反对秦国的暴虐。鲁仲连义不帝秦，是站在人民立场，站在反暴虐的立场，应该肯定。只有用辩证观点才能说清当时的历史事势。

话说秦围邯郸，赵求救于魏，魏安釐王派大将晋鄙率十万大军救赵，但又慑于秦国的威吓，命令晋鄙将军停驻在国境上，仅仅作为赵的声援，观望不进，讨好秦国。魏王还受到秦国的欺骗和压力，派出辛垣衍秘密入赵，游说赵王公开尊奉秦国称帝，这样秦国就可退兵。假如辛垣衍游说成功，赵国尊奉秦王称帝，秦国不但不会撤军，且会一鼓作气攻下邯郸。赵国尊奉秦国称帝，实际就是投降。赵国投降，诸侯更不敢救，必将很快为秦各个击破。赵国坚持抗秦，只要阻止了秦军的锐气，诸侯之军就会跟上来，与赵军一起打击秦军，这一形势，鲁仲连看得很清楚，即赵魏皆万乘之国，为什么一战败北就要屈服于秦呢?赵国虽败，由于秦军暴虐，所以赵国邯郸军民斗志高涨，因此辛垣衍是秘密入赵，暗中运动。鲁仲连先会见平原君，由于平原君对辛垣衍说，秘密被公开了，尊秦为帝要做一番辩论，可以说鲁仲连已先声夺人，辛垣衍在辩论之前就泄了气。

鲁仲连不仅词锋锐利，而且有理有据，用大量历史事实说明尊秦为帝在政治体制上带来的后果。鲁仲连的思想是当时极少数开明思想家才具有的头脑。例如孟子的民贵君轻说可为鲁仲连思想注脚。司马迁身受专制腐刑，有切肤的体会，把鲁仲连说辛垣衍义不帝秦与邹阳狱中上梁王书联系起来，有隐微的深层思想，表达司马迁内心深处对暴虐的抗议，因而使原文增采。

鲁仲连列举历史教训，生动地论证尊秦为帝，天下人皆为奴虏，赵魏君臣都将地位不保，甚而被秦人剁成肉酱。鲁仲连用此危言耸听来表达他反对妥协投降的决心。辛垣衍最终被说服，接受鲁仲连的建议，赵魏联合抗秦，表明他们内心也是不甘心投降的，包括平原君、赵魏两王，尽管不甘心降秦，但又束手无策，可以说是国难当头，肉食者鄙。但他们在布衣鲁仲连的指点下猛然醒悟，值得称道。于是秦人听到辛垣衍受挫，将意味着赵魏联合抗秦，立即后退了50里。这时楚魏救兵赶来，联合击退了秦军。鲁仲连功成不居，不接受平原君的封赏，而且终身不再现世于显贵人之前。鲁仲连用行动表明他身入危城，游说辛垣衍抗秦，丝毫不带个人利益的高风亮节。其后鲁仲连替田单劝降燕将，结束了两年多的争战，仍不接受任何封赏，再次显示了他的志向高洁，为人排难解纷而毫无所取。苏秦、张仪等纵横家，游说诸侯亦纵亦横，目的是个人富贵。鲁仲连功成不居，其人格精神影响后世深远。

燕将守聊城，齐田单围攻一年多，未能攻下，齐军损失惨重。鲁仲连认为燕将既受困于齐，又受猜忌于燕，已经走投无路，坚持战斗，只是徒伤军民。燕将只有两条路，或撤出战斗回燕接受燕王惩处，或降齐另谋出路，不做无谓的战斗，结束将士和聊城人民的痛苦。鲁仲连投书燕将劝降。燕将得书，哭泣三日，选择自杀，不愿活着受辱，解救军民，结束战斗。这个历史上的无名的燕将，是一位悲壮的英雄，他以孤城抗击田单倾齐国之兵两年不败，说明他是一位很得士众心的名将。他为了保全军民而自杀，显示了一个名将的风采。燕将自杀，军中无主，田单乘乱攻城，屠了聊城，违背了鲁仲连的初衷，田单的行为应当受到谴责。所以鲁仲连逃于海上，从此隐居，不干世事。

邹阳在狱中上梁王书，解了自己的危难，也是一个机智的奇士，且书辞优美，说理具有不可辩驳的力量，两人合传，前后辉映，显示言辞的威力，这就是两人合传的原因。

四、屈原列传

屈原与贾谊两人合传，称《屈原贾生列传》，本文只解读《屈原列传》。屈原传是司马迁为我国古代第一位伟大的爱国主义诗人写的传记。在《史记》中，屈原传抒情味最浓，带有《离骚》的影子。司马迁一反常态，以激烈奔放的感情，一再直接发表议论，发泄感情，在列传的字里行间，又带上了自己的身影。

为何作屈原传，其宗旨是什么，司马迁在《太史公自序》中作了明确的交代。司马迁说："作辞以讽谏，连类以争义，《离骚》有之。"作辞，指辞赋创作。讽谏，指对现实黑暗的揭露。至于"争义"，指坚持正义，用今时语言，叫做为真理而斗争。《离骚》是屈原的代表作，这里以《离骚》为代表，包括屈原的所有作品。也就是说，《离骚》有之，指屈原所有作品，都坚持了正义，深刻地揭露了当时政治的黑暗与腐朽，表现了诗人的人格和为真理而献身的精神，值得歌颂，应该青史留名而为之作传。司马迁在《伯夷列传》中说："伯夷、叔齐虽贤，得夫子而名益彰。颜渊虽笃学，附骥尾而行益显。"此言乃示例，表明司马迁作史传人物的自信，屈原伟大，得司马迁之笔而名益彰，借史传而流芳百世。

屈原出身贵族，与楚王同姓，血统高贵；而自身才能出类拔萃，"博闻强志，明于治乱，娴于辞令"；职任左徒，地位显赫，侍从楚王，参与政事，起草诏令，协办外交，可以说是国之柱石，楚国上层统治集团重要的核心人物之一。屈原以其出身、才能、显职，原本是楚怀王的亲信，"入则与王图议国事，以出号令，出则接遇宾客，应对诸侯"。但是一个出身、才能、地位都比屈原低下的小人上官大夫，敢于"夺稿"又"诬告"，给楚怀王打了一个小报告，屈原就遭"怒而疏之"，被撤职冷落。上官大夫敢于"夺稿"，说明他既是一个小人，更是楚怀王的耳目。上官大夫说屈原"夸伐其功"，本是莫须有的诬陷，即使有，也仅仅是有些骄傲，小小的过失而已，楚怀王却小题大做，疏远屈远，撤职免官，这生动地揭示了专制制度对人才的摧残。独裁政治，个人说了算，偏听偏信，容易使人昏。而昏君总是爱奴才而不爱人才。奴才一句话，国家栋梁就倒塌了。

屈原"正道直行，竭忠尽智以事其君"，却被谗见疏，他不胜忧愤，"故忧愁幽思而作《离骚》"。司马迁以极大的同情直笔点出："屈原之作《离骚》，盖自怨生也。"怨恨是屈原的创作动机。怨恨谁？怨恨楚怀王。在等级禁严的专制社会，最高统治者一国之君，一国之工是不可怨恨的。君要臣半夜死，臣不敢五更亡。君要臣死，也是恩惠，所以称"赐死"。屈原只是被疏远，被剥夺了工作，怎么就可以怨呢？司马迁代言回答说："信而见疑，忠而被谤，能无怨乎？"司马迁在《太史公自序》中说：史官可以"贬天子，退诸侯，讨大夫"。天子有错是可以褒贬的，怨就更在其次了。司马迁发人所不敢发之言，透出了他的开明思想，民主思想。显然是自身的遭遇，借屈原的酒杯，浇自身的块垒，所以才写得如此的动情。

《离骚》是中国文学史上不可多得的一首抒情长篇自序诗，也是一首爱国诗，最高境界是忧患国事。司马迁最看重的也是这首诗的政治内容，称它是"上称帝喾，下道齐桓，中述汤武，以刺世事，明道德之广崇，治乱之条贯"。司马迁又认为，《离骚》兼有《国风》、《小雅》之长，"好色而不淫"，"怨诽而不乱"，价值超过了

《诗经》。司马迁所处的汉武帝时代，尊儒之风不可逆转，《诗三百》已尊为"经"，称《诗经》，由于《离骚》的讽怨作用强于《诗经》，所以司马迁《风》《骚》并论，甲《骚》而乙《风》，可以说是冒天下之大不韪，胆识超群。

屈原的品格与为人，对其创作的成就有着重大的影响。司马迁评价《离骚》说："其文约，其辞微，其志洁，其行廉，其称文小而其指极大，举类迩而见义远。"也就是说，正因为屈原的志趣高洁，他用芳草、美人来比拟，用以寄托自己的理想，形成独具的高雅风格。正因为屈原的行为正直，所以在作品中展示了毫不妥协的战斗精神。正因为屈原"志洁"、"行廉"，他才能"故死而不容自疏，濯淖污泥之中，蝉蜕于浊秽，以浮游于尘埃之外，不获世之滋垢，皭然泥而不滓者也"。反过来，由作品推见屈原的人格、思想、品德、情操，就像日月的光芒一样明亮。司马迁通过对屈原为人与作文的论述，鲜明地表述了二者的关系，一个人的思想境界与世界观对创作的巨大影响，也是司马迁文学观的组成内容之一。

屈原被谗见疏，君子退，小人进，对楚国政治产生了重大的影响。司马迁以实录精神记述了一系列历史事件，说明屈原进退，影响了楚国的兴衰。由于屈原被绌，小人包围了楚怀王，引诱楚怀王贪利受骗，为了商於六百里之地而与盟友齐国绝交，楚国孤立，遭秦攻击，又不度德量力而孤注一掷，"悉发国中兵深入击秦"，楚国遭受重创而一蹶不振。楚怀王始终不觉悟，竟不听屈原劝告，入秦不归。楚怀王之子顷襄王比其父还要昏聩糊涂，竟忘记国仇家恨，继续迫害屈原，使之遭到第二次放逐，直至沉江汨罗。

屈原遭遇两代楚王的迫害，身心健康受到很大摧残，他"颜色憔悴，形容枯槁"，但屈原九死其犹未悔，仍然是心系国事，蔑视群小，凛然宣称："易初本由兮，君子所鄙。""离湣而不迁兮，愿志之有象。"⑦屈原的高洁意志，永远坚强而不动摇。当国破噩耗传来，屈原毅然沉江身死国难，这一天是农历五月初五日。后世人们祭奠屈原，把五月初五定为端午节。传末，司马迁录载屈原的绝命辞《怀沙》作结，感情格外沉痛，也格外坚定，照应全篇，突出了屈原的悲剧氛围，也显现了屈原的坚贞不屈。

五、李将军列传

飞将军李广是西汉反击匈奴侵扰战争中涌现出来的一位英雄。

秦时明月汉时关，万里长征人未还。

但使龙城飞将在，不教胡马度阴山。

这首著名于世的《出塞》诗，是唐代边塞诗人王昌龄的作品。它反映了历代人民每当国家有敌警之时就想起了李广，由此可见，李广在历史上的地位和影响。李广是一位神箭手，百发百中，李广用兵神出鬼没，善于奔袭敌人，敢于打近战，短兵相接，拼死战斗，全军团结如一人，个个神勇，匈奴将士畏之如神，于是给他起了一个绰号叫“汉朝的飞将军”。

然而，这样一个不可多得的将领，在仕途上却得不到公平的待遇，后半生始终是“官不过九卿”，“无尺寸之功以得封邑”。特别是最后一次与匈奴决战，统治集团出于偏见与私心，竟把李广调出主力部队，使他难以施展自己的才干；加之行军迷路，贻误军机，在上司的威逼下，不得不含恨自刎。

李广的悲剧暴露了封建社会摧残人才的本质。汉武帝是想干一番事业的。他曾破格提拔了一批人才，而他的迷信、偏私，又使他压抑了某些人才。李广的命运在封建时代具有普遍性的意义。

司马迁对李广的不幸遭遇十分同情，对统治集团的处事不公也极为愤慨，但他没有直接表露，而是“寓论断于序事”，把悲愤之情蕴藏于字里行间，读者只有仔细阅读，才能体会得出。

单从战功来看，李广一生血战，败多胜少。而且从汉匈战争的大背景来看，李广带兵四五千最多一万骑，不是汉军主力，常常是作为配合主战场的支路战术部队来使用的。像李广那样的战将很多，例如与李广齐名并称的程不识将军，也是当时名将。司马迁没有给程不识立传。此外，将军公孙贺、公孙敖、赵信、李息、张次公、苏建等一大批封侯的将军有几十位，司马迁何不为之立传，为何单单给李广作传?而且李广正因为有司马迁才垂名青史，受到万人景仰的。司马迁对李广的遭遇极为不平，百分之百的同情，对统治集团最高统治者处事不公发出深深的愤慨，但又没有直接表露,而是“寓论断于序事中”,把悲愤之情藏于字里行间,所以写得辞采流离,是一篇情、理、事绝佳的人物传记。司马迁是怎样塑造李广的典型形象呢?下面试作分析,用三个题目来谈。

1.《李将军列传》的内容

汉武帝时的汉匈大决战，几次大战役都投入了数十万的兵力,李广作为二千石级的将军,虽然独立作战,只是支军策应,由于带兵少,遇上匈奴主力因寡不敌众,总是遭到重创,甚至全军覆灭,乃至一次被俘逃脱,可以说李广一生悲剧,一生传奇,最后自杀也是惊天地,泣鬼神。司马迁与李广是同时代人,他目睹李将军其人风采,熟悉他的为人,采访的事迹一定不少。但作者没有记流水账,不是泛泛记述人物,只选取了若干典型事例,仅用3000多字的篇幅，就把李广一生活灵活现的精神风采和人格魅力再现了出来。

全文有五个段落。

第一段，用简要文字写李广的家世和他在青年时期仕文景时的际遇与战功。可以说李广出场就与众不同。李广出身于盛产将军的关西,是陇西成纪人。秦汉时有“山东出相.山西出将”的民谚。因春秋战国至秦汉之际,今陕甘一带地区是汉族与胡人争战之地,生活在那里的人们对打仗是十分熟悉的,男女都能走马射箭。而李广又身为世代将门之后,其先人就是秦朝著名大将李信,受着“世世受射”的家庭熏陶,更具有当军事指挥员的优越条件。因此从军之初,便很快显露出他的才干。李广侍卫皇帝,他“冲陷折关”,搏斗猛兽;李广与吴楚军作战,“取旗,显功名昌邑下”。李广担任的职务随着战功也迅速提升,从中郎到武骑常侍,从骁骑都尉到边郡太守。论年龄,当时不过30多岁,而李广已经以勇猛善战著称于世了。难怪汉文帝对他说:“惜乎,子不遇时!如令子当高帝时,万户侯何足道哉!”李广生不逢时吗?历史的答案是否定的。在文景时,李就在平叛吴楚之战以及在边郡与匈奴的战斗中崭露头角,可是未得封侯,在武帝时赶上大规模反击匈奴的战争,而阴差阳错,仍未封侯。司马迁引用汉文帝的话来对李广的杰出才干作了高度评价，也是后来李广没有得到公平待遇的反证。司马迁在传记一开头就引用了汉文帝对李广的评语,其用意深刻,并透出一种悲凉气氛。

第二段，写李广与匈奴作战的事迹，以及突显李广善射特长的遗事射虎没矢等内容，展示了李广胆略超群，治军简易，很受官兵爱戴的名将风度。同时也写了李广心胸狭隘，枉杀霸陵尉的故事。本段内容是全传的精髓，而对敢打硬仗的作风的描写是重中之重。作者用精细的笔触，绘声绘色地写下了三个完整、生动的战斗故事。

第一个是追捕射雕人，突然遇敌，在众寡悬殊的情况下，他从容自若，指挥战士佯装“诱骑”，使对方上当受骗，终于化险为夷，最后脱险而归。

第二个是受伤被俘，在押送途中，他乘敌不备，飞身夺马，且战且逃，最后脱险而归。

第三个是被十倍于己的左贤王军队包围，他率领全军将士浴血奋战，即使伤亡过半，仍鼓舞士气，沉着应敌。一直战斗到援军赶来，迫使敌人解围而去。

三个故事表现了李广作为指挥员的三个侧面：第一个表现他临危不惧，沉着机智；第二个表现他善抓时机，勇脱困境；第三个表现他身先士卒，顽强坚定。看过这三个故事，读者没有不为李广超人的胆略和勇猛善战的精神所感动的。

李广在战场上对敌人猛打猛冲，冷酷无情；平时和战士相处又是那样平易近人，对士卒关怀备至。他得到皇帝的赏赐，从不独占，总是献出分给部下。队伍饮食供应不足，一向是“士不尽饮，广不近水；士不尽食，广不尝食”。他的生活十分简朴，为二千石40余年，而“家无余财”，看来他也从不把治家产的事放在心上，“终不言家产事”。

在治军方面，他也有独特的风格。行军没有严格的编制和行阵，幕府中的文书簿籍事务一律“省约”，甚至夜间连刁斗都“不击”。是不是李广太随便、太麻痹大意了呢?不是这样。他只是不讲究烦琐的形式，而在关键的地方他是丝毫也不放松的。作者明明白白地告诉我们“然亦远斥候”，这句话很有分量，尤其是那个“远”字，对表现李广治军粗中有细的特点，颇有画龙点睛的作用。

第三段，写李广一生血战不得封侯的苦闷，晚年出征，遭受排斥，含恨自刎的悲剧。李广青年从军，为二千石40余年，却始终未能封侯，相反“为人在下中，名声出广下甚远”的李蔡，不但封侯,还做了丞相,位至三公,甚至连"才能不及中人"的李广部下,封侯者也多达以十计,这是什么缘故呢?李广心情十分苦闷,找望气者王朔解答。望气者王朔是专以观测星象云气预卜吉凶的,这种人算命的诀窍就是先引诱人说出自己一生中最内疚的事,然后接过话题作为占卜的依据,以便自圆其说。所以当李广说出"杀已降"的事件之后,他便煞有介事地告诉李广"祸莫大于杀已降,此乃将军所以不得侯者也"。倘若李广说出别的内疚的事,他也会接过来说,"啊!祸莫大于如此如此"的。这等人,说话总是左右逢源,不足为训。那么李广何以难封,本文留待后面探讨,这里打住。

第四段,写李广门第的衰落,加重了悲剧气氛。传末写李陵降匈奴事,因与李广个人事迹较远,正文删节,这里亦不作对李陵的评论。

第五段,作者评论。称赞李广是活在人们心中的英雄。

2.李广难封的原因

李广未能封侯,当时军民为之抱不平,故李广死时,一军皆哭,天下知与不知的平民百姓也为之动容。历代以来,人们也为李广鸣不平,以至"李广难封"成为一个讨论的课题,至今还争论不已。有人说,李广难封,因其祖上李信是秦朝大将,汉朝承秦,对秦人遗民子孙有歧视。这种观点毫无根据,把现代的阶级观念搬到了古代,不符历史,姑置不论。有人说,李广不善言辞,不会公关,不拍马屁。也有人赞同作者提示的观点,李广数奇,即命运不好。李广数奇,是一般世俗之见,是当时人的历史局限,也是给予李广不平待遇的汉武帝、卫青等人的观点,而且还是李广本人无可奈何而叹息的观点。这一观点,今天当然更不能立脚。李广难封,有主客观的原因。客观原因是当时人们观念凝固,立法不健全,主观原因,李广受到不公平的待遇。

秦汉时奖励战功,以斩敌首级来论功,杀敌首级,爵位升等,所以封爵为级。卫青、霍去病,他们打了大胜仗,且不用说,而跟随卫霍主力作战的那些偏将军,才能不及中人,在李广之下的人,乃至李广部属因调离李广后不久也得了封侯,因为他们都立了战功,杀敌若干,俘获若干,自己未败。李广呢?却总是与敌死战硬拼,杀得匈奴人胆寒,畏李将军如虎,李广杀敌不少,可是却没有战功。原因是,李广为支军诱敌,总是以少击众,例如元狩二年，李广出右北平，以四千骑之众迎战匈奴左贤王四万骑，虽然血战杀敌，而自己也差点全军覆没，于是功过相抵，无赏。这种封赏的法律本身是不公平的。李广打的是阻击战、攻坚战，策应主力，本军作出重大牺牲是对全局付出的代价，应为首功。现代战争，被受命打阻击战的作战部队差不多也要全军覆没，可是他们是当之无愧的英雄。特别是李广死心眼打仗，吃亏不小。元光六年(前129)，卫青、公孙贺、公孙敖、李广等四将军，各率万骑分路出击匈奴。李广等三路掩护卫青主力深入匈奴龙城，卫青如入无人之境，长驱直入龙城，立了战功，而李广出雁门恰遇匈奴主力，血战而全军覆没，自身被匈奴生俘，半道拼死逃脱回来，不但无功，按汉律还有死罪，由于李广勇猛杀敌，允许用钱赎罪，免官为平民。司马迁为之愤愤不平，字里行间批评李广为什么这样死心眼打仗?司马迁是以贬为褒，就像写《屈原列传》，埋怨屈原为什么不离开楚国到别的国家去谋发展，可是读了《离骚》后深受屈原爱国的精神感动，认为自己的想法是错的，不觉出了一身冷汗。司马迁埋怨李广死心眼打仗，很可能也出了一身冷汗，所以才倾其全力用心用血写出《李将军列传》，表彰李广的爱国主义情怀，作者的命意就在此。千百年来，世世代代人产生对李广的同情、怀念，李广受封在人们的心中，李广及其作者司马迁可以欣然长眠于地下了。

李广难封的主观原因当然是受到统治集团的不公平待遇。

李广最后一次出征，正是汉朝大规模反击匈奴的漠北战役。汉朝投入骑兵十万，步兵(包括辎重部队)数十万，卫青、霍去病各率一军，兵分两路，双管齐下，这对李广来说是最难得的杀敌立功的好机会。他不顾年迈，“数自请行”。作为汉武帝本应该给他创造条件，发挥这位老将的作用，特别是发挥他百发百中的射技。不料，汉武帝表现却很冷淡，“弗许”。经过再三请求，“良久乃许之”，以李广为前将军。前将军本应为先锋，正面当敌，李广的愿望眼看就要实现，不料，出军之时别生枝节。原来卫青是个外戚将军，他为郎时，其友公孙敖救过他的命。这次出征，卫青早有计算，他要公孙敖为先锋立功封侯，于是从中作梗，利用汉武帝迷信心理进行活动。果然汉武帝嘱咐卫青“李广老，数奇，毋令当单于，恐不得所欲”。这样，卫青有恃无恐，强令李广改出东路。东路迂远，又失向导。结果，李广非但不能杀敌立功，亲捉单于，而且还贻误了军机，按军法当受审。他毅然“引刀自刭”，酿成了一出千古悲剧。

李广死后，李氏的不幸并未结束。作者在第四段落又告诉我们，李广的儿子李敢因替父报仇击伤了大将军卫青，结果又被霍去病趁打猎的机会用暗箭“射杀”。当时霍去病正威名显赫，汉武帝为了袒护他这个姨侄，竟声称“鹿触杀之”，一桩人命相关的事，就这样不了了之。

李广的一生大部分时间都是在战场上度过的，他为保卫汉朝边境的安全立下了汗马功劳，但最后并没有死在战场上，反而死在自己的刀剑之下，这个历史悲剧是很能发人深思的。它告诉我们，封建社会统治阶级对人才的培养选拔除了要符合本阶级利益的需要外，还有一层亲疏关系，恩怨关系，以及个人偏爱或成见等等人为的罗网在笼罩着它。即使像雄才大略的汉武帝和功劳显赫的卫青、霍去病也不例外。何况李广又是个“讷口少言”、“自负其能”的人，遇到不顺心的时候还敢和顶头上司发脾气，不辞而别，这样一个有“个性”的人才，要想取得统治者的重用显然是很困难的。

一生血战的李广虽得不到统治者的喜欢，在人民群众中却享有崇高的威望。他死以后，“广军士大夫一军皆哭”，“天下知与不知，皆为尽哀”，可以肯定在这个悼念的行列里一定也有司马迁一个。作者是怀着深深的敬意与同情来追述李广的故事的。在第五段赞语中作者引用了一句古语和一则谚语，高度赞扬李广那种以身作则的精神和朴素无华的美德，说明他和李广在感情上已经产生了巨大的共鸣，爱其所爱，憎其所憎，这篇传记之所以具有感人至深的力量，根本原因也就在这里。

3.《李将军列传》的艺术特色

本传作为千百年来传颂的名篇，不但内容丰富，思想厚重，而且艺术绝伦。举其大端有以下几个特点。

其一，司马迁塑造典型人物，善于立一主题编织故事，人物情节故事化，本传也是一个典型。从故事性来看，《李将军列传》重点记述李广追杀匈奴射雕者、佯死脱险、斩霸陵尉、右北平射虎没矢、破左贤王之围、不对簿自刎等一系列故事，用以展现李广一生“数奇”怀才不遇的悲剧故事，故事突出，所以读来兴味无穷，氛围悲壮，发人深思。从主题看，明人陈仁锡说：“子长作一传，必有一主宰，如《李广传》以‘不遇时’三字为主。”[⑧]李广一生屡立奇功而受到不公平待遇，这是一个突出的矛盾。全篇故事围绕这一主题矛盾来组织和展开，因此寓意深刻，非大手笔不能为此。

其二，把握人物特征，突显李广“善射”与“忠实宽厚”，写出个性。先说“善射”。凡名将各有特长，李广“善射”，乃他家“世世受射”祖传，在李广身上发扬光大达于顶点。李广“与人居则画地为军阵，射阔狭以饮，专以射为戏，竟死”。这里的“竟死”，指李广一辈子，终其身以善射为乐。匈奴是引弓之民，为汉边患，李广以“善射”对匈奴，征服射雕者，其武艺精彩绝伦，乃至于射虎、射石没矢。艺高人胆大，如比“善射”，敢与引弓之民匈奴比高低，所以李广敢打近仗、硬仗。李广凭“善射”判断敌情，伤中贵人者乃匈奴射雕者。李广还凭“善射”脱险，凭“善射”在打遭遇战中稳住阵脚，阻敌前进。射石没矢，则是“善射”的传奇。李广有如此绝世之才艺，运用于生逢其时的抗匈战争中，而以悲剧结局，更加耐人寻味。因此司马迁写李广“善射”，不是孤立地写才艺，而是写人的际遇与命运，韵调高昂，不同凡响。

其三，把握人物性格特征，展示人格魅力。李广“忠实宽厚”也是古代名将中最突出的。李广外貌“悛悛如鄙人”，长得像一个庄稼汉。李广不善言辞，司马迁说他“口不能道辞”，一句假话都不会说，一点装假也装不出，可以说貌如其心。李广作风宽缓不苛，让士卒人人自便，尊重人格，又廉洁奉公，把赏赐都分给了部下。李广行动上热爱士兵，“乏绝之处，见水，士卒不尽饮，广不近水；士卒不尽食，广不尝食”。李广做到了“其身正，不令而行”的圣人之教。司马迁许之以“忠实心”，说李广“忠实心诚信于士大夫”。这些是李广的人格美、心灵美，赢得了全军的拥护。李广死心眼打仗，与他的人格一致。

其四，善用对比手法。在《李将军列传》中，司马迁将李广的“善射”与匈奴射雕者对比；将李广的治军与程不识对比；将业绩与李蔡对比，突出了李广的才艺、品格与际遇。用《史记》的互见法展开来看，《李将军列传》与《卫青霍去病列传》对比，显现李广死心眼打仗的艰苦卓绝，虽受不平待遇而爱国精神不减，这正是中华民族的可贵的民族精神，牺牲小我，一切为国为家。《李将军列传》与《韩安国列传》对比，韩安国是忠厚长者，善待侮辱过他的人，而李广却杀了霸陵尉，这是对李广心胸狭隘的批评，也恰与一个粗犷猛将的生性合拍。

其五，语言朴素精炼，生动传神。作者往往用三言两语就能把人物栩栩如生地刻画出来。例如李广夜行霸陵，三人情态就跃然纸上。三人：李广、随从、霸陵尉。三人对话场面非常精彩。霸陵尉喝醉了酒，一开口便"呵止广"。听了随从的介绍，他非但不收敛，反而借酒意挖苦人——"今将军尚不得夜行，何乃故也"，地地道道是一副酒醉失态的下级军官的模样。李广的随从话语不多，只有一句"故李将军"，但说得不卑不亢，十分得体。试想，在这种场合还能让李广出面介绍说"我是从前的李将军"吗？显然不能；再加上霸陵尉是乘酒兴执法，争吵不得，所以四个字看来简单，其实不多不少，正切合人物身份。那么此时此刻站在旁边的李广心情如何，不言而喻，肯定是感到蒙受了莫大的侮辱，他难受，他气愤，恨不得猛击对方一拳，方能吐出这口窝囊气。但他终究还是把怒火强压下来。他心里明白，自己毕竟是"故李将军"啊。

短短三十几个字，刻画了三个人物的形象。霸陵尉与随从当面对话，是明写；李广默不作声，是暗写。明写者，形象鲜明，惟妙惟肖；暗写者，虽不著一字，但读者根据作者叙述的矛盾冲突，完全可以想象得出他的心理、神态面貌的变化，多么精彩，多么耐人寻味！

注释：

①④《史记钞》。

②《史记通论》，广西范师大学出版社 1996 年版。

③黄震：《黄氏日钞》。

⑤《桐城先生点勘史记》引张廉卿语。

⑥《饮冰室合集》。

⑦屈原绝命辞《怀沙》。

⑧《陈评史记》卷一百九。

第八讲

秦汉之际天下三嬗

——司马迁笔下的陈胜、项羽、刘邦

古代民谚:“时势造英雄。”西方哲学家爱尔维修曾经说:“每一个社会时代都需要有自己的伟大人物,如果没有这样的人物,它就要创造出这样的人物来。”①秦汉之际的社会剧变,产生了改朝换代的三个伟大历史人物,陈胜、项羽、刘邦。如果没有司马迁之笔的记载,三个伟人中,可能有两位要被历史的长河吞没,留下的只有一个刘邦。司马迁的笔触,写下陈胜发难,项羽灭秦,刘邦诛暴,这是一种独特的历史视角,表现了司马迁的睿智,带给我们三个历史伟人,供我们评说思考。

一、陈胜发难

发难,也称首倡,特指高举义旗带领受苦难的大众向施暴者发起进攻的第一个带头人。这里讲的是中国历史上第一个农民起义领袖,秦朝末年的陈胜。陈胜(?—前208),字涉,阳城(今河南登封东南)人。出身雇农,少怀壮志,常有鸿鹄之思。秦末赋役繁重,刑政苛暴。秦二世元年(前209)七月,陈胜与戍卒900人,被官府强征去戍渔阳(郡名,治所在今北京密云西南)。陈胜与好友吴广两人为屯长。当他们行驻在大泽乡(在今安徽宿县东南刘村集)时,赶上连天滂沱大雨,计算行程,不能按期赶到渔阳。按照秦法,误了日期,按军法应判处斩刑。在死亡面前,陈胜与吴广,当机立断,揭竿起义。起义军旬日之间,连克数县,队伍发展到数

万人。陈胜在陈郡治所陈县(今河南淮阳)建立张楚政权,被推为王。陈王随即调兵遣将,四出攻秦。将军召平、葛婴向东南吴、楚进兵。武臣、周市北上攻略赵、魏。假王吴广率主力围攻秦军事重镇三川郡(郡名,治所在今洛阳)。将军周文与宋留分路直指秦都咸阳。周文军正面攻函谷关,宋留南出宛(今河南南阳),取道武关入咸阳,周文军发展迅速,叩关入秦,有车千辆,步卒数十万。周文驻军在关中戏亭(在今陕西临潼东)待援,被秦将章邯所败。章邯出关,再败周文,破吴广军,围攻陈县张楚政权。陈王军败退至下城父(地名,在今安徽涡阳东南),被叛徒陈王车夫庄贾杀害。

陈胜称王只有6个月就失败了。但他发动的反秦起义如火如荼地蔓延开来,大江南北,黄河上下,几千人、几万人的起义军,不可胜数。秦王朝,已陷入四面楚歌之中。两年后,秦王朝在项羽、刘邦等多支起义军的攻击下灭亡了。项羽、刘邦是在陈胜发难后响应起义的,而刘邦曾归附项梁;项梁起兵曾接受陈胜部将召平假传的陈王之命拜项梁为楚上柱国。后来项羽破秦军主力于河北巨鹿,刘邦受降秦王子婴于咸阳。项羽、刘邦完成了灭秦大业,不仅是陈涉发难,开辟了道路,而且他们就是受陈王之命,竟其遗志,所以司马迁为陈涉立世家,与孔子世家为邻,并把刘项的灭秦之功,归许于陈胜发难。司马迁评论说:"陈胜虽已死,其所置遣侯王将相竟亡秦,由涉首事也。"[②]刘邦称帝后,按诸侯王的规格为陈涉置守冢三十家。司马迁也按诸侯王的体例在《史记》中立了"陈涉世家",并把陈胜与项羽、刘邦相提并论,称赞他们是改朝换代的三大英雄。《秦楚之际月表》说:"太史公读秦楚之际,曰:'初作难,发于陈涉;虐戾灭秦,自项氏;拨乱诛暴,平定海内,卒践帝祚,成于汉家。五年之间,号令三嬗,自生民以来,未始有受命若斯之亟也。'"司马迁在《太史公自序》中对陈胜首难作了更高的评价,把陈胜与三代圣王汤、武,以及圣人孔子并提。司马迁的评价对不对呢?这是我们所要研讨的主题所在。

在中国历史上,除司马迁外,没有第二个人对陈胜发难做如此高的评价。与司马迁同时代稍早的思想家贾谊在《过秦论》中,论秦之亡,归结为"仁政不施",这当然是对的,但对于陈胜的发难未做高度评价。贾谊称:"陈涉,瓮牖绳枢之子,甿隶之人,而迁徙之徒,才能不及中人。"唐代史学评论家刘知几在《史通·世家》

中批评司马迁为陈涉作《世家》。刘知几说："陈胜起自群盗，称王六月而死，子孙不嗣，社稷靡闻，无世可传，无家可宅，而以世家为称，岂当然乎？"对比之下，司马迁的历史观点，难能可贵。

如何评价伟大的历史人物，归根结底是两个方面。第一，是功绩；第二，是创造功绩的个人超凡出众的某种品质。孔子论人，认为最高品质有三：智、仁、勇。陈胜、项羽两人皆有勇，刘邦有智、有仁，智、仁皆能胜勇，所以刘邦最终取胜。推翻暴秦，创造新世界，是盖世之功，陈胜、项羽、刘邦三人皆有份，所以三人并提。项羽善战，经常以少胜众，灭秦主力，皆项羽之功，项羽之勇，不言而喻。陈胜之勇，表现在首难，这不仅是勇，而且是大勇，这是司马迁独具的慧眼。如何看待陈胜的大勇呢？通过比较，不难得出。

陈胜首难，反抗暴虐专政的秦王朝，惊天地、泣鬼神。当时秦王朝是世界上的强国，积累了几百年兼并统一的战争经验，军事力量十分了得。秦始皇统一中国，建立了强大的中央集权政治，严刑酷法，摄人心魄。秦王朝销毁了天下的兵器，焚毁了诗书典籍。陈胜与900名戍卒，在秦王朝军官的监护下，手无寸铁，人心不协，神情沮丧，似乎只有等待死神。在这种背景下，陈胜与吴广敢为天下倡，死中求活，发动起义，这一大无畏的精神，可以说是空前绝后。与陈胜同时，有多少英雄豪杰，或隐姓埋名于民间，或聚众为盗横行山林草泽间，但他们不敢首倡发难。例如项梁、项羽叔侄，楚国名将之后，项羽更是盖世英雄，曾经发出了取秦始皇而代之的豪言，但这两位英雄却埋名在吴中，观望待时。反秦英雄黥布，曾被征发修骊山陵，他广纳豪杰，反出关中，为盗鄱阳湖上。汉初开国名将彭越，亦为盗巨野泽中。汉高祖刘邦窜伏芒、砀山中。反秦义士张良隐于下邳，曾组织大力士谋刺秦始皇。几多英雄，几多豪杰，敢于反抗秦朝，却不敢公开发难，相形之下，陈胜之勇，反暴意识之炽，首屈一指。

还有一例，衬托陈胜之勇，更为生动，公元前208年，当全国起义的大暴动形势已经明朗，项梁、项羽已率江东八千子弟北上山东之时，安徽东阳少年杀秦官吏，相聚数千人，公推典狱长陈婴为王。陈婴母对陈婴说："自我嫁归陈家，还没听说陈氏祖先有尊贵之人，现在你称王不是好兆头。我看还是依附能人，胜利了可以封侯，失败了也容易躲藏。"陈婴听了母亲的话，归附项梁。

陈婴不敢称王，患得患失，何能发难。陈胜誓众，气贯长虹。陈胜与吴广谋划造反，相与议曰："今亡亦死，举大计亦死，等死，死国可乎？"陈胜誓众，豪言更为绝伦。陈胜说："公等遇雨，皆已失期，失期当斩。藉弟令毋斩，而戍死者固十六七。且壮士不死即已，死即举大名耳。王侯将相宁有种乎！"③

谚语曰："舍得一身剐，敢把皇帝拉下马。"陈胜以视死如归的精神，藐视王侯将相贵种，为解救苍生发难，这就是"死国可乎"。司马迁有言："人固有一死，或重于泰山，或轻于鸿毛。"一连串的"死"字从陈胜口中吐出，苍凉慷慨，昂扬振奋。陈胜不是白白去送死，恰恰相反，他要从"死"中求活，即使一死，也要悲壮，也要为国。所以司马迁在《太史公自序》中评价陈胜的死国精神，与汤、武和孔子并列。司马迁说："桀、纣失其道而汤、武作，周失其道而《春秋》作。秦失其政，而陈涉发迹，诸侯作难，风起云蒸，卒亡秦族。天下之端，自涉发难，作《陈涉世家》第十八。"这段话有三层意义。第一，失道、失政的昏暴之主，如夏桀王、殷纣王、秦二世等，应该推翻，人民有革命的权利。第二，倡导革命的发难者，商汤王、周武王、陈胜，他们建立了大功勋，如同圣人孔子写《春秋》，应当名垂万世，人民不应当忘记。第三，说明为陈胜立"世家"的理由。司马迁对首难的发现，及其高度的评价，是不同凡响的历史观。

二、项羽灭秦

项羽名籍（前233—前202），字羽，秦下项县（在今江苏宿迁西南）人。项羽是秦汉之际时势造就的一位失败的英雄，用文学语言叫做"悲剧英雄"。西汉史学家司马迁在《史记》中特为项羽立本纪，精心撰写了一篇伟大的传记《项羽本纪》，被梁启超誉为《史记》十大名篇之一。司马迁集中笔墨刻画项羽的英雄形象，而于序事之中揭示他失败的原因，真实地再现了项羽这一历史人物和秦汉之际的历史事势，具有很高的历史价值和文学价值。秦灭汉兴，刘邦攻下秦都咸阳，而灭亡暴秦的真正英雄是项羽，这是《项羽本纪》的历史价值；司马迁聚精会神用笔于巨鹿之战、鸿门宴、垓下突围自刎于乌江三件大事，生动地塑造了一个叱咤风云的悲剧英雄形象，这是《项羽本纪》的文学价值。

本讲对项羽不做全面的论评，只着重讨论两个问题。第一，秦末是刘邦攻下咸阳，为什么说是项羽灭秦。第二，项羽何以成为悲剧英雄，他失败的原因是什么。本节先说第一个问题。

公元前209年七月，陈胜、吴广揭竿而起，向暴秦发难，天下云集响应。九月，项梁和项羽也在吴中起事，杀了会稽太守殷通。项梁自为会稽郡守和将军，任用项羽为裨将（副将），分派"吴中豪杰"为军吏，分头攻下会稽各县，整编队伍，有精兵8000人。

这年十二月，陈胜王兵败战死。广陵人召平领兵在广陵（今江苏扬州东北）作战，他急中生智，打着陈胜王的名义，拜项梁为楚国的上柱国（官名，相当于丞相）催促项梁率兵北上，西击秦军。项梁安定了江东，也借机名正言顺率军渡江北上。项羽为先锋。这时大江南北，黄河内外，到处是起义军。因此北上的项梁军，沿途没有遇上秦军的抵抗，吸引了多支起义队伍的归附。项梁进军到彭城，打败了不听陈王号令的秦嘉，队伍发展到十余万人。项梁听从居鄛人范增的建议，立了战国时楚怀王之孙熊心为楚王，仍号称为楚怀王。这时，沛公刘邦也率军来归附。项梁十分欣赏刘邦，他命项羽与刘邦结拜为兄弟，两人并肩作战，突进中原。项梁自号武信君，率领楚军主力在山东境内与秦将章邯作战。公元前208年六月项梁立了楚怀王，八月进兵东阿，大败章邯军，项梁于是骄傲轻敌，九月在定陶反被章邯打败，项梁战死。章邯转战河北，围攻赵国。秦朝防御北方匈奴的边防军也南下与章邯会师，大有一举攻破赵国，歼灭各支起义军的架势。河南各支起义军北上救赵，也集中兵力在河北。秦军主力与诸侯起义军会战河北，秦军强大，形势危急。在这转折关头，楚怀王熊心，收缩兵力，召回项羽、刘邦，从盱眙进军彭城，重新部署反秦战略。决定楚军分兵两路，主力北上，以宋义为将军，项羽为裨将，范增为末将，黥布、蒲将军皆受宋义节制。另一路沛公刘邦率领本部由河南西进，从武关迂回攻击秦都咸阳。楚怀王与诸将约："谁先入关，谁做关中王。"很明显，楚怀王让刘邦西进做关中王，并借项梁之死削弱项羽势力，把西路军主将项羽降为北路军副将，而刘邦从西路军副将升为了主将，地位在项羽之上。项羽当然不服，从此与楚怀王有了矛盾。

公元前207年十月，宋义率领楚军北上，他畏惧秦军，不敢渡河，把军队屯驻在安阳（今山东曹县东），滞留46日不进。当时"天寒大雨，士卒冻饥”。项羽主张立即进军河北，既解赵国之围，又求食于河北，宋义不听，项羽诛杀了宋义，夺取了兵权。项羽有了军权，声威显赫。他大义凛然地向全军宣称：“宋义与齐国密谋造反，不北上救赵，我奉楚怀王的手令诛杀了他。现在立即渡河救赵，到那里去吃饱饭。”全军欢呼，众将军说：“项家将军原本就是我们的首领，楚怀王也是项家将军拥立的。现在项家将军杀了叛将，完全应该。”于是众将拥举项羽为主帅，大军立即前进救赵。

项羽挥师渡河，前进到了漳河南岸，与围困赵国的秦军隔岸相峙。这时秦军气盛，兵精粮足。包围巨鹿城的是秦将王离率领的驻守长城的精锐秦军，有20余万。章邯所部亦20余万，保护粮道，为王离军的后援。在战场上的秦军有50余万。诸侯救赵的各路大军，在巨鹿外围扎下十几座营盘，每支军也有数万人，包括项羽楚军，共有40余万。但诸侯之军互不统属，都不敢单独与秦军作战，大家都作壁上观，秦军不侵犯诸侯之军，只集中全力攻打巨鹿城。秦军的战略是，只要攻下巨鹿，各支诸侯军将不攻自破。巨鹿告急，赵国守将张耳派人出城督促城外赵军作战。城外赵军为陈余率领，有数万之众。陈余认为，赵军独进，好比以肉投饿虎，必将覆没。他分拨5000人试攻，一接触秦军，立刻被吞没。在这千钧一发之际，项羽没有被秦军的声威势大所吓倒。他首先派出勇将黥布率领两万人渡过漳河，占领滩头阵地。接着项羽亲率十几万楚军全军渡河，背水为战。项羽下令凿破渡船，打碎炊具，烧掉营落，每个战士只带三天干粮，表示了勇往直前、义无反顾的决心。这就是千古流传的破釜沉舟的故事。这一仗恰似后来韩信破赵的井陉之战，背水为阵，把全军置之死地而后生。十几万楚军，同仇敌忾，要杀出一条求生的血路，只有打败秦军，才能死中求活。因此，楚军斗志高昂，战士无不以一当十，奋勇杀敌，喊声震天动地。项羽在渡河的当天就发起了九次攻击，九战九胜。项羽直接打击的是攻城的王离军，留下章邯不打，也是各个击破秦军。结果楚军大胜，精锐的秦朝长城军急剧瓦解。项羽俘虏了秦军主帅王离，杀死了秦军副将苏角，秦军另一副将涉间自杀。最后，只有章邯军实力尚存，他顽固地与项羽相持半年多。最后秦朝大势已去，章邯独木难支，才率领残兵20余万，向项羽投降。

巨鹿之战，项羽全歼秦军主力，决定了秦朝覆亡的命运，有力地支援了刘邦向关中进军。公元前207年十月，刘邦早项羽两个月进入关中，秦王子婴向刘邦投降。刘邦封藏了府库，除秦苛法，与关中民约法三章，维护社会秩序，并展开政治宣传，大肆宣扬怀王之约，谁先入关，谁做秦王。于是“秦人大喜”，“唯恐沛公不为秦王”④。刘邦拒绝项羽入关，派兵把函谷关把守起来。

刘邦攻下秦都咸阳，后来又建立了汉朝，按通常道理应是刘邦灭秦，西汉时人，无论皇室贵族、官僚士大夫和普通民众，都是这样认识的。但是司马迁不认为是刘邦灭秦，而把灭秦之功归于项羽，因为是项羽消灭了秦军主力。秦将章邯灭陈胜王，灭项梁，扫荡了河南的起义军主力，认为楚地不足忧，又集中了秦朝的边防军，如果攻破赵国，瓦解各支入援赵国的诸侯军，毫无疑义要延缓秦朝的寿命。章邯不灭，回救关中，刘邦进不了武关，也就攻不下咸阳。国家的核心力量是掌控军队，项羽灭了秦军主力，也就实质上推翻了秦王朝。司马迁鲜明地提出项羽灭秦的观点，也是卓越的历史观。司马迁作为汉朝臣子，他肯定汉朝开国皇帝刘邦的对手，不仅要有大勇，而且还要有大智，因为“项羽灭秦”，是一个违反官方认识的敏感话题。司马迁运用互见法，巧妙而鲜明地表述了历史的真实。“项羽灭秦”的论述，既有明写，又有暗写。《陈杞世家》曰：“伯翳之后，至周平王时封为秦，项羽灭之，有本纪言。”这是明写。《太史公自序》曰：“秦失其道，豪杰并扰；项梁业之，子羽接之，杀庆救赵，诸侯立之。”这里所说“项梁业之”，指灭暴秦之业，项梁开其端，项羽接其力，灭秦的标志是项羽杀庆救赵，巨鹿之战，消火秦军主力，诸侯拥立项羽为盟主。这是暗写项羽灭秦。《陈涉世家》记述了近二十支反秦义军，只字不提刘邦的沛公军。这是司马迁故作疏漏，目的就是不承认刘邦灭秦，而归功于项氏。《陈涉世家》说，陈王死后，“会项梁立怀王孙心为楚王”。又说：“陈胜虽已死，其所遣侯王将相竟亡秦，由涉首事也。”这也是暗写项羽灭秦。司马迁运用春秋笔法，指出灭秦大业是陈涉发难，项羽灭秦。这一论断不仅是打破了传统思维，而且也是反潮流思维，不合时论。这是汉王朝的统治者所不能容忍的，所以司马迁用暗写。但是一味暗写又恐读者不明，所以又用互见法在《陈杞世家》中带出一句“项羽灭秦”的明写。司马迁表达“项羽灭秦”的观点是煞费苦心。

三、刘邦诛暴

汉高祖刘邦(前247—前195),字季,秦泗水郡沛县丰邑中阳里(今属江苏丰县)人。西汉王朝的建立者,公元前202—前195年在位。

青年时期的刘邦,出身农家而不喜欢种地务农,他好交朋友,讲义气,弄枪使棒,直到30多岁才做了一个小小的泗水亭长。秦代实行郡县制,郡下设县,县下设乡,乡下的基层叫里,十里一亭。亭长维护治安,逐捕盗贼,管理交通,接待过往官差。泗水亭是沛县城东的一个县郊亭,离县城很近。因此刘邦与县吏萧何、曹参、夏侯婴等有交往,与县令也能拉上关系。这些社会关系,不仅增长了刘邦的见识,这也是他在秦末乱世中起事的骨干力量。汉初布衣将相的格局,大多是刘邦在沛县的一群哥们。

刘邦作为亭长,曾押送徒役到咸阳服徭役,修骊山陵,看到过秦始皇出行的威仪,禁不住发出感叹:“嗟乎!大丈夫当如此也。”⑤这说明了刘邦是一个不安分守己的人,在社会动乱中逐渐产生了野心。公元前209年,刘邦因是亭长,押送沛县役徒到关中修始皇陵,还没有走出沛县,有许多役徒已经逃亡,刘邦估计到不了关中,役徒就会逃光,干脆全部释放了役徒,自己逃亡到芒砀山中以观时变。刘邦爱说大话,凡事敢作敢为,这一性格促使他在一定条件下具有造反精神。

由于秦政暴虐,天下人民共苦患秦。当陈胜、吴广在大泽乡起义,如同一根火柴点燃了一堆干草,全国大起义风起云涌。这时刘邦已经拉起了几百人的队伍,回到沛县,在萧何、曹参、樊哙等人的支持下,攻下县城,杀了沛令,自己做了沛公。公,是楚人对令的尊称。刘邦做了沛公,也就是做了沛县县令。他招募沛县子弟为兵,得2000余人,接着又攻下了丰邑,就让同村与他同日生的雍齿驻守丰邑。这时陈胜已在陈郡称王,国号张楚,刘邦也拉起了张楚的旗号,拥护陈胜王。

没有多久,陈胜被秦将章邯攻杀。雍齿也反了沛公投奔魏王。沛公正在困危之时,项梁、项羽率军从江东渡过长江,进入山东,成了抗击秦军的主力。沛公带兵去投奔项梁,与项羽拜了把兄弟,此后就一同并肩作战。沛公与项梁等人共同拥立了楚怀王。反秦斗争进入了一个新阶段。

秦二世二年(前208)八月,起义军再次遭到挫折,项梁战死,秦兵移师河北,河南防务空虚。楚怀王收缩兵力,重新部署攻秦战略,分兵两路击秦。诸将认为刘邦是个宽大长者,让他带兵从河南西进入关破秦。让宋义带领主力北上救赵,牵制秦军主力。楚怀王忌惮项羽,强令他为副将,听从宋义节制。楚怀王又与诸将相约:“谁先入关,谁就做关中王。”

项羽世代为楚将,楚国被秦国所灭。他的叔父项梁又被秦将章邯杀害。国仇家恨,使得一个只有24岁起兵反秦的项羽,在血气方刚的驱动下表现得十分勇猛而又残暴。他兵锋所向,破敌屠城,杀戮无辜,受到诸将的忌惮和长者的不满。不过秦朝这个大敌当前,人们还能容忍。项羽的复仇怒火使他作战英勇,乐于与秦军主力搏斗。宋义观望不进,项羽杀了宋义,夺了兵权,在巨鹿城下大战秦军,一日九战,喊杀震天,楚军无不以一当十,一往无前。秦军主力被项羽打败,章邯率领残破秦军抗击项羽,坚持数月后投降,尚有20万众。项羽担心秦军入关后造反,就在行进到河南新安时把秦兵全部坑杀了。这一大血案,使项羽大失人心,尤其是关中人民,把他恨之入骨。

与项羽相反,刘邦进兵一路招抚。他趁项羽在河北与秦军主力决战的时机,乘虚直入,从武关迂回进入咸阳,秦王子婴投降,秦王朝就这样灭亡了。刘邦几乎没有打什么大仗。陈胜发难,项羽破秦主力,可以说都为刘邦的成功开辟了道路。刘邦入关后与秦民约法三章,即杀人偿命,伤人及盗抵罪。秦朝的苛法全部废除。刘邦派出使者四出告谕秦民,又说,楚怀王与诸侯约,先入关者当为关中王。秦民十分高兴,唯恐沛公不为关中王。这与项羽的暴虐形成了鲜明对比。

项羽入关,大封十八王,刘邦被封为汉中王。不久楚汉战争爆发,经过4年争战,汉胜楚败,刘邦即帝位,建立汉朝。在位期间,继承秦制,实行中央集权,先后消灭了韩信、彭越、英布等异姓诸侯王。大封同姓诸侯王以为屏藩。迁东方六国贵族后裔及豪强以实关中京师,便于加强控制。又推行重农抑商与黄老无为政治,与民休息,参照秦律制定了《汉律》九章。这些措施有利于政权巩固和恢复遭受战乱的残破经济,并使汉朝保有几百年的基业。

项羽暴虐,刘邦诛杀项羽而得天下,司马迁称之为“刘邦诛暴”。《太史公自序》说：“子羽暴虐，汉行功德，愤发蜀汉，还定三秦；诛籍业帝，天下惟宁，改制易俗。作《高祖本纪》第八。”项羽灭秦以暴易暴，刘邦的功绩就是诛灭项羽，平定暴乱，恢复了天下一统的秩序。秦汉之际的改朝换代，陈胜、项羽、刘邦，三人共建奇功。陈胜、项羽都成了悲剧英雄，刘邦是最后的胜利者，逐得秦鹿的最大赢家。

刘邦善于用人，这也是楚亡汉兴的一个重要原因。刘邦做了皇帝。群臣让他总结胜利的原因。刘邦在洛阳设宴庆功，他在庆功会上说：“在军营中定计决策，就可以在千里之外取胜，我比不上张良。镇守后方，安抚百姓，供应粮饷，使运输从不断绝，我比不上萧何。统率百万大军，决战必定胜利，攻城必定取得，我比不上韩信。这三个人，都是超凡的英雄豪杰，我能够任用他们，这就是我得天下的原因。项羽只有一个谋臣范增，但不能够始终任用，这就是他被我消灭的原因。”得人者昌，失人者亡，刘邦用他的亲身战斗经历生动地又一次说明了这个普通的真理。

当然，楚亡汉兴还有着多种的原因。项羽不学无术，项梁过早死亡，项羽年轻气盛，还缺乏担当天下重任的政治经验。项羽总结经验，往往走向反面。例如他残暴杀伐，本来是反秦暴政，而自己却以暴制暴，无法赢得人心。刘邦起兵，投靠项梁，与项羽结为兄弟，而第一个起来与项羽争天下的恰恰是刘邦，这使得项羽错误地总结了生活经验和政治经验，猜忌功臣，防范外姓，只听信项伯等亲人的话，他哪里知道，项伯脚踏两只船，恰恰是个内奸。统治集团上层出了内奸，军事行动的情报都暴露给敌人，这个仗怎么打？最大的失误还是项羽分封十八王。此着一输，全盘皆输。与项羽相反，刘邦的性格“仁而爱人”，他好说大话，给人希望，讲义气，交朋友，例如他先后与项羽，与项伯两人都约为兄弟，项羽、项伯却是叔侄。刘邦管不了这许多，他只是搞政治。在严酷斗争的环境里，刘邦的这种性格与拉人际关系的手腕很能得到群众拥护。由于刘邦人缘好，顺利地当上西征主将，使得他先入关，在政治上占了主动。刘邦起初也没有多大才能，秦朝统一中国时，他已30多岁，才做了一个亭长，还经常去酒店喝酒不付钱，这说明他没有突出的大志。但他跑了一次咸阳，看到秦始皇的排场就想当皇帝，说明他思想活跃，很能跟形势。他能博采众长，招揽人才，集思广益，在斗争中迅速地增长了才干。到鸿门宴时，他敢于身入虎穴，表现他的勇；他计划周密，把统战工作做到了项羽的心里去，让项伯做了汉军的内奸。本来范增要把刘邦封为巴蜀王，把他困在四塞之国的四川盆地。刘邦愤怒地要和项羽拼命。又是张良活动项伯说情，项羽改封刘邦为汉中王。结果项羽既身负失约之名，又实授关中之地。刘邦的确是知人善任，加上自己的进步，他成了杰出的政治家。就这样，一个泗水亭长成了叱咤风云的英雄，也创造出了布衣将相之局的汉家天下。

四、潮起潮落，悲剧英雄谢幕

公元前207年十二月，刘邦、项羽相会鸿门，项羽拥兵40万，刘邦有众10万。鸿门宴拉开了楚汉相争的序幕。四年后，到了公元前203年十二月，天寒地冻，范增的话果然应验了，项羽山穷水尽，被刘邦围困在垓下。这一回楚汉力量对比恰好颠倒过来，刘邦拥众四五十万，项羽只有10万。夜间，汉军四面大唱楚歌，迷惑项羽。项羽惊惶不解地说："难道汉军把楚地都占领了么？为何有这么多人唱楚歌？"项羽上演了霸王别姬，弃军突围。一个统帅，战败弃军逃生，罪不容诛。司马迁又以他独特的视角，不以成败论英雄，通过生离死别霸王别姬的场面描写，东城之战的不服输，乌江自刎的壮举，还赠马送人头，项羽悲剧英雄的高大形象傲然屹立。项羽的人格魅力就是绝不服输，他乌江自刎，向不平的天公发出抗议。他垓下突围本意是渡过乌江返回江东，重整旗鼓与刘邦较量，但他到了乌江边，眼看在身边的二十六骑都不能保护，东山再起的希望破灭，于是毅然改变主意，不渡乌江，以战死沙场来谢幕。因此，项羽的乌江自刎，不是怯懦者无可奈何的逃避，而是勇敢者的人生顿悟，是英雄伟人的自觉承担历史责任的壮举。项羽赠马亭长，又送人头给故人，以德报怨，这与刘邦背信弃义、忘恩负义形成鲜明对照。司马迁精彩淋漓地写项羽乌江自刎，悲壮谢幕，就是要留给人间一片正气。乌江自刎，是《项羽本纪》对项羽的重彩浓抹、精心刻画的艺术形象。一位顶天立地的英雄，屹立天地间，永久活在人们心中。乌江人民世代敬仰，在项羽自刎处立庙祭奠，至今巍峨壮观。

生当作人杰，死亦为鬼雄。
至今思项羽，不肯过江东。

这首《夏日绝句》是宋代女词人李清照怀着对项羽的崇敬心情留下的绝唱，它表述了千百年来人们对项羽英雄气概的肯定，这也正是《项羽本纪》所要阐扬的精神。

司马迁为何要把项羽塑造成悲剧英雄，《太史公自序》作了鲜明的揭示。司马迁说："秦失其道，豪杰并扰；项梁业之，子羽接之；杀庆救赵，诸侯立之；诛婴背怀，天下非之。作《项羽本纪》第七。"这段话，表现了司马迁的卓越史识，他把项羽的贡献放在秦末人民反暴秦的生死斗争转折关头来评价，充分肯定了项羽的历史地位，把项羽作为一个悲剧英雄来讴歌，实在难能可贵。可以说，若无司马迁之识，就无项羽的形象留在高文典册中了。

项羽兴灭，如潮起潮落，来势汹涌，退也匆匆。是非成败转头空，供千秋评说。项羽失败了，他是怎样失败的？《项羽本纪》深透地揭示了它的原因。主要有四个方面。

第一，兵法不精，以力斗智。项羽是楚国世代将家之后，将门虎子，天生会打仗。项羽的祖父项燕是楚国的名将。公元前224年曾大破秦将李信军20万。接着，秦将王翦率60万大军来灭楚，项燕寡不敌众，兵败自杀。第二年，秦灭楚，项羽仅10岁。秦始皇通缉项氏，项羽随叔父流落到吴中避难。国破家亡的悲痛，流亡生活的凄惨，在项羽幼小的心灵中埋下了仇恨暴秦的种子。为报国仇家恨，他立志学"万人敌"。项梁教他兵法，他很高兴。但是，项羽"略知其意，又不肯竟学"。项羽的这一粗犷的性格，使得他没能把兵法学到家。项羽打仗，长于治兵置阵，摧锋挫敌，而不足于权谋，疏于筹略，可以说这是他演成兵败自杀的原因之一。项羽天真地要与刘邦单打独斗来决胜负，刘邦说："吾宁斗智，不能斗力。"项羽力能扛鼎，就自以为天下无敌，殊不知逞个人之能，只是匹夫之勇，用智是合众人之力，力不能胜智是明摆着的。

第二，用人唯亲，贤才遭忌。项羽猜忌功臣，最听信项伯等亲戚的话，把人才都赶到刘邦那里去了。能征善战的韩信，得不到项羽的重用，给刘邦当了大将；足智多谋的陈平，背叛项羽，给刘邦当谋臣；甚至替项羽打天下的先锋将淮南王黥布也让刘邦挖了墙脚；而项羽最信任的项伯却是一个内奸。项它、项声、曹咎、司马欣这些亲信将领一个个都是草包。项羽派出的外交人员也都是笨伯，出使汉军中的人中了刘邦的反间计，出使淮南的人帮助随何把黥布推向了刘邦。仲离昧坚守了广武阵地反而遭到了项羽的猜疑，仅有的一个谋臣范增而不能用。项羽如此草莽，焉能不败。

第三，残暴不仁，失去民心。项羽性情刚烈，直率粗暴，又由于国仇家恨的刺激演化成"悍猾贼"，残暴不仁。项羽只知杀戮、力战，不懂得争取民心，所过无不残灭。他攻襄城，久攻不下，已拔，尽坑之。他收降了秦卒20余万，也不知处置，尽坑之。在灭秦中的这种简单的复仇行为与人民反暴秦的朴素心理相合拍，所以还能得到诸侯将的拥护。可是项羽入关屠咸阳，杀秦降王子婴，入山东烧夷齐城郭，屠杀齐民，这是因迁怒刘邦、田荣而报复人民，这就是毫无道理，而是为渊驱鱼，为丛驱雀了。司马迁批评说，"汉行功德，子羽暴虐"，一点也不错。所以在楚汉战争中，项羽胜利越多，敌人越多，直到四面楚歌而后已。

第四，政治幼稚，封王失计。这是项羽失败最致命的根本原因。鸿门宴被刘邦花言巧语忽悠，项羽政治幼雉已见端倪。鸿门宴后项羽不欲刘邦为秦王，报请怀王，怀王不允，回答说"如约"，这使得项羽在政治上陷入了极端的被动，幼稚得可笑。怀王打压项羽，不让他西进击秦，降了他的主将地位，项羽不服，矫旨夺军，已经与怀王分道扬镳，还请示怀王干什么？项羽请示怀王等于是把共主地位拱手让给了怀王，已经是大为失计。请示未准，项羽就来一个大家都称王，项羽对诸侯们说："天下初发难时，假立诸侯后以伐秦，然身披坚执锐首事，暴露于野三年，灭秦定天下者，皆将相诸君与籍之力也。义帝虽无功，故当分其地而王之。"项羽入关，有人劝他说："关中阻山河四塞，地肥饶，可都以霸。"无论称帝或称王，占有关中就占有地利。项羽既然提出论功行赏，大家都称王，实际上把自己摆到了与诸侯同等的地位上，只是当霸主，当老大哥，彻底失去了称帝的机会，也没有理由占据刘邦打下的关中，只好东归彭城，迁怒怀王，把他逐走，又不惜用暗杀手段来泄愤，这更是错上加错，道德信义全都送给了刘邦。假如项羽在鸿门诛了刘邦，一脚踢开怀王，称帝关中，谁曰不然！项羽真的这样做了，与刘邦胜利后诛除功臣又有什么两样？有的论者认为项羽在鸿门放走刘邦是深明大义，他若杀了友军领袖，岂不要逼反诸侯将？这些论点看起来貌似有理，其实放在政治天平上，是经不起推敲的。项羽在军事上是一个巨人，在政治上恰是一个侏儒。阴谋手段并不是高明的政治斗争，当然不应赞许。但是,兵不厌诈,刘邦就是一个阴谋老手,刘邦却胜利了。既然刘邦为友军,他却派兵守函谷,先失一着,而后自来谢罪,项羽斩之名正言顺,何阴谋之有?看看后世,林冲火并王伦带来了梁山泊的兴旺;李自成谋杀罗汝才并不妨碍他入主北京,这些历史事实是很可能说明问题的。

项羽分封是最大的失计,第九讲研讨楚汉相争时再做进一步分析,兹从略。

上述项羽失败的四大原因,司马迁在《项羽本纪》的论赞中做了鲜明的提示,归纳为五个原因:第一,分裂天下,引起争斗;第二,背关怀楚,失去地利;第三,放逐义帝,诸侯叛乱;第四,自矜功伐,不行仁政;第五,专恃武功,失去民心。司马迁的批评,无疑是切合实际的。本文的分析,若加上失去关中地利,也是五个原因,与司马迁归纳的阐释,精神是一致的。

五、结束语

秦汉之际,时势造就了一大批创业的英雄,陈胜、项羽、刘邦,三嬗天下,是最大的英雄。陈胜大勇,以死国精神为天下倡,既超凡于当时群英之上,又为后世反暴政的英杰树立了楷模。项羽灭秦,叱咤风云,英雄末路,仍不服输,自刎谢幕,无颜过江东,以死承担责任,令人叹惋。刘邦称帝,他的功绩,不只是诛暴。建立大汉,继承秦制而革其弊政,轻徭薄赋,与民休息,成为一个与时俱进而驾驭了时代的明君。这也是刘邦对历史的贡献。励精图治,许多明君都可以做到,后继者汉文帝在许多方面做得更好。但刘邦从一个平庸的布衣而成为大圣皇帝,彻底结束了上古几千年的世卿世禄制度,开布衣将相之局,它对历史的影响,可以说是独一无二的。

注释:

①转引自《马克思恩格斯选集》,人民出版社1972年版,第450页。

②③《史记》卷四十八《陈涉世家》。

④⑤《史记》卷八《高祖本纪》。

第九讲

长风呼啸　马蹄声碎

——司马迁笔下的楚汉相争

秦朝灭亡后，刘邦与项羽两人争夺天下，司马迁称之为平乱诛暴的统一战争，史称楚汉相争。楚强汉弱，项羽凭的是力，善于征战，刘邦凭的是智，用谋略取胜。司马迁是怎样写楚汉相争的，本讲集中评析刘邦的谋略规划与项羽力争的较量，分为六个节目来谈。

一、鸿门斗智，胜负已兆

公元前207年十月，刘邦入关破秦，还军霸上，有众10万。刘邦欲为关中王，把守函谷关，阻击东方诸侯。十二月，项羽攻破函谷关，驻军鸿门，大军40万，与刘邦相距40里。项羽谋臣范增向项羽进言说："沛公居山东时，贪于财货，好美姬。今入关，财物无所取，妇女无所幸，此其志不在小，吾令人望其气，皆为龙虎，成五采，此天子气也。急击勿失。"[①] 于是项羽下令，全军戒备，连夜造饭，立即进攻刘邦军。刘邦军10万，没有打过大仗；项羽军40万，从血战中滚过来，两军决战，刘邦将会全军覆没。

刘邦探知消息，连忙与谋士张良商议对策。张良与项羽叔父项伯是老朋友，张良救过项伯的命。项伯夜访张良，泄露军机，劝张良逃去。张良却趁机邀项伯见刘邦，促成两人结为兄弟和儿女亲家。就这样，项伯成了刘邦的耳目和楚军内奸。项伯要刘邦赶早到项羽军中谢罪，然后告辞连夜赶回，花言巧语劝项羽设宴款待刘邦。项伯对项羽说:“若不是沛公打下关中,大王怎能不费力气就入关呢?现在人家立了大功,你还要去攻打他,这是不义的。明早刘邦来拜会大王,不如借机设宴款待,两家和好如初。”项羽答应了。

第二天清早,刘邦果然来到鸿门向项羽赔罪,项羽设宴招待,这就是历史上有名的鸿门宴。刘邦在宴会席上十分谦虚,坐在下首,情意恳切地对项羽说:“我和将军同心协力灭了秦朝,将军在河北作战,我在河南作战。没料到我先进了关中,今天能在这里见到将军,实在是万幸。不知是哪个小人播弄是非,挑动将军与我不和。我派兵守函谷关,是防止别人入关,恰恰是迎接将军,所以派兵驻守在函谷关。”心直口快、性情爽朗的项羽,被刘邦一顿迷魂汤,灌得心花怒放。他对刘邦说:“你的左司马曹无伤派人来报告,说你要做关中王。不然,我哪能进攻你呢。”范增见项羽没有杀掉刘邦的意思,就把项庄叫来,让他舞剑。项庄知道范增让他舞剑的用意,于是一边舞剑,一边杀气腾腾地靠近了刘邦。项伯起身拔剑与项庄对舞,用身子保护刘邦。张良见情势危急,连忙去叫刘邦的侍卫官樊哙救驾。樊哙是一员猛将,他全身披挂,直闯军营,打倒守门的卫士,来到宴席边,瞪圆一双虎眼,愤怒地数落项羽说:“楚怀王和诸将约定,先入关者为秦王,可是,沛公进关却秋毫无犯,等待大王来安排,想不到你竟听信小人的话,要杀害劳苦功高的人。你这样做和残暴的秦朝有什么两样!”项羽不知道樊哙这一席话是预先安排好的,一时对答不上来,沉默了一会,觉得理亏,顺口夸赞樊哙:“好一个壮士,你请坐吧!”紧张的气氛缓和下来。老谋深算的刘邦,趁这机会,推说上厕所,招呼樊哙溜出军营,一溜烟逃回自己军营中。刘邦利用项羽年轻,缺乏政治斗争经验,又仗恃项伯内应,所以亲入虎穴,打探虚实,不仅化险为夷,而且弄清了内奸。他回到军营立刻杀了曹无伤。

鸿门宴拉开了楚汉相争的序幕,强势的项羽却败下阵来。刘邦赴会鸿门宴,有惊无险。他利用项羽缺乏政治经验,虎口脱身,避免了在不利形势下与项羽决战,保存了实力。刘邦走后,范增十分遗憾而又颓伤地说:“今天放走了刘邦,日后我们都要成为他的俘虏。”

二、项羽分封，虎落泥潭

鸿门宴后，项羽进兵咸阳。他杀了秦降王子婴，火烧秦宫室，大火三月不绝。有人劝项羽建都咸阳称帝，项羽却说："富贵不还乡，好比夜里穿绣花衣，没人知晓。"项羽放弃了称帝的机会，自称西楚霸王，而大封十八诸侯王。项羽认为分王诸侯，从此高枕无忧。殊不知封王诸侯犯了极大的错误，因为这是一着昏棋，彻底走错。失误有三：其一，项羽把亲信将领封王善地，以为这样就可控制局面，殊不知诸将得地称王，就不听他的号令了，黥布封淮南王以后不听调遣就是一个典型例证。其二，封刘邦为汉王，放虎归山。范增策划封刘邦为巴蜀王，困死西垂，这是一着妙棋。刘邦要与项羽拼命，又是张良运动项伯说情，改封刘邦为汉中王。项羽这一改动，既负背约之名，而又实授关中之实，为一大失策。项羽把三个秦降将章邯、董翳、司马欣封为三秦王来拒塞刘邦，实际上等于拱手将关中送与刘邦。一是关中三分而势弱；二是因项羽在新安坑杀了秦降卒20余万，关中秦民恨透了三秦王，刘邦还定三秦，缺失民心拥护的三秦王无力抗拒，很快败亡。其三，项羽封王不公，主观武断，未能处置好一些拥有实力的军事集团。山东田荣、河南彭越、河北陈余皆被排斥在封王之外。由于田荣没有出兵援救项梁的定陶之战，导致项梁战死，项羽怀恨田荣，就用大封三齐王的办法来分裂齐国，架空田荣，当然这是行不通的。陈余、彭越，这两人在河北、河南中原地区拥有实力。因为没有追随项羽入关，项羽不封两人。于是田荣、陈余、彭越三人联合起来发难，项羽四月回到彭城，还没来得及坐下来休息，这几个军事巨头就联合起来反抗项羽，五月山东就乱了套。项羽征讨，陷入泥潭。刘邦趁机明修栈道，暗渡陈仓，占了关中，杀出函谷，直捣彭城，端了项羽的老窝，幸亏项羽及时回救，在彭城打了一个大胜仗，才避免了过早的覆亡。

项羽封王，争论最大。论者或曰，项羽分封代表旧贵族的割据势力，开历史的倒车，必然失败。这种观点值得商榷。公元前210年，秦始皇出游天下，巡行浙江，当时项梁、项羽叔侄随众观看，项羽情不自禁地说："彼可取而代也。"可见他不是不想当皇帝，不是一心想分封。但是如果认为，项羽分封是迫于形势，那就更不符实际。巨鹿之战，诸侯折服，强捷有力者皆归项羽旗下，成了他的部将。最大的异己刘邦，欲与项羽争衡，心有余而力不足，他像踩钢丝一样，冒死入虎穴乞和。当时，谁敢和项羽对抗？那项羽为何分封十八王？追本溯源应是范增劝项梁立楚怀王这一政治失计，给入世未久的项羽套上了绳索。项羽分封诸侯王，也是范增的策划。于是又有一种观点认为，范增非善谋之士，他对项羽的失败应负主要责任，这也是不妥当的。范增只是一个谋臣，听不听还在项羽，何况智者千虑之一失并不足以导致项羽的失败。分封固然是馊主意，确是开历史的倒车，但设计鸿门除害、王刘巴蜀，这些主意并不坏。问题是，范增的馊主意，项羽采纳了；范增的好主意，项羽拒绝了，最后把范增赶走了，重瞳子以亲疏画界，虽有一范增而不能用，不亡何待！而那个改姓刘的项伯，却是项羽言听计从的一个笨伯和内奸！由此看来，项羽因政治幼稚而封王失计，并不是代表旧贵族势力而开历史的倒车。范增劝项羽急击刘邦，可见也是要争天下的。刘邦集团的谋臣郦其食也献策立六国后，被张良建言制止了。最后为了合击项羽，同一个张良建议刘邦封韩信、彭越为王，为了策反黥布也封了王。刘项封王，都是政治策略。不同的是，刘邦是在被动局面上利用封王的策略树羽之敌，壮大自己争取主动，项羽是在主动的鼎盛局面下，为了一个"如约"而封王，恰恰是给自己树敌，显然是政治失计。设鸿门宴的主人项羽，当年才是一个27岁的马背上的将军，他还不懂得用阴谋手段诛除异己，结果放虎归山，自己却陷入泥潭。

三、汉中对策，刘邦东出

汉元年（前206）五月，是一个风和日丽的日子，汉王在南郑的练兵场上筑坛举行了隆重的拜将礼。这是汉王进入汉中兴办的第一件大事。汉王部属，日夜思归。汉王举行拜将大礼，表示整军讲武，是东出的前奏，全军有了盼头，人人欢欣鼓舞。拜将大礼成了激励士气的一项盛典。萧何做了认真的准备，庄严，隆重。午时正刻，汉王登上祭坛，由萧何主司仪。先由汉王祭拜天地，再祭拜祖宗，接着举行拜将大礼。全军注视接印大将何许人也，出乎所有人的意料，原来大将就是新来的治粟都尉韩信，全军皆惊。

中国历史上一颗杰出的将星，就这样在汉王建筑的拜将坛上冉冉升起。开汉家四百年基业的军事家韩信,此刻正式登上了安邦定国的政治历史舞台。

拜将礼毕,汉王推韩信坐上座。汉王向韩信咨问天下大计,韩信有条不紊,一吐胸中韬略,提出了楚汉相争的纲领,可称之为“汉中对策”。

汉王曰:“丞相多次推荐将军,将军何以教寡人计策?”

韩信致礼汉王,先不作答,而是提出问题,对汉王说:“现在大王东出争天下,对手恐怕就是项王吧?”汉王说:“正是。”韩信又问:“大王自料勇悍仁强孰与项王?”韩信大胆地单刀直入,让刘邦自己与项王比较,在勇敢、强悍、仁受、刚毅等方面,哪一个更强。韩信这一问使刘邦陷入了尴尬,答也不是,不答也不是,谁愿当众承认自己不如人呢?可是现实是十分严峻的,知彼知己,才能百战百胜,自己哪些方面不如别人,找出差距才可以扬长避短。鸿门宴前夕,张良也这样向刘邦提出过问题,目前较劲斗力,汉不如楚。汉王沉思良久,终于回答说:“不如也。”韩信直率的提问,表现了对知遇的忠诚,汉王坦诚的回答,表现了干大业的帝王气度、虚心请教的胸怀。韩信见汉王吐了真言,非常高兴,拜了再拜,话锋一转,对汉王说:“我韩信私下也认为大王勇悍仁强比不上项王。过去,我曾经在项王手下做过事,请允许我谈谈项王的为人。”韩信得到汉王的首肯,他滔滔不绝地对天下大势作了极为精彩的分析。韩信说:

> 项王喑噁叱咤,千人皆废,然不能任属贤将,此特匹夫之勇耳。项王见人恭敬慈爱,言语呕呕,人有疾病,涕泣分食饮,至使人有功当封爵者,印刓敝,忍不能予,此所谓妇人之仁也。项王虽霸天下而臣诸侯,不居关中而都彭城。有背义帝之约,而以亲爱王,诸侯不平。诸侯之见项王迁逐义帝置江南,亦皆归逐其主而自王善地。项王所过无不残灭者,天下多怨,百姓不亲附,特劫于威强耳。名虽为霸,实失天下心。故曰其强易弱。今大王诚能反其道,任天下武勇,何所不诛!以天下城邑封功臣,何所不服!以义兵从思东归之士,何所不散!且三秦王为秦将,将秦子弟数岁矣,所杀亡不可胜计,又欺其众降诸侯,至新安,项王诈阬降卒二十余万,唯独邯、欣、翳得脱,秦父兄怨此三人,痛入骨髓。今楚强以威王

> 此三人，秦民莫爱也。大王之入武关，秋毫无所害，除秦苛法，与秦民约、法三章耳，秦民无不欲得大王王秦者。于诸侯之约，大王当王关中，关中民咸知之。大王失职入汉中，秦民无不恨者。今大王举而东，三秦可传檄而定也。②

韩信的这席恢宏大论，只有诸葛亮的"隆中对策"方可与之比美。韩信不是一介武夫，他是一员精通人文地理、韬略盖世的儒将，倜傥风流就在这一席谈吐中。韩信不仅读兵书，他还读百家诗书，所以知识渊源，识见高超，有政治战略眼光，分析形势，考虑到了天时、地利、人和。孟子有言："天时不如地利，地利不如人和。"孟子分析战争胜败三要素，天时、地利、人和，三者之中人和最重要，因为"得道者多助，失道者寡助。寡助之至，亲戚叛之；多助之至，天下顺之。以天下之所顺，攻亲戚之所叛；故君子有不战，战必胜矣。"③ 楚汉相争，论天时，由于项羽背义帝之约，分宰天下不平，诸侯叛之，借众力以斗项羽，项羽虽强，独木难支，趁乱东出，此其时也；论地利，项羽不居关中形胜，又封秦民所怨三秦王，只要汉王东出，"三秦可传檄而定"，岂非天意以三秦资汉王者乎？论人和，汉王更胜项王一筹。"项王所过无不残灭者，天下多怨，百姓不亲附"；而汉王"秦民无不欲得大王王秦者"。这是说，百姓亲附汉王，汉王东出，"以义兵从思东归之士，何所不散！"汉王部属是山东人，高举义旗，打回老家，全军拥护，所向无敌，这是说战士亲附汉王。项羽仁爱，"言语呕呕"，婆婆妈妈，妇人之仁，只能博得那些好面子多礼仪的书呆子们拥护，而汉王慢易，说话粗鲁，但胸怀大度，有功重奖，"以天下城邑封功臣，何所不服"，那些攻城夺地的勇士们都将归到汉王旗下，这是说将相人才亲附汉王。单打力斗，逞匹夫之勇，汉王不如项王，而纵观天下大势，天时、地利、人和，汉王远胜项王，楚汉相争，必然是刘胜项败，韩信分析得清清楚楚，明明白白。如何东出，有步骤，有方略。这第一步就是不失时机，还定三秦，长远方略，则是收拾民心，智胜项王。

韩信说完，汉王心悦诚服，非常高兴，"自以为得信晚"。于是汉王全面采纳韩信计谋，部署诸将日夜操练，作好战备，听从韩信调遣。

韩信五月拜将，八月就兵出秦川。韩信"明修栈道，暗渡陈仓"，取得突击效果，一举拿下陈仓，获得大量军实。汉王入汉中，用张良之计,火烧栈道,麻痹项羽,表示无东归之意。火烧的栈道,是指关中中段入汉中的最近道路褒斜道。韩信要从褒斜道上出兵,就必须要先修复栈道。汉元年六七月,韩信督率大军民工冒着酷暑修复栈道,这一行动就是进军的信号。只要修栈道,就把章邯的注意力吸引到秦川中段偏西的眉县一带杜塞褒斜道北端的斜谷口。由于修复栈道尚需时日,没有一年半载,不能完工。为了日后的大军补给,韩信修复栈道也是认真地在进行。章邯的探马报告的却是实情,而短时间韩信又修不好栈道,章邯要以逸待劳,可以说章邯暂时还没把韩信修栈道的事放在眼里,在他看来汉王刚入汉中,没能力出兵东进。韩信抓住章邯的这一心理,巧妙地打了一个在修复栈道的过程中的时间差,在汉元年八月从陈仓故道出兵偷袭陈仓,端端正正打了章邯一个措手不及。韩信初战得手,乘胜扩大战果,他以迅雷不及掩耳之势,闪电般推进,分兵四出攻击三秦王。仅一个月时间,韩信就打通了八百里秦川。汉元年八月,雍王章邯被围困于废丘,塞王司马欣、翟王董翳望风而降。章邯弟章平与原秦将赵贲等退守陇西、北地,负隅顽抗,为章邯外援,等待项羽驰援。

项羽闻警,但他被田荣的反叛所吸引,没有及时率兵西征,而是以故吴令郑昌为韩王,驻防颍川拒汉兵。项梁、项羽避难关中时与郑昌相识。项羽在紧要关头用人唯亲,将重大军事任务用以酬劳故旧,失策之至。

汉将韩信充分利用秦民拥戴汉王的政治优势,趁项羽伐齐无暇西顾这一千载难遇的战机,他大胆地置关中残敌于不顾,与汉王亲率主力,于汉二年十月东出函谷关驻兵于陕县(在今河南三门峡市西)。张良和赵王张耳前来归汉。

汉二年(前205)十月,项羽举大兵东击齐,欲先安定后方,再率兵西向。韩信东出关至陕,则是尽力向中原推进,确保关中,扩大领地。这是一着妙棋,在政治和军事上至少有三方面的收获。第一,阻断章邯与项羽的交通,汉军在关中对章邯形成关门打狗之势,章邯只能坐以待毙。第二,汉王大张声势,与诸侯交通,安抚关外父老。第三,韩信出关,趁新韩王郑昌立脚未稳,夺取韩地。

汉二年十一月,河南王申阳降,汉立河南郡。韩信击破韩王郑昌,汉更立韩太尉韩信为韩王,为汉南翼屏障。至是,汉王帐下两韩信。一是大将淮阴人韩信,一是韩王韩太尉韩信。

汉二年二月,汉王入关,正式废除秦社稷,更立汉社稷,临时定都栎阳。萧何为丞相,留守都城。

汉二年三月,汉王集中关中诸军,浩浩荡荡东出,正式打出讨伐项王旗号。汉军从临晋渡过黄河,西魏之魏豹与汉军连和。接着汉军攻下河内,虏殷王司马卬,置河内郡。汉军从平阴津南渡至洛阳。汉王在洛阳采纳新城邑(今河南伊川县西)的一位乡官三老董公的建言,为义帝发丧,亲自吊丧三日,"袒面大哭",并派出使者连和诸侯,宣告项羽罪恶。檄文说:

> 天下共立义帝,北面事之。今项羽放杀义帝于江南,大逆无道。寡人亲为发丧,诸侯皆缟素。悉发关内兵,收三河士,南浮江汉以下,愿从诸侯王击楚之杀义帝者。④

刘邦的这一着棋影响极大,汉军成了正义之师。强大的政治攻势,迎得了诸侯归心,纷纷派兵讨伐项羽。连项羽的心腹将九江王黥布也不服从项羽调遣,坐山观虎斗。韩信率领的汉军只有3万人,自汉元年八月出兵,到汉二年四月兵进彭城,在短短八个月的时间,由西向东横扫了大半个中国,取得了还定三秦、攻略韩地,一路高奏凯歌,直捣楚都彭城,端了项羽的老窝,兵众从3成发展到56万,几乎扩大了20倍。如此大军,韩信运筹调度,有条不紊,他自称领兵"多多益善",初露头角,就得到充分的展现。萧何称赞韩信是"国士无双",毫不夸张。韩信是无与伦比的军事天才。这一年他才24岁。

四、下邑画策,峰回路转

汉二年(前205)四月,汉军攻占彭城,项羽陷入齐地,汉军若乘胜追击,联合齐军在山东围歼项羽,楚汉战争可提前三年结束。由于汉兵一路顺风,没有遮拦地进入了彭城,汉王志骄意得,以为天下已定,收取楚宫室美人宝藏,日置酒高会。项羽闻听都城已破,赶忙从齐地回救。项羽精选3万骑兵,日夜兼程,绕在彭城之西,从萧县发起出其不意的进攻,在黎明夜幕下由西向东向彭城推进。刘邦占领彭城以后,把大军布防在彭城以东以南,阻挡项羽回救。汉军意想不到项羽用轻骑兵从西边的空虚之处杀来。在彭城东面和南面用重兵布防的汉兵未见一兵一卒楚军,而后方阵地已乱了套，在混乱中，汉兵不知楚军虚实，一场混战，汉兵自相残杀，十几万人被推压在睢水中，睢水为之不流。汉兵溃散，刘邦突围，正值大风沙，迎面不见人，刘邦才得以逃脱。项羽用3万精兵，打败刘邦的56万大军，获得了彭城大捷。这一以少胜多的光辉战绩是范增的杰作。它把项羽的军事生涯推向了顶峰。

由于楚军大获全胜，诸侯倒向，齐、赵与楚连和，魏豹反叛汉王，彭越丧失城邑，汉王处于孤立境地，项王恢复了盛强。

楚军彭城大捷，项羽进入彭城收拾残局，他没有亲自乘胜追歼刘邦，让汉王从容脱逃，这是项羽丧失了一次提早结束楚汉战争的大好时机。也就是说，彭城大战之前与之后，刘项两人各丧失了一次追穷寇而获全胜的时机，而功亏一篑。在天时的利用上，刘项两人打了平手。

汉军彭城溃败，引起了汉王与张良的深思，意识到楚汉相争将是一场持久的较量，如何夺取胜利，需要认真总结失败原因，分析整个战局形势，筹划全盘战略方案，要一步一步周密地规划作战，再不能犯骄傲、被动作战的错误。

刘邦退逃到下邑，召开了紧急的军事会议。下邑，秦县名，在今安徽砀山县，位于刘邦故乡丰邑、沛县西南。这是汉王反秦时的基地，群众基础好。吕后兄吕泽在汉王东进时起兵于下邑，下邑兵人数不多，却都是可靠的家乡子弟兵。汉王与张良等在西逃中前往下邑，靠拢吕泽，收聚散卒，获得了喘息的机会。汉王刚刚摆脱了险境，他还来不及休息，就急切地问计于张良，张良于是规划了楚汉持久的战争方略，这就是“下邑画策”。所谓“画策”，就是依图而策谋。对此，《史》《汉》两书作了绘声绘色的记载。《史记·留侯世家》曰：

> 至下邑，汉王下马踞鞍而问曰：“吾欲捐关以东等弃之，谁可与共功者？”

汉王“下马踞鞍而问”，表现了汉王的急切心情，他跳下了马背，来不及解下马鞍，就立地而问张良：“我打算把关东地区分割给英雄，谁能担当此重任，与寡人共同消灭项羽？”汉王之问，要放弃关东之地酬劳能助他消灭项羽的英雄，已经说明他有了持久战的构想，已料到诸侯要反叛，也看到了汉兵独家无法与项羽争胜负，同时也表达了一定要消灭项羽的决心，只要能共同灭项羽，我要与之共功，分给他关东地。张良献计，总是不紧不慢，特别是重大策略，他总是启发汉王，自己领会，提出要求，这才作答，这是张良高超的谏说艺术。汉王如此心急，又如此有了初步的方略，推心下问，张良于是和盘托出他的战略规划。张良说：

九江王黥布，楚枭将，与项王有郄；彭城与齐王田荣反梁地：此二人可急使。而汉之将独韩信可属大事，当一面。即欲捐之，捐之此三人，则楚可破也。⑤

这就是张良下邑画策的总体方略，其核心是调动韩信、彭越、黥布三方力量与汉王自率的汉兵形成四方配合作战，打一场持久战来蚕食项羽，最后消灭项羽。这一战略包括了对敌、我、友三方的历史与现实格局的分析，还运用了间敌与统战的策略，有四大要点和三个步骤，试析如下。

其一，瓦解项氏集团，建立汉兵南翼战线。项羽伐齐，九江王黥布称病不出，彭城大战，决定项王生死命运，黥布坐山观虎斗，张良从中看出了黥布与项王已产生了裂痕。黥布是项王手下第一枭将，如果黥布反楚归汉，不仅削弱项氏集团，而且在政治上心理上对项王是沉重打击。黥布所处地理位置，是楚国的大后方，又是汉兵的南翼。只要黥布按兵不出，项王就要分力，尤其是当前汉兵溃败，只要黥布拖住项王几个月时间，汉王就可重组力量，这是至关重要的一着，是眼前成败的关键。汉王称是。他立即考虑派出最能干的使者去完成重任。汉王退逃至虞城（在下邑西，今河南虞城北），对谒者随何说："公能说九江王布使举兵叛楚，项王必留击之。得留数月，吾取天下必矣。"⑥随何往说黥布，黥布果然叛楚。

其二，争取中间力量，乱楚后方。彭越是朝秦暮楚的中间力量，是汉军灭楚建立统一战线的首选人物。第一，彭越可独当一面，是一员勇将；第二，彭越恨项羽最深，项羽不仅没有分封彭越，反而夺取他的梁地；第三，彭越的基础在梁地，这是项羽的心脏地区，彭越反楚如同一把尖刀插在楚军的心脏上，乱其后方，断其粮道，破坏楚军的供应，项羽就不能深入，而且腹背受敌。成皋对峙，项羽疲于奔命，顾了前方顾不了后方，正是彭越制造的危害。

其三，放手韩信，开辟北翼第二战场。韩信有独当一面之才，放手使用才能建立奇功。韩信如果待在汉王手下做参谋，无法尽其才能，还要重蹈彭城之败，甚而背汉也未可知。韩信在汉中对策中对刘邦说："以天下城邑封功臣，何所不服！"韩信要功名，后来他的悲剧就在于此。汉王正当用人之际，不能不放手使用韩信，充分调动他的积极性。不放手韩信去开辟北方战场，完成对项羽的战略包围，只在正面与项羽作战，楚汉两军势必只能硬拼，楚强汉弱，对汉不利。张良反问汉王："你不是要分封土地与功臣吗？那就分封给韩信、彭越、黥布三人好了，那么楚国是一定可以打破的。"韩信能为汉王打下半壁江山，多亏了张良的力谏与下邑画策方略。

其四，汉王正面拒敌，牵制项王。张良在回答中没有谈到汉王，因为韩信、彭越、黥布三人都是各自独当一面的侧翼作战，正面拒敌者当然是汉王。汉王扼守荥阳、成皋，正面吸引项王，守险不战，消耗楚军，以待侧翼发展，积小胜为大胜，转弱为强。

以上是张良下邑画策的四大要点，它是放眼全局的一个总体作战方略，四个方面军全部发动起来，项羽将陷于前后左右四面受敌之中。汉王在正面，黥布在南翼，韩信在北方，彭越在项羽背后。要实现四个方面军的全面联动与完成对项羽的战略包围，需要时间，所以这个战略是一场人谋规划的持久战。执行下邑画策的当务之急，是要打一场胜仗，阻止项羽西进，使汉军在荥阳、成皋一线站稳脚跟，这是第一步。第二步，就是汉王守险拒敌，全面实施下邑画策，乘势转入相持。第三步，四个方面军全面联动合围之日，就是楚汉相争结束持久战之时，最后总攻，歼灭项羽。

下邑画策提出在汉二年四月汉军溃逃途中。有了正确的战略决策，汉军士气振作起来，峰回路转，出现了胜利的曙光。汉王君臣，全军上下，全力投入对项羽的阻击作战，争取第一步的胜利。汉二年五月，汉军在京索阻击成功，楚汉对峙成皋，直到汉四年九月对峙结束，前后三年共29个月，史称成皋之战。接着垓下会战，一战歼灭项羽，战争进程完全按下邑画策预计的计划进行，显示了这一策略的无比伟大与正确。

韩信汉中对策与张良下邑画策，共同构建了楚汉战争的人谋预演，早于诸葛亮隆中对策人谋规划三分天下400余年。张良规划全国大统一，诸葛亮规划局部统一。历史条件不同，成功大小有异，而人谋预演历史，是他们的共同之点，非命世之才，不能有此杰作。陈寿评诸葛亮称其为良平之亚⑦，极为中肯。良平者，张良、陈平也。陈平归汉与张良同在汉王军中为画策臣。汉二年三月，汉王东进击降殷王司马卬时，陈平渡河归汉，随同进军彭城。下邑画策，亦当有陈平参与。

五、成皋对峙，智力俱困

成皋对峙，通称成皋之战，它是楚汉战争的相持阶段，也是楚汉相争的主战场和正面战场，汉王刘邦与楚王项羽直接对抗，一方用智，一方用力，是典型的智与力的决战。此役起于汉二年(前205)五月，讫于汉四年(前203)九月，历时两年零五个月，共29个月。双方动员参战第一线的兵力达100余万，是中国古代一次战役投入兵力最多、历时最长的大战役。作战进程分为三个阶段。汉二年五月至汉三年十一月[8]，为成皋序战，是第一阶段，凡七个月。汉三年十二月至汉三年九月，为荥阳、成皋攻防战，是第二阶段，凡十个月。此阶段是楚汉双方争夺最激烈的阶段，汉军两度陷入危境，而最终以谋略取胜，双方强弱开始转换。汉四年十月至汉四年九月，双方对峙广武，为第三阶段，凡十二个月。由于韩信、彭越观战，刘邦、项羽智力俱困，相持不决。最后刘邦采用张良计，与项羽以鸿沟为界媾和，中分天下，诱项羽东归，然后顺势追击，才打破均势，转入战略反攻。成皋战役前后，张良、陈平等谋士不离刘邦左右，策划和部署了整个战役的全过程，其中陈平使用的离间计，借项羽之手除掉了楚军智囊奇士范增，从此项羽陷于被动。纵观成皋之战，汉弱楚强，但刘邦依靠了张良等人的计谋，以智补弱取得胜利；反之项羽内部分裂，以力斗智遭到失败。

荥阳、成皋，北依黄河南托嵩山，形成险隘地区，是洛阳东面的屏障，为兵家逐鹿中原的必争要地。清顾祖禹评论说：

> 荥阳、成皋，自春秋以来，尝为天下重镇。由秦而上，晋楚于此争霸，由秦而下，楚汉于此分雄。后之有事者，未尝不睥睨此地而决成败焉。[9]

正因为荥阳、成皋位置重要，关系到得失中原与危及关中安全的作用。因此，刘邦在彭城惨败后，在此建立防御体系，并千方百计予以加强。项羽争胜，必须打破汉军的成皋防线，直取关中。双方以成皋为中心，展开了29个月的斗智斗勇，异常惨烈，双方投入战争的总兵力100余万。因此成皋之战是楚汉相争的主战场。

序战阶段七个月,汉军的战略要点有五:其一,汉二月六月,韩信设伏,败楚京索间,构筑起成皋防线,楚汉转入相持。其二,汉王入关,灭章邯,立太子,赦罪人,深固根本。其三,派说客随何策反九江王黥布。其四,七月,汉王坐镇成皋,派韩信渡河开辟北方第二战场。其五,统战彭越,利用彭越与项羽的矛盾,在敌后袭扰,断敌粮道,缓解正面战场的压力。序战阶段,黥布反楚,意义尤为重大,它打乱了项羽的军事部署。项羽没有乘胜追击刘邦,自己留下攻下邑,分兵20万给大将龙且讨伐黥布,龙且虽然取胜,而楚军却被迫滞留达七个月之久,汉王得以建立成皋防线。黥布归汉,是一重大事件。

成皋攻防大战十个月,主导方为项羽实施范增设谋,项羽强攻,两破成皋,刘邦差点当了俘虏。范增为项羽制定的是速战策略,打破汉王的持久战略。要点也有四项:

第一,拒绝汉王提出的割荥阳以西归汉的要求和建议,加紧进攻,争取速决。

第二,派人前往淮南说服九江王黥布出兵武关西击关中。

第三,联合齐、赵,共同打击汉王。

第四,由项羽亲率大军攻击荥阳,切断汉军运输粮道,再进取成皋,西入函谷关,与黥布会师关中。

刘邦下邑画策的战略的重心是刘邦固守成皋防线,吸引项羽屯兵于坚城之下,保障南北两支包抄楚军的汉军节节推进,当汉军完成战略包围之时,就是项羽灭亡之日。

项羽实施范增的破汉战略,集中兵力突破成皋防线,攻占洛阳,直指关中。只要楚兵打到洛阳,关中告急,刘邦的包围战略就将崩溃。

汉三年,公元前204年四月至九月,楚汉两军发生激战。项羽贯彻范增战略,于四月猛攻荥阳。汉王刘邦突围遁走,差点被楚军活捉。楚军攻破荥阳,杀汉将纪信,随后又攻破成皋。刘邦调虎离山,南下宛、叶,吸引项羽南追,然后回军又夺回成皋。六月,楚军再破成皋,刘邦逃出至河北,夺了韩信之军,驻屯修武。然后命彭越、刘贾深入楚后方,攻下外黄、睢阳等十七城。项羽回救,刘邦率河北之军渡河收复了成皋、荥阳。项羽回军,楚汉再度相持,战线向东移于荥阳东广武山上。九月韩信向山东进军,十月破齐历下军，十一月，韩信又打败楚龙且救齐大军，稳定了齐境，完成了对楚国的战略包围。

项羽眼看就要打破汉军的成皋防线，却为何两度中了刘邦的调虎离山之计，功败垂成呢？原来在成皋吃紧之时，刘邦采用了陈平的离间计，制造流言，说范增、钟离昧有功不得侯，要投归汉王。项羽派到汉军的使者，刘邦摆下丰盛的宴席款待。还未开宴，却故作惊讶，说这是款待范增使者的，而重新摆出了粗劣食物款待楚使。项羽信用诸项子侄和妻兄弟，他们都是庸才，识不透刘邦反间计。项羽不察，误听亲信之言，怀疑范增、钟离昧。范增一气之下离开了项羽，疽发背而死，钟离昧也被削弱了兵权。项羽身边既无谋臣，又无良将，只凭个人的血气之勇，刚愎自用，连连上当，胜势丧失殆尽，而刘邦则转败为胜，最终打败了项羽。

刘邦称帝后在洛阳宫摆下庆功宴会，要群臣总结楚灭汉兴的原因。高起、王陵说："陛下性情傲慢，喜欢凌辱别人；项羽性情仁厚，注意爱护别人。虽然如此，但是陛下用人攻城略地，攻下城邑就分封给他，与天下人共享利益；而项羽却嫉贤妒能，对有功的人加以伤害，对贤能的人轻易猜疑，打了胜仗不给人家授功，得了土地不给人家奖励，这就是失去天下的原因。"高祖刘邦说："公知其一，未知其二。"接着刘邦说出了一番深切著明的道理。他说：

> 夫运筹策帷帐之中，决胜于千里之外，吾不如子房。镇国家，抚百姓，给馈饷，不绝粮道，吾不如萧何。连百万之军，战必胜，攻必取，吾不如韩信。此三者，皆人杰也，吾能用之，此吾所以取天下也。项羽有一范增而不能用，此其所以为我擒也。⑩

对峙广武十二个月，刘项两人进行了四个回合的智力决斗，项羽均不敌。

第一回合，项羽欲烹太公。项羽在广武东岸高丘上安置油锅，搭了一个高架刀砧板，呼喊与刘邦对话。项羽对刘邦说："你不投降，我就烹杀太公。"刘邦说：

> 吾与项羽俱北面受命怀王，曰"约为兄弟"，吾翁即若翁，必欲烹而翁，则幸分我一杯羹。⑪

项羽虏获刘邦之妻吕后和其父太公，拘押作人质，项羽借此做文章，想不到刘邦却说，既然我俩誓约为盟兄弟，我的父亲就是你的父亲，你一定要煮杀你的父亲，也分我一杯羹。刘邦把自己的父亲说成是项羽的父亲。杀太公就是杀你的父亲，你自己看着办吧。这种无赖诡辩的弦外之音，就是说，在争天下的大是大非上，顾不了父亲、妻子，随你处置吧，等着瞧，看我怎么报复你。汉王的弦外之音，由项羽的叔父项伯把它补充了出来。项伯说：

天下事未可知，且为天下者不顾家，虽杀之无益，只益祸耳。⑫

"天下事未可知"，从项伯口中说出，表明项羽集团上层人士已无胜利信心，已经在为后事考虑了。项伯的一番话，虽然点出了"且为天下者不顾家"的政治理论，但主题却说"天下事未可知，杀之无益，只益祸耳"，一派内奸口吻。项羽不但不怒，反而听从，这就是他的妇人之仁。项羽就做不到"且为天下者不顾家"。若按这一逻辑，太公可不杀，甚至大度释放，而内奸项伯不可不杀，不杀项伯不足以振军心。这一回合，项羽彻底失败。太公有惊无险，从此在项伯的呵护下，获得了安全。

第二回合，项王只身挑战汉王。项羽与刘邦在鸿沟阵地对话，项羽对刘邦说："天下争战好几年了，只是因为我们两人的缘故。我希望能跟汉王挑战，决一雌雄，再不让老百姓白白地跟着受苦。"刘邦笑着回答："我宁愿斗智，不能斗力。"项王让勇士出营挑战，汉王令高明的射手楼烦人接连射杀了楚将三人。项羽大怒，亲自披挂挑战，楼烦人丢下箭逃回营中。这一回合双方打平。项羽亲自出营挑战，荒唐地提出要与刘邦单打独斗，表现了他的急躁与无可奈何，有损楚军士气。

第三回合，汉王数项羽十大罪。古时挑战，先以礼请，对方不出，则施谩骂。项羽亲自挑战，要与刘邦决斗胜负，虽属荒唐，但在古代却在情理中，刘邦不敢斗，则楚人占上风。汉王既言斗智，则须以智胜。于是刘邦隔涧数羽十大罪，表明汉军与楚战是安民除暴，汉军为正义之师。刘邦说：

始与项羽俱受命怀王，曰先入定关中者王之，项羽负约，王我于蜀汉，罪一。项羽矫杀卿子冠军而自尊，罪二。项羽已救赵，当还报，而擅劫诸侯兵入关，罪三。怀王约入秦无暴掠，项羽烧秦宫室，掘始皇帝冢，私收其财物，罪四。又强杀秦降王子婴，罪五。诈阬秦子弟新安二十万，王其将，罪六。项羽皆王诸将善地，而徙逐故主，令臣下争叛逆，罪七。

项羽出逐义帝彭城，自都之，夺韩王地，并王梁楚，多自予，罪八。项羽使人阴弑义帝江南，罪九。夫为人臣而弑其主，杀已降，为政不平，主约不信，天下所不容，大逆无道，罪十也。吾以义兵从诸侯诛残贼，使刑余罪人击杀项羽，何苦乃与公挑战！⑬

汉王一口气列数项羽十大罪，称项羽为残贼之人，为天下人所不容，汉王为民除暴，不是两人为争权而打斗，有力地驳斥了项羽。刘邦又是一个有名的无赖，他骂起人来天下无双。最后刘邦骂项羽说："你这个乱臣贼子，只配罪人砍杀，哪有资格和你老子较量。"这一下可真把项羽激怒了，他使人施放暗箭，射汉王胸部。项羽出此下策，也是无可奈何。但射中汉王却是一大胜利。刘邦反应极为机智，他连忙在马背上俯下身子，用手护着伤口，高声喊道："贼人伤了我的手指。"汉王驰入军中。张良力劝汉王强打精神，巡视军中，安定军心，以防项羽乘势进击，然后退入成皋养伤。

这次汉王不死，实乃天幸。

第四回合，订立和约，诱羽后退。两军对峙，勇往者胜，谁也不肯先退，因先退者为怯，怕遭到对方的追击。汉四年七八月间，汉王采纳张良谋略，在军事上策划总攻，在外交上加紧和谈，军事外交双管齐下，逼使项羽订和约。陆贾，能言善辩，劝说项羽，项羽不听。汉王又派侯公说羽，宣示韩信、彭越欲取楚。项王自知兵少食尽，无力持久，最终答应了与汉和约。中分天下，以鸿沟为界。鸿沟以西属汉王，鸿沟以东属项羽。鸿沟为秦始皇伐魏所凿，从广武山下引河水灌大梁(今河南开封)，再向东南经陈县至项县合颍水入淮，成为一条中原通往东南的交通运河。割鸿沟以西属汉，项王作了很大的让步。九月和约告成，项羽释放了太公、吕后，双方罢兵，全军庆贺，高呼万岁。足见人心厌战，军心厌战。

和约签订，楚汉战争相持阶段结束，强弱易势，汉强楚弱。广武山在今河南广武县城之北，北临黄河，南接嵩山，今置有广武镇。广武山涧分割广武山顶高原，两岸相对，遥遥相望有数百公尺的直线距离，大约是古代距离的数倍。当年刘项二人隔岸对话，相距仅为一箭之遥，故刘邦为楚军暗箭所伤。由于年久风化两岸崩塌，使今距离大于当时。广武山今成为郑州市的旅游景点。市政府在广武山涧东岸丘原上塑建了一匹项王乘坐的"乌骓驹”,高数米,驹首仰天长啸,雄赳赳,气昂昂,象征楚霸王当年之雄风与折翅之悲壮,引发游人遥想。

六、垓下决战,楚亡汉兴

项羽守约,引兵东归。汉王表示守信,也做出西归的样子。张良、陈平两人谏止汉王说:“今汉有天下太半,而诸侯皆附,楚兵疲食尽,此天亡之时,不因其机而遂取之,所谓养虎自遗患也。”汉王听其计,紧紧追击项羽。正如李卓吾所言:“项羽毕竟忠厚。”他怎么也想不到墨迹未干,刘邦便撕毁和约追杀上来。项羽大怒,组织反击,大败刘邦,双方又对峙在固陵。刘邦吃不掉项羽,无可奈何地用张良之计,分封三雄,划界齐王韩信,梁王彭越,淮南王黥布,四面合围项羽,发动垓下总决战,项羽被歼,楚汉战争结束。

垓下,地名,秦汉时属沛国洨县。其地在今安徽灵璧县南沱河南岸,固镇县东24公里处的濠城集,古时为洨县。项羽从陈县东撤,目标是回到江东,最近的路线是经寿春到历阳(今安徽和县)渡江。由于黥布攻占了寿春,项羽大司马周殷又叛变于舒县(今庐江),断了项羽的南归之路,他只能东走城父(今亳县城父集)、蕲县(今宿县蕲县东)至洨县,南下东城至乌江浦渡长江。项羽在城父遭到黥布的截击,损失惨重,再往东进入洨县垓下,又受到彭越南下的汉军堵截,项羽陷入了包围,他只能停下来作最后一搏。这就是垓下之战。

双方作战序列,楚方已是残兵败将。统帅,西楚霸王项羽,谋士,只剩下那个离心离德的左尹项伯,将领有钟离昧、季布、项声、项冠、项焊等。收缩后的总兵力,尚有10万。汉军四面会围,汉王做了全面总动员。最高统帅,汉王刘邦。谋士,张良、陈平、陆贾、随何等。由成皋一线来的中央军团,将领有:周勃、陈武、樊哙、王陵、郦商、靳歙、御史大夫灌婴。兵力,20余万。四方诸侯之军有:齐军,统帅,齐王韩信,将军有孔熙、陈贺等。梁军,统帅梁王彭越,将领有大夫栾布。淮南军,统帅淮南王黥布,将领有刘贾、楚降将大司马周殷。诸侯之军总兵力32万。垓下会战,双方兵力总计60余万,汉军五倍于楚军。

汉王十分重视垓下决战,与张良、陈平、韩信等谋臣良将会议，制定了精密的战斗方案，摆出了稳操胜券的阵势。诸侯之军组成第一线，兵力32万，由韩信任前敌总指挥，对项羽实施总进攻。刘邦自领中军，即参战成皋的兵力居后为总预备队，兵力20余万。项羽有万夫不当之勇，困兽犹斗，况有10万楚军，汉王不敢怠慢。彭城大战，项羽率3万轻骑打垮汉兵56万，尚记忆犹新。这一次，汉王举轻若重，把歼敌任务全权委托给了善战的韩信。韩信自诩带兵“多多益善”，他第一次独立指挥32万大军，且看他如何运动！

项羽善战，驰骋战场，天下无双。韩信在项羽身边做了两年警卫，体察了项羽多次的攻坚大战，包括巨鹿大战，韩信都经历了。他对于项羽的作战十分了解，尽管自己占绝对优势，他也要智取而不是力敌。这就是韩信，一个天才军事家的韩信。

决战的一天终于来到。韩信派出两支骑兵，孔熙居左，陈贺居右，张开两翼在远离项羽阵地的旷野埋伏待命。韩信打着大将之旗在正面诱敌。为了确保胜利，汉王派出周勃、陈武两将统领预备队在韩信身后，随时支援前方。汉王在最后，汉军三层梯队的纵深部署，把50余万大军全都动员起来，筑起了擒杀项羽的天罗地网。韩信下达了擂鼓的总攻号令，汉军人多势众压向楚军，喊杀声震天，战场十分悲壮。项羽最善于大场面作战，他不怕敌人众多，而担心敌人稀少。敌人众多，只要被项羽冲溃，兵败如山倒，敌人越多，越是乱成一团，项羽的骑兵就可施展神威。巨鹿大战，楚军只啃了几口干粮，一日九战，九战皆胜。彭城大战，项羽一鼓作气，把数十万汉军压迫入睢水。固陵之战，项羽反向一冲，汉军大败。垓下决战，是项羽和楚军的生死之战，其惨烈程度可想而知。项羽果然身手不凡，他气势如虹，勇猛不减，一阵搏杀，第一线汉军死伤累累，全线溃退，项羽乘胜猛追。奇怪的是，这一次汉兵没有出现兵败如山倒的溃退，因为他碰到了克星韩信。韩信充分运用兵多的优势，他组织了层层梯队，与项羽认真血战，只有这样才能把项羽引出阵地。项羽杀得性起，只顾猛冲，逐渐地拉长了战线。韩信步步退却，项羽一个劲地紧逼。彭城大战，汉兵是乌合之众，又是在凌晨遭突袭，所以一朝溃散，就不可收拾。垓下之战，汉兵已是久经战阵的精兵，训练有素，又是有备而来，主动进攻，因此虽然同样是败退，却是有组织的抵抗。项羽只长于力战，兵法不精，不知应变。楚军初战胜利，压迫汉军后退，在不能冲溃汉军的情况下应注意自己的阵脚，留心战斗的变化。项羽只顾一个劲地猛冲，战线越来越长，恰恰中了韩信诱敌深入之计。当楚军进入不利地势，陷入汉军的伏击圈时，陈、孔两将军统率的汉军骑兵从两翼杀入，夹击楚军，切割楚军一分为二，后退的汉军冲回来，团团包围了项羽。项羽陷入了兵少食尽、地势不利的绝境。另一半楚军失去主将，丧失了战斗力，投降了汉军。项王被困，韩信却围而不歼，楚军断了外援，不消几日，用饥饿战法就可瓦解楚军。战国时秦赵长平之战，秦将白起消灭了赵将赵括率领的40余万大军就用的是这一战法。白起引诱赵括出战，诈败退却，两翼埋伏的奇兵拦腰冲断赵军，然后秦军分割包围，围而不歼，饥饿拖垮了赵军。垓下之战类似长平之战，由于主客不同而战法实异。赵括平庸之辈，项羽是百战百胜的将军。长平之战，秦赵势均力敌，白起是在对峙的阵地战中完成对赵军的分割。垓下之战，汉军是在追穷寇。兵法曰“归师勿遏，穷寇勿迫”[14]，韩信却能在追穷寇的运动战中分割了项羽军。尽管项羽已被打得大败，但他还有数万楚军，消灭他们，汉军要付出很大代价，围而不歼又担心项羽突围，一旦放走项羽，可能留下后患。当前最好的办法是迅速瓦解楚军士气，使其丧失斗志，用最小的代价消灭楚军。汉王是楚人，韩信本人与汉将樊哙、灌婴、曹参、黥布、刘贾、夏侯婴等都是楚人，周殷归降更带来南方的九江兵，楚人擅长楚歌，一呼百应，一唱百和，尤其是在夜间，唱起楚歌，此起彼伏，响彻夜空，它将勾起楚人的怀乡之情，反思为谁而战，为何而战，为什么秦朝灭亡了还要背井离乡，厮杀争战。入夜，汉军在楚军四围大唱楚歌，项羽也受到迷惑，他惊惶不解地说：“难道汉军把楚地都占领了么？为何有这么多人大唱楚歌？”项羽心烦意乱，一个劲地喝闷酒，他第一次感到了自己的末路来临，却又不理解自己为什么会落到这步田地？他让人牵来陪他南征北战的乌骓马，面对爱妾虞姬，禁不住唱起了离别的悲歌：

力拔山兮气盖世，时不利兮骓不逝。
骓不逝兮可奈何，虞兮虞兮奈若何！

项羽一遍又一遍地慷慨悲歌，泪流不止，左右的人也一个个泣不成声。英雄陷入了生离死别的窘境，他在痛苦的思索中得出结论：“时不利兮骓不逝”，这真是天真而执迷。项羽还不服输，他毅然决定，离开虞姬，丢下数万大军，在沉沉的夜幕下，他跨上了乌骓马，挑选了八百壮士，偷偷突围南逃。悲壮激烈的垓下之战，以霸王别姬而宣告结束。

项羽突出包围，次日清晨，汉军察觉，立刻出动5000骑兵追击。项羽过了淮河，只剩了100余骑。跑到阴陵，迷失道路，又被耕田农夫欺骗陷入了大泽，汉兵追了上来。到了东城四隤山，身边只剩下二十八骑。英雄已到了末路，但项羽仍要一展雄风，他对身边的二十八骑说："我起兵八年，身经七十余战，从没打过败仗，故能称霸天下。今天走投无路，是上天要我失败，不是我不会打仗，不信我再痛快地打一场决战给你们看一看，我要斩将、夺旗，并为你们解围。"于是，项羽在乌江边四隤山上表演了一场精彩的快战和不服输的决战。四隤山地属东城，故四隤山之战史称东城之战。

项羽将二十八骑分为四队，命令从四面突围，到东山会齐。项羽说："我为诸公斩一汉将之头。"说完他突然大喝一声，率领一队冲入敌阵。汉兵仗着人多，围了几重，没把项羽的几队人看在眼里，想不到项羽拼死来冲，出其不意直扑一名汉将，锐不可当，一枪就刺了个正着，结果了汉将的性命。其余汉兵大惊，纷纷退避。项羽的二十八骑全部突围，到达东山。汉兵很快围追上来，项羽为了迷惑汉兵，分军为三处，汉军不知道项羽在哪一处，也分为三处包围，这样汉军也分散了力量。项羽趁汉军分兵之际，再次突围又斩了一名汉将。项羽的人马再次会合，只少了两人，而汉军却死伤了数十人。项羽笑着对众骑说："怎么样？我的话不错吧！"众骑说："大王说得完全对。"

项羽的人格魅力就是绝不服输。项羽东城之战，向天公发出了抗议，常胜将军为何打败仗，项羽愤恨地说："天亡我。"项羽垓下突围本意是渡过乌江，重整旗鼓与刘邦较量，但现在身边只剩下了二十六骑。四隤山离乌江渡口只有30里路程。项羽一行摆脱汉军，片刻工夫来到乌江边，但只有亭长的一只渡船在江边，项羽不能丢下身边的二十六骑一个人渡江去苟且偷生。项羽望着眼前浩瀚的大江，回顾身后黑压压的追兵，英雄已经走到末路，面临绝境而顿悟。项羽断然改变主意，不渡乌江，以战死沙场来谢幕。项羽赠马亭长，令二十六骑都下马步战，就是决死之战。项羽杀死了几百名汉兵之后，身受十余创，看到故人吕马童投靠汉军当了司马，项羽对吕马童说："你难道不就是我的故人吗？我听说汉王悬赏千金买我的人头，还要封万户侯，我把这个好处送给你吧！”说完，一代叱咤风云的灭秦英雄，在乌江边拔剑自刎了。这时项羽年仅31岁。

项羽乌江自刎，楚亡汉兴。公元前202年刘邦即位称帝，建立了汉朝。是年刘邦46岁，长于项羽15岁。刘邦多次出入险地，九死一生却安然无恙。鸿门宴上，项伯保了他；彭城战败了，丁公释放了他；荥阳出逃，有纪信替死；成皋逃出，项羽不察，这一切仿佛暗中有神灵保佑似的。怪不得司马迁发出了“岂非天哉，岂非天哉！”的慨叹。以今天的观点来看，这“天”就是历史必然之中的偶然取得了胜利，实质是一个老谋深算的中年战胜了一个鲁莽天真的青年，刘邦的胜利是必然的，项羽的失败是值得同情的。

注释：

①《史记》卷七《项羽本纪》。下引《项羽本纪》转成白话译文，不再注。

②《史记》卷九十二《淮阴侯列传》。

③《孟子》卷四《公孙丑下》第一章。

④⑩《史记》卷八《高祖本纪》。

⑤《史记》卷五十五《留侯世家》。

⑥《汉书》卷一《高帝纪》。

⑦《三国志》卷三十五《诸葛亮传》。

⑧西汉纪年承秦制。以十月为岁首。楚汉相争进程详本文附录一“楚汉相争大事月表”与附录二“楚汉相争作战经过示意图”。

⑨《读史方舆纪要》卷四十七。

⑪高祖君臣对话，见《史》《汉》两书《高祖本纪》。

⑫⑬《史记》卷七《项羽本纪》。

⑭《孙子兵法·军争篇》。

附录一　楚汉相争大事月表

纪　年（公元、干支、国号三合一纪年）			大事记（三合一纪年，加虚实横线，突显岁差。月份为农历大写。汉用秦历，以十月为岁首，正月在十二月之后，为汉纪年之第四月。）		备注
公元前207 甲午	（秦王子婴元年）	十月	沛公入破咸阳，还军霸上。	项羽降章邯，将诸侯兵四十万行略地至河南。	刘项入关
		十一月	沛公约法三章，秦民大悦。	项羽诈坑杀秦降卒二十万于新安。	
		十二月	鸿门宴，拉开楚汉相争序幕。	项羽杀秦王子婴	
公元前206 乙未	汉元年	一月	项羽烧屠咸阳，大火三月不灭，掘始皇冢。		
		二月	项羽分天下立十八王。封沛公汉王。自称西楚霸王。尊楚怀王为义帝，徙都江南郴县。		
		三月、四月	四月，诸侯罢戏下，各就国。汉王入汉中，用张良策，烧绝栈道，以示无东意，麻痹项羽。	项羽还彭城，逐义帝。又怨张良从沛公，不遣韩王就国，劫持至彭城。	
		五月	田荣反，击齐王田都，都走楚。/陈余逐赵王张耳，立赵歇为赵王。		项羽伐齐
		六月	田荣击杀胶东王田市。		
		七月	田荣击杀济北王田安，三齐属荣。	项羽出兵伐齐。	
		八月	汉王还定三秦，围章邯于废丘，都栎阳。/张良遗书项羽，云齐赵共灭楚，汉王欲得关中而已。项王惑，不救章邯。		汉王定三秦，进军彭城
		九月	汉王乘胜东出。/项羽杀韩王成，张良归汉。	项羽以郑昌为韩王拒汉。	

（续表）

公元	干支	年	月	事件		阶段
公元前206	丙申	汉二年	十月	项羽使九江王黥布截杀义帝于江中，大失天下心。		汉王定三秦，进军彭城
			十一月	赵王张耳归汉。		
			十二月	项羽灭田荣。		
公元前205			一月	韩信破虏郑昌，置河内郡。	项羽坑杀田荣降卒，大掠齐民，齐民复反。	
			二月	汉王立汉社稷，赐民爵。	项羽立田假为齐王	
			三月	汉大将韩信置章邯残敌于后，率众大出，渡临晋，西魏王魏豹从／汉王南渡河至洛阳为义帝发丧，征兵诸侯，诸侯皆从／韩信东进，破楚龙且昌邑防线，直指彭城。	项羽陷于齐地连战不能下。／田横击走田假，田假走楚，羽杀之。	
			四月	彭城大战。汉王率五十六万人彭城，日置酒高会。羽率三万精骑奔袭，大溃汉兵。／黥布坐观。		
			五月	汉王败退至下邑，与诸将谋破楚大计，张良献策，史称“下邑画策”／汉王至虞城，遣随何策反九江王黥布。	项羽追击汉王，虏汉王妻吕后，及汉王父太公。	
			六月	汉王入关灭章邯，立太子，赦罪人，深固根本。／萧何大发兵粮助汉王返荥阳／韩信设伏破楚京索间，构筑成皋防线，楚汉转入相持。		楚汉成皋相持
			七月	八月，汉王遣韩信、曹参、灌婴讨魏豹，开辟北方第二战场。	项王派项它入援魏豹。	
			八月			
			九月	韩信破魏。		
			后九月	韩信破代，擒夏悦。		

（续表）

公元纪年	干支	汉纪年	月份	汉方	楚方	阶段
公元前205	丁酉	汉三年	十月	韩信破赵。/彭越扰楚后方。	黥布反淮南，龙且击之。项羽南击布，北救赵，兵力分散。	楚汉成皋相持
			十一月 十二月	项羽急攻汉，郦食其献策立六国后以树党。汉王问张良，张良发八难以为不可，汉王立即销毁封王印。/十二月，黥布兵败归汉。		
公元前204			一月 二月 三月 四月	汉王被围荥阳，陈平行反间计以弱楚。	项羽中反间计不信范增、钟离昧等。范增怒，于四月乞骸骨回彭城，疽发背死。	
			五月	汉王荥阳突围，纪信替死。/汉王入关收兵，南下宛叶，与黥布行收兵。/彭越、灌婴深入楚后下邳，破薛公军。	项羽无谋，破汉荥阳、成皋而未能乘胜西进，被汉王调动南下宛叶，东击彭越，脱离主战场。	汉三年四至九月成皋激战
			六月	汉王北上夺回成皋。/项王击走彭越，复围成皋，下荥阳，杀周苛。/汉王出逃成皋，北渡河夺韩信军。/项王再下成皋，仍未乘胜西进，丧失战机。		
			七月	汉王令韩信击齐。		
			八月	汉王驻屯河北小修武，使刘贾助彭越渡河深入梁地，烧楚积聚，下外黄，睢阳，断楚粮道。项羽被迫回救，留曹咎守成皋，再度脱离主战场。		
			九月	广武对峙。汉王渡河破曹咎，复夺成皋，围钟离昧于荥阳东。	项羽破走彭越，回师荥阳，与汉对峙广武。	

（续表）

公元	年	月	事件		备注
公元前204	汉四年	十月	韩信击破齐历下军	楚龙且救齐。	汉四年楚汉广武对峙，韩彭观战，战场沉寂整一年。
		十一月	韩信破齐楚联军，杀田广、龙且。	项羽震恐。	
		十二月	韩信请假王于齐。汉王怒，欲攻之，张良、陈平谏止。		
公元前203 戊戌		一月	韩信按兵不动，彭越亦观望，项羽得以喘息。		
		二月	汉王遣张良为特使，立韩信为齐王。		
		三月、四月、五月、六月	刘项对峙广武，汉兵盛食足，项羽兵疲乏食，楚汉强弱易位。项羽悍战，谋臣范增死，猛将龙且亡、黥布反，众叛亲离，处于弱势，无力进取。汉王虽众，却不能独立胜项羽。史称智力俱困。		
		七月	汉王封黥布为淮南王，入九江诱周殷。		
		八月	汉王用张良计，请和于楚。		
		九月	楚汉和约告成，以鸿沟为界，中分天下。太公归汉。		
	汉五年	十月	项羽引兵东归，汉王用张良、陈平计穷追项羽。诸侯之兵，失期不会，汉王兵败固陵。		垓下决战
		十一月	汉王纳张良建言，以实地封三雄，韩信、彭越等果然引兵会围项羽。楚汉相争进入决战。		
公元前203		十二月	垓下决战。项羽败死，楚亡汉兴。从彭城大战至此，历时33个月，两年零九个月，楚汉战争结束。		
说明	本表由上至下为年轴线，备注栏简明显示历史过程形象而直观。由于《史记·秦楚之际月表》与《高祖本纪》系年多有误，本表系年事历依《汉书·高帝纪》校正。				

附录二　楚汉相争作战经过示意图

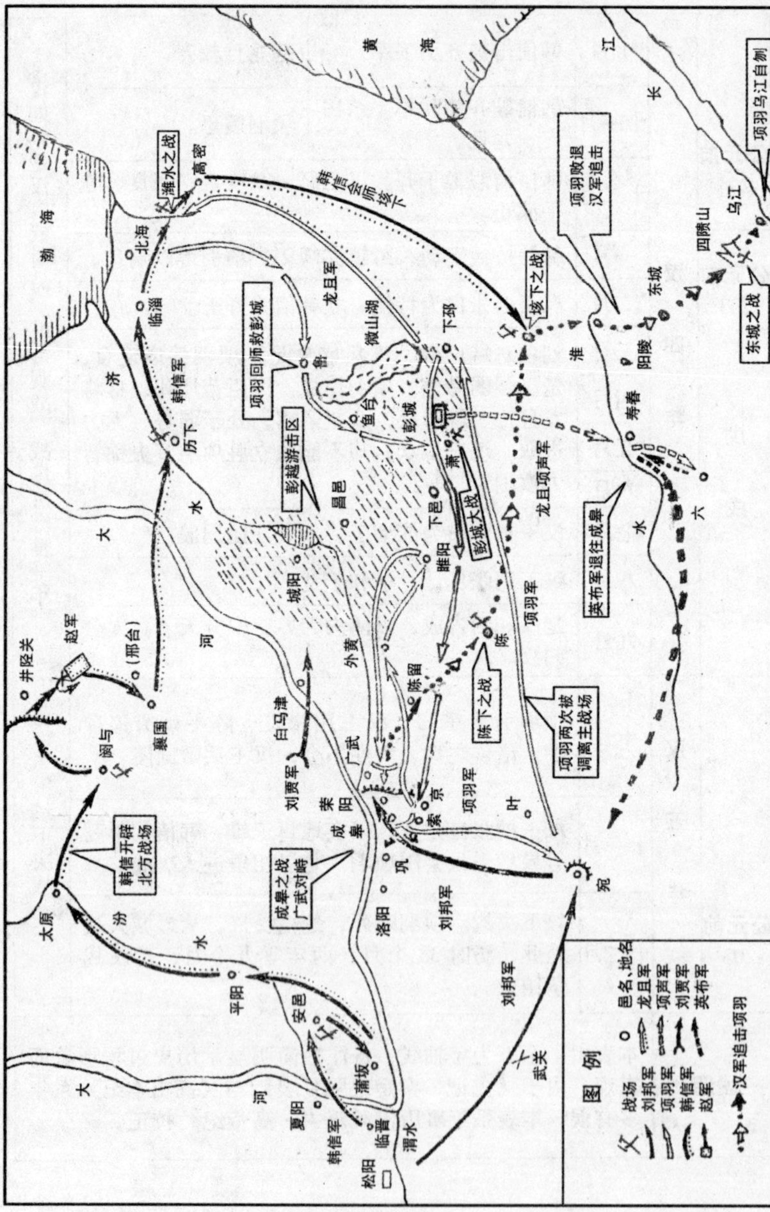

第十讲

秦皇汉武　千秋评说

——司马迁笔下的雄主

秦汉大一统时代，产生了两位伟大的君主，秦始皇、汉武帝。在中国历史上，秦皇、汉武并提，因为两人都是秦汉大一统时代的骄子和标志性人物，他们共同创建了大一统中央集权制度，为中国历史的发展作出了重大贡献。本讲对秦皇汉武，做对比评析。

秦始皇，名嬴政，是统一六国大业的秦王，中国封建专制政体中央集权制度的建立者。秦始皇生于公元前259年，卒于公元前210年，享年50岁。秦始皇在公元前246年13岁时继承王位，执政37年。公元前221年，秦王嬴政统一六国，建号皇帝，称始皇帝。

汉武帝刘彻，汉景帝第十子。汉武帝生于公元前156年，卒于公元前87年，享年70岁。汉武帝在公元前140年即位，年16岁，在位54年，是中国历史上在位超过半个世纪屈指可数的帝王之一。汉武帝即位始创建年号，称建元元年。

秦始皇的最大功绩是统一六国，创立了大一统的中央集权制度，史称千古一帝。汉武帝的最大功绩是开拓疆土，创建了强大的西汉帝国，确立了汉族的历史地位，巩固了秦始皇创立的大一统中央集权制度，是中国历史上少有的雄主之一而与千古一帝秦始皇并称为秦皇、汉武。

一、传奇身世

按古代宗法制度,“立嫡不立庶,立长不立贤”的原则,秦皇、汉武都不当立。而鬼使神差,两人在宫闱斗争中胜出,得立为太子,背后都与几位奇异的女人有关,夸张地说,两位雄主,都是几位奇异女人栽培出来的。当然,这只是夸张,主宰权还在男性手中,不过几位奇异女人的干政,使两位雄主的身世都带了几分传奇。

1.秦始皇生父之谜

秦始皇父是秦国自秦孝公以来第六位国君庄襄王。秦孝公变法,秦国迅速崛起,传了六世国君,秦始皇继位,所以贾谊《过秦论》称秦始皇“奋六世之余烈”即指此。庄襄王是安国君,即秦孝文王的庶子,名异人。异人的母亲称夏姬,不受安国君的宠幸,因此异人被作为人质,出使在赵国。安国君最宠幸的美姬称华阳夫人,立为正夫人。华阳夫人没有生育,古代母以子贵,华阳夫人无子,年老色衰,就要失宠,这是她的隐忧。

吕不韦是韩国阳翟大贾,往来于列国,了解了秦王室的这一切情况。吕不韦善于经商,不仅是大商人,而且善于从政,是一个大政治家。吕不韦看到了秦国统一的大势,他决定弃商从政,用经商之道来经营从政。他在赵国看到了秦质子异人穷困潦倒,因身份特殊,吕不韦看中为“奇货可居”①。吕不韦见异人在公元前260年初,当时正值秦赵长平之战,赵国几次要杀死异人,由于异人是安国君的庶子,秦王室也不管他的死活,所以异人的生活处境十分狼狈。吕不韦光临,处于绝境的异人自然高兴万分,两人谋划一桩政治交易,于是一拍即合。吕不韦送给异人千金,异人在外交场上立刻尊贵起来。吕不韦入秦,行贿华阳夫人的姐姐,托她游说华阳夫人收养异人为儿子,异人摇身一变成为嫡子。华阳夫人改名异人为子楚,穿楚人服装,加重乡情。因华阳夫人是楚国人。子楚答应,当了国君,重用吕不韦,甚至分国之半来回报吕不韦。

为了从根本上夯实政治基础,吕不韦挑选了一个能歌善舞、姿色绝美而风流的邯郸豪家女赵姬为妾,当有了身孕,吕不韦宴请子楚,赵姬陪伴,子楚心动,当场向吕不韦祝酒,请求把赵姬送给他。于是赵姬成了子楚夫人，足月后果然生下一个儿子，因在公元前259年正月出生在赵国，于是取名赵政，后来回到秦国，改名嬴政，这就是秦始皇。

历史真是这样，秦始皇就是吕不韦的儿子。学术界对此历来有争议，认为司马迁采录了民间故事。秦始皇是否是吕不韦的儿子，姑置不论。吕不韦达到了光大子楚之门，而后光大自己之门的目的，从一个商人转变为政客，当了秦国丞相。吕不韦执掌秦政十余年，大量引纳东方人士入秦，其中就有李斯。秦始皇执政初期，大权旁落吕不韦之手。不过吕不韦专权，他却是致力于统一战争与统一的政治路线，为秦国的统一事业立下大功。在秦国发展史上，吕不韦是和李斯并驾齐驱的人物。秦始皇因吕不韦得立为秦王，这一铁的事实不能改变。秦始皇得益于生母赵姬，以及华阳夫人、华阳夫人姐姐的间接栽培，这也是铁的事实。司马迁如此不惜笔墨写下秦始皇的传奇身世，旨在说明雄主的不同凡响，出生就很奇特，血管里融入了奇特的基因。

2. 汉武夺嫡，其母曾梦日入怀

汉景帝有5位生皇子的夫人，给他生了13个儿子。汉武帝刘彻排行第十。景帝薄皇后是祖母薄太后指婚薄氏娘家人，景帝不喜欢，在宫中受冷落，没有生育。因此，景帝没有嫡长子，他在庶出中选立太子，产生了立贤的想法。古人认为嫡长子为太子的地位是上天认定的，是国本，不可动摇。如果更换太子，等于是一场宫廷政变，往往是流血的斗争。西汉开国皇帝刘邦，认为嫡子汉惠帝仁弱，不如戚夫人所生赵王刘如意贤能，要废太子立贤，遭到满朝文武的反对，汉高祖只好作罢，还给赵王母子带来杀身之祸，殷鉴不远，景帝废嫡立贤，不可不深思。

汉景帝四年（前153），立长子刘荣为太子，立诸子为王。十子刘彻立为膠东王，年仅4岁。当时汉景帝为了阻止窦太后逼迫传位弟弟梁王刘武，只好按宗法制度正常立嗣，册立景帝自己并不满意的长子刘荣为太子，因而景帝迟迟没有废除薄皇后，而册立刘荣生母栗姬为皇后，于是留下变数。果然，三年之后，发生了惊天动地的变化。汉景帝七年（前150），废了太子刘荣，贬为临江王，两个月后改立刘彻为太子，这就是后来的汉武帝。

景帝更换太子，由宫闱斗争引发，波及宫外政治斗争。废太子刘荣两年后被逼杀，直接间接牵连的大臣有郅都、周亚夫、窦婴等三人，都被杀头。这三位大臣，都是西汉的名臣。郅都是审理刘荣逾制案件的大臣，他秉承景帝之意逼死废太子，废太子祖母窦太后不依不饶，诛杀了郅都。前任丞相窦婴、现任丞相周亚夫两人都反对景帝废太子，周亚夫被景帝以他事下狱，绝食饿死。景帝为了新立太子顺利接班，预防废太子东山再起，刘荣、周亚夫不得不诛杀。退休丞相窦婴也因反对汉景帝废太子刘荣，在武帝即位后遭到汉武帝的母亲王太后报复被诛杀。刘荣、周亚夫、窦婴，他们都死于冤案。

围绕太子废立的宫闱斗争，有四个女人从不同侧面有意无意助成了刘彻笑到最后。

第一个女人是汉武帝母亲王娡，景帝的王皇后。她是有备而来，怀有夺嫡野心。

王皇后工于心计，贪于权势，性格泼辣，办事果决，敢于冒险，野心勃勃。王娡原本嫁给长陵人金王孙，一个平民家庭，生有一女。她听从母亲臧儿的煽动，说她和她的妹妹王儿姁都命相大贵，就坚决与金王孙离婚，抛夫弃子，自愿入宫侍奉太子汉景帝。前景未知，隐瞒婚史，冒天下之大不韪，敢于进宫，可以说是一场赌博。说来也巧，王娡姐妹都受到汉景帝的宠爱。景帝即位，册立王娡为美人。当年王美人给景帝生了一男就是汉武帝刘彻。王美人还给景帝生有三女。当王娡怀上刘彻的时候，她就向汉景帝编造了一个“梦日入怀”的神奇故事，示意自己怀有龙种，讨取景帝的欢心，并为将来的夺嫡奠定了基础。

第二人女人是汉景帝姐姐长公主刘嫖，她不安本分，常在宫中上蹿下跳。长公主逗得母亲窦太后喜欢，窦太后死时，遗命她的个人财物全部赐给长公主刘嫖。窦太后极有权势，长公主在宫中更为得势。长公主又示好汉景帝，时常给景帝选美，找新欢。这夺了栗姬的爱，姑嫂二人矛盾很深。当栗姬的儿子刘荣立为太子后，长公主立即改变态度，主动向栗姬示好，长公主的目的就是要把自己的女儿配给太子将来做皇后。栗姬脾气倔强，不识大体，她拒绝了长公主，还说了一些不三不四的话。长公主碰鼻，非常气愤，王娡看在心里，趁机迎上，两个女人勾结一起挤对栗姬。长公主帮助推刘彻立为太子，王娡就答应要儿子刘彻娶长公主的女儿阿娇为妻，将来当了皇帝立为皇后。当时汉武帝才五六岁，年龄可能比陈阿娇小得多，这些都顾不得了。汉武帝也十分聪明乖巧,他自己配合得体。《汉武故事》记载,长公主把汉武帝抱坐在自己的大腿上,指着100多个美女,让汉武帝挑一个媳妇,汉武帝全不中意。长公主指着自己的女儿问:“阿娇好不好?”汉武帝回答说:“表姐阿娇好,若得阿娇作妇,我用黄金盖一座房子给她住。”“金屋藏娇”的典故就从这里得来。

于是长公主成天在汉景帝面前说栗姬的坏话,称誉膠东王刘彻多么贤能。说多了景帝听在耳里,记在心里,他仔细观察刘彻,确实觉得刘彻在诸皇子中最聪明能干。

第三个女人是栗姬。她很不自重。有一次景帝生了病,很沉重,他觉得不行了,就找来栗姬,把诸皇子托付给栗姬,这表明景帝还没有废太子的意思。栗姬没有抓住这次机会表现自己,哪怕是说几句假心假意的话暖暖景帝的心也好。栗姬少心眼,既不理智,又很蠢,她把平日的不满和怨恨全使出来,“怒,不肯应,言不逊”[②]。《汉武故事》记载说,栗姬骂汉景帝是“老狗”,这可能有些夸张。可是栗姬的怒,栗姬的不答应,栗姬的出言不逊,让汉景帝凉透了心,司马迁记载:“景帝恚,心嗛之而未发也。”景帝十分城府,他虽然恼怒,却没有发作。

汉景帝的沉默,已下定了废太子的决心,栗姬的大限也就快到了。

不久景帝病愈,王娡抓住时机,趁热打铁,暗中示意大行礼官上奏景帝,请册立栗姬为皇后。景帝正在气头上,大行礼官不知宫中深浅,贸然上奏,拱起了景帝的无名火,景帝误认为是栗姬在背后唆使,于是立即下诏废了太子。

王美人的这一计十分毒辣。可怜栗姬不知就里,忧心如焚,无可奈何,很快就死了。

第四个女人是窦太后,她是汉景帝的母亲,在关键时起很大的作用。窦太后见景帝结发夫人薄皇后没有生儿子,就极力主张汉景帝兄终弟及,把皇位传给弟弟,窦太后的小儿子梁王刘武。汉景帝为了宽母亲的心,在一次梁王入朝的皇宫家宴上顺口而出:“母亲放心,我千秋之后传位梁王。”景帝自感失言,但话已出口,只好迟迟不立太子,给王美人王娡夺嫡皇后之位留下空间。窦太后又极宠爱长公主,王美人又善于逢迎拉拢,最后窦太后站到了王美人一边。

栗姬、太子刘荣都没有什么罪过,他们成了政治牺牲品,受到人们的同情。民间传说,刘荣死后,有几万只燕子在刘荣坟头上盘旋,叼泥叼草扔在刘荣的坟头上,一直把坟堆得很高很大。老百姓看到这奇景都忍不住落泪。司马迁这样写,是强烈地谴责王美人、长公主的恶毒,以及鞭笞汉景帝的残忍,他们丧失人性不如小燕子。司马迁这般描写,是对被害的太子和栗姬表示深切的同情。

政治就是这样的残酷与无情。而王美人和汉武帝在复杂的斗争中胜出,在政治上得到了锻炼与成熟,确实是能者贤者。

二、掌权之路

秦皇、汉武都年少即位,在亲政过程中经历了惊心动魄的斗争。秦始皇更是用武力夺回了权力。

1. 秦王粉碎嫪毐集团

公元前246年,秦庄襄王死,嬴政继位,这就是后来统一六国的秦始皇。秦王嬴政即位时年仅13岁,政权旁落在相国吕不韦和太后宠信的假宦官嫪毐手中。庄襄王即位后,兑现诺言,任用吕不韦为相,封十万户,号曰文信侯。庄襄王短命,即位三年就死了。因此秦王嬴政年少继位,国家大政掌握在吕不韦手中,秦王嬴政尊称其为"仲父"。秦王嬴政母,庄襄王后,还是一个30余岁的中年妇女,她以王太后身份频频召吕不韦入宫,重温旧梦。秦王嬴政一天天长大,吕不韦害怕事情败露,遭灭顶之灾,遂访得一个大阴人嫪毐,拔掉嫪毐的胡须,让其冒充宦官入秦王宫侍奉王太后。太后绝爱之,封嫪毐为长信侯,把河西太原郡赐给嫪毐为封国。宫室车马衣服苑囿,听凭嫪毐享用,事无大小也由嫪毐说了算。嫪毐养家僮死士数千人,成为一个新兴政治集团。嫪毐与吕不韦联手控制秦国政权,秦王嬴政只是一个傀儡。

秦王政九年,公元前238年,嬴政已经22岁,行加冠礼,正式亲政。古时男子20岁加冠,嬴政22岁加冠,已是迟来。吕不韦不愿交出政权,他支使嫪毐起兵作乱,假传太后诏令,还盗用秦王印玺,发动县卒、卫士、官军骑兵、宾客攻打秦王所住的蕲年宫。蕲年宫不在京师咸阳,在雍,今陕西凤翔。秦王早有准备,故意卖个破绽引蛇出洞。昌平君、昌文君做好平叛安排,秦王逼令吕不韦以相国名义平叛,在咸阳展开大战,嫪毐败下阵来。宫廷卫尉竭、京师市长内史肆等28人参加叛乱，全部斩首，嫪毐遭车裂。叛乱首领被灭族，参加叛变的随从，罪轻的判三年徒刑，重的遭流放有4000多家。局势安定以后，第二年秦王追究吕不韦的责任，先是免官，回到封国，随即下令流放吕不韦到蜀地，吕不韦不愿受辱，自杀而亡。

秦王政后发制人，干净利落平息叛乱，夺回政权，表现了他的雄才大略。

2. 汉武帝初即位，施行建元新政

公元前140年，汉景帝病逝，汉武帝即位，当年才16岁。

汉武帝即位当年，就立即着手政治革新。他在建元元年（前140）岁首十月，发布诏令举贤良对策，这是推行新政的一个切入点。

举贤良制度是汉文帝前元二年（前178）创立的，全称叫“举贤良方正能直言极谏者”。“贤良方正”是举士的名称，“能直言极谏”是入选条件。国家要推行新的大政方针，往往借日食、水旱等灾异出现下诏求言，由公卿大臣、郡国守相等二千石以上的高官按全国地区名额举荐贤良，到京师接受皇帝策问，就叫对策。对策内容是评义时政，建言新政措施，供皇帝采择，颇有点“议会制度”的风采。对策后，皇帝与大臣共同评定名次，授予职位，所以贤良对策又是求贤的选举制度。对策第一名称为举首。

建元元年举贤良对策的举首是董仲舒，西汉著名的大儒。汉武帝又特地给举首董仲舒下诏出了三题，董仲舒回答了三题，论证了天人关系，所以合称“天人三策”。董仲舒在对策中，提出黜刑名，崇儒术，明教化，兴太学，令郡国尽心求贤。同时宣扬《公羊春秋》大一统学说，在思想领域主张，凡“诸不在六艺之科、孔子之术者，皆绝其道，勿使并进”③。汉武帝系统地接受了董仲舒的治国思想，作为巩固政权的工具。这次所举贤良，只录用儒家，治申韩苏张之言的士人，一律不用。史称“罢黜百家”。嗣后，建元五年（前136）立太学，始置五经博士，史称“独尊儒术”。两个事件，合称“罢黜百家，独尊儒术”。这是汉武帝初即位实行新政的大手笔。元光元年（前134），初令郡国举孝廉各一人，皆用董仲舒之言。

举贤良之后，汉武帝调整班子，启用尊儒的一批人士为大臣。任命窦婴为丞相，田蚡为太尉，赵绾为御史大夫，王臧为郎中令。窦婴是窦太后的娘家侄儿，田蚡是王太后的同母异父弟。这样的安排，是汉武帝平衡他与两个太后之间的微妙关系，一箭双雕，显示了汉武帝的政治智慧。紧接着颁布了一系列新政，汉武帝发起了向窦太后夺权的举措，更化无为政治，转向以尊儒为旗帜的多欲政治。窦太后则在伺机反扑。

建元二年（前139）岁首十月，御史大夫赵绾、郎中令王臧联名上奏，要汉武帝亲政，不要再奏事东宫窦太后。窦太后大怒，借口赵绾、王臧没办好景帝的丧事，治两人的罪，皆下狱死。丞相窦婴、太尉田蚡被免官。窦太后任用坚持黄老的许昌为丞相，庄青翟为御史大夫。

窦太后扼杀了建元新政。但汉武帝初试锋芒就大手笔，生动地展示了他年少有为，以及雄才大略的气度。

三、晚景凄凉

秦始皇在位37年，汉武帝更长，在位54年。两位雄主的雄才大略，加上较长时期的执政，建立了卓越的功勋，创造了秦汉大一统的盛世。雄主志得意满，秦皇、汉武都多次巡行全国，秦始皇到处刻石颂功。两位雄主都上泰山封禅，祭告天地称成功。两位雄主又都挑战死神，迷信方士，寻求长生，做出了许多荒唐的事。大权独揽，为所欲为，到头来成了孤家寡人，两位雄主的晚景都十分凄凉。

1. 秦始皇病死沙丘

秦王亲政后任用李斯、尉缭、王翦等人，加紧进行统一战争。公元前230年首灭韩，次第灭魏、灭楚、灭赵、灭燕、灭齐，到前221年，十年之间兼并六国，建立了中国历史上第一个统一的中央集权封建国家，即秦王朝。秦王建号“皇帝”，自称“始皇帝”。秦始皇在咸阳筑宫室145处，藏美女万人以上。又在渭南上林苑造朝宫前殿，史称阿房宫，殿上可容万人。始皇帝还在骊山修皇陵，坟高50余丈，周5里余，掘地极深，灌入水银为百川江河大海。墓中宫殿及百官位次，珠玉珍宝，不计其数。

秦始皇大修宫室陵墓，显示无边无际的权力，仍掩饰不住内心的悲凉。他求长生，神仙不来，只好望洋兴叹，他无力征服大海，可以想见他内心是多么苦恼。秦始皇的长子扶苏，仁慈贤明，受到秦始皇的器重，扶苏更得到大臣们的拥护。扶苏看不惯秦始皇大兴土木，焚书坑儒，提出劝谏，秦始皇气愤扶苏与自己不一条心，不立为太子，还把扶苏放逐出京，发配北边去做蒙恬的监军。秦始皇晚年，全国人民不满秦朝的暴政，已从心中的诅咒，转为明显的反抗。秦始皇三十六年，东郡落下一块陨石，当地人民在陨石上刻上“始皇帝死而地分”七个大字。这年秋天，秦始皇的使者从关东归来，夜过华阴平舒道，有一个人自称神灵，手中拿一块玉璧拦住使者说：“替我送给滈池君。”接着又说：“今年祖龙死。”使者回朝献上玉璧，奏明原委，秦始皇惊出了一身冷汗，沉默了很久才说话。秦始皇说：“山鬼只知一年的事，哪有远见。”秦始皇退朝后却对左右的人说：“祖龙是人的祖先。”龙是皇帝的象征，“祖龙”即“始龙”，始龙就是始皇。“今年祖龙死”，就是“今年始皇死”。查验玉璧，竟然是二十八年东巡时沉入泗水中祭祀河神的那块玉璧，更加使秦始皇郁闷。秦始皇召来太卜占卦，解说卦象出巡吉利。当时盛传东南有天子气。秦始皇决定十月出巡东南，以皇帝之尊去镇压东南的天子气，又出巡避邪，真是一箭双雕。这次秦始皇出巡，由于心事重重，精神不振，过钱塘江，遭到项羽小儿的蔑视，说“彼可取而代也”。秦始皇最后一次出巡东南的目的遭到了彻底的失败。

秦始皇回京，在半道病逝沙丘宫，胡亥篡改秦始皇遗诏，赐死扶苏，胡亥夺了政权，二世亡国，更是非秦始皇始料所及。

2. 汉武帝晚年悲剧

汉武帝希求长生不死，身边一大群骗子替汉武帝炼丹制药，下海求仙。一个叫李少君的方士，自称活了几百岁，能炼丹沙成黄金，再把黄金制成饮食用具，就可延年益寿。又一个方士叫少翁，汉武帝封他为文成将军，声称可以请来神仙，最后骗术败露被杀了头。又一个方士栾大，牛皮吹得更大，说自己在海上见过安期、羡门等神仙，可以炼不死之药，汉武帝在一个月内连赐他四个将军印：五利将军、天士将军、地士将军、大通将军，又封为乐通侯，还把卫皇后所生长公主嫁给他，荒唐之极。

汉武帝重女色，皇后两人：陈皇后、卫皇后。宠妃有王美人、李夫人、尹夫人、邢夫人、钩弋夫人等。宫闱争宠，常用当时流行的巫术害人。把仇恨的人刻成木偶，埋在地下诅咒，可以害死所仇恨之人，这一巫术叫巫蛊。陈皇后就用巫蛊害卫子夫，结果反把自己害了。奸臣江充与太子刘据有嫌隙，就诬陷皇后、太子用巫蛊诅咒汉武帝，汉武帝信以为真，成立专案调查太子、皇后，任用江充治巫蛊。江充指使人诬告丞相公孙贺、公孙贺之子尚阳石公主，阳石公主是太子刘据的妹妹。公孙贺父子和阳石公主先被杀，接着江充诬告太子、皇后，并在太子宫中挖出了木偶。太子请求晋见汉武帝被拒绝，就诛杀了江充。江充同党告太子造反，汉武帝下诏丞相刘屈氂平叛。太子以皇后诏四处发兵，与丞相在长安城中大战。太子兵败逃出长安，被汉武帝派兵逼杀，皇后及大将军卫氏皆被诛灭。这一场京师城中的混成，死亡近十万，太子一党被诛杀的有上万人。汉武帝失了皇后，杀了太子，精神、声望都受到沉重打击。

后元元年，宫中又发生莽何罗谋刺汉武帝的宫廷事变。汉武帝再次受到沉重的打击。第二年就病死了。

四、功过是非

历来评议秦皇、汉武都是毁誉参半，总体上，评价秦始皇，否定多于肯定，评价汉武帝肯定多于否定。其实两人都是伟大的双重性人物，有大功亦有大过，不必去做三七开或四六分，功是功，过是过，如此评析，才能正确地吸取历史经验与教训。

1. 秦始皇的功过

秦王嬴政二十六年（前221）统一中国，建立了统一的中央集权制国家。分全国为三十六郡，郡下设县。地方官由中央任免，结束了诸侯分封的政治。确定最高统治者的称号为皇帝，示意功盖五帝，地过三王，象征宏大的新气象，并与旧时代彻底决裂。国家一切重大事务由皇帝决裁，命为“制”，令为“诏”，自称曰“朕”，显示绝对权威。为了家天下的绝对巩固，嬴政自称始皇帝，以后继承人以数计，称“二世”皇帝、称“三世”皇帝，至于万世，传之无穷[④]。朝廷设三公、九卿辅佐皇帝执行政务。三公为丞相（掌丞天子助理万机）、太尉（掌军政）、御史大夫（副丞相，监察百官）。又设九卿分部治事。九卿为奉常（掌宗庙礼仪）、郎中令（掌禁卫军）、卫尉（掌官门卫兵）、太仆（掌皇帝车马）、廷尉（掌刑狱）、典客（掌民族事务）、宗正（掌皇族事务）、治粟内史（掌民政及财赋）、少府（掌山海池泽之税供皇室费用）。此外，中尉（掌京师治安)、内史(首都市长)等为列卿。

秦始皇确立土地私有,统一法律、文字、货币和度量衡。收毁天下兵器,拆除战国时各国的城郭及设防工事。修筑通向全国的交通大道,称驰道。他在京师西北修建一条通往边地的直道,在西南筑五尺道连接今四川、云南、贵州,加强对地方的控制。北筑长城,防御匈奴,南戍五岭,抚定百越。秦始皇还在不断巡行全国各地中刻石颂功,宣扬大一统思想。

秦始皇所完成的统一和建立的中央集权制度，对中国历史的发展作出了很大的贡献,有着深远的影响。是他领导的统一战争,结束了春秋战国以来500多年诸侯割据混战的局面,给社会带来了一个安定的环境,当时天下黎民莫不虚心而仰上。是他建立的中央集权制度,完成了大统一,加强了各地区政治、经济、文化联系,为我国长期统一奠定了基础。尽管秦政暴虐,立国短暂,但他所创立的制度,在中国推行达2200年之久[⑤]。

秦始皇又是一个典型的双重性人物,他功大过亦大,历代以来受到人民的唾骂。秦始皇极其残暴,烧毁诗书图籍,严重破坏文化;他又活埋议政的方士及儒生460多人,钳制思想;严刑苛法,租役繁重;他大兴土木,建宫室,修坟墓;以及连年用兵,经常役使民力在200万左右，为当时全国总人口的10%。广大人民痛苦不堪,他去世的当年就爆发了大规模的农民起义,不久,秦王朝就灭亡了。

2. 汉武帝的功过

汉武帝最伟大的建树是巩固和发展了秦始皇的封建中央集权制度，把中华民族悠久的物质文明和精神文明推向了一个新的高峰,对历史产生了深远的影响。如果说中国曾经有过奴隶制社会,西周是它的高峰,那么西汉,特别是汉武帝时代,则踏上了封建社会第一个鼎盛时期,巩固和确立了新制度、新规范;如果说中国西周已进入封建领主制度,并创立了一个盛世,那么,汉武帝的建树则是完成了大一统的新世纪，他所造就的西汉盛世可以说有四个空前,即政治上空前统一,经济上空前繁荣,国力上空前强盛,文化上空前发展。可以说,汉武帝的文治武功,无论在当时还是对后世,都具有独特的历史意义。

汉武帝的文治。政治方面:元朔二年(前127),颁"推恩令",使诸侯王分封诸子为侯,以削弱割据势力,元鼎五年(前111),酎金事件，一次削除106个列侯，把西周以来行用千余年的封建立藩制度，划了一个句号；元封五年（前106），置十三部刺史，以加强对地方的控制；元封元年（前110）封泰山；太初元年（前104）改历，定官制，完善了国家制度。经济方面：采纳桑弘羊建议，把冶铁、煮盐、铸钱收归官营；设置平准官、均输官，由官府经营运输和贸易；元狩四年（前119）初算缗钱，征收商人资产税；元鼎三年（前114），杨可主持"告缗"，没收中产以上商贾资财，沉重地打击了商人。这一系列经济政策，在当时筹措了巨额战费，支持了对外用兵，长远的利益则是为集权政治制度创立了经济基础，影响深远。消极方面，汉武帝的经济垄断政策遏制了自由工商业的发展，影响历史亦至为深远。此外，汉武帝运用国家政权大兴水利，加固黄河堤，大造人工渠，推广"代田法"，移民西北屯田，推进了农业的发展。文化方面：建元元年罢黜百家，独尊儒术；建元三年（前138），诏选天下文学材智之士，待以不次之位；元朔五年（前124），免除太学生徭役赋税，在全国范围推广了文化教育事业；又定音律，置乐府，采集民间诗歌，这一切都具有开创性的意义。

汉武帝的武功。汉武帝一生的主要精力用于外伐四夷。西汉彻底地打垮了匈奴，保卫了先进农耕文化的持续发展，汉帝国的疆域向北推进到了今内蒙古的大部，向西开拓了河西走廊随后进军到西域。断匈奴右臂，其势力达于西域葱岭之巅。汉武帝发动的这场汉匈决战，保障了古代亚洲大陆黄河流域先进农业经济文化区的发展，从而确立了中华民族之称为汉人的历史地位，意义极为深远。汉武帝曾两次派张骞通西域，开辟了沟通中西经济文化交流的"丝绸之路"。又派唐蒙等人开发西南夷地区，又并两越，拓境至南海。汉武帝大体奠定了中国今日之版图。

此外，汉武帝的人格魅力、智慧、胆略、才干，以及错误，都将带给人们深深的启迪。

汉武帝的大过有三：第一，推行了酷吏政治，人民蒙受深重灾难；第二，迷信方术，求长生不老，导致晚年巫蛊案，造成政治动乱，太子不保；第三，过度使用民力，外征内作以致"海内虚耗，户口减半"[6]。有幸的是，汉武帝晚年悔悟，下轮台罪己之诏，转轨政治，用富民侯田千秋，为昭宣中兴奠定基础，西汉也避了亡秦之辙。

五、千秋评说

秦始皇、汉武帝是中国历史上屈指可数的雄主，他们建立的盖世功勋有目共睹。但他们的过错也带给国人深重灾难。智者见智，仁者见仁，评说秦皇、汉武，是一个永无了期的话题。

秦皇、汉武建立和巩固的中央集权制度，保证举国一致完成事业，有利于建功。秦始皇统一六国，筑长城，修驰道，靠的是举国一致。汉武帝抗击匈奴，取得辉煌胜利，靠的是举国一致。但是，由于权力的过分集中，带来许多弊端。举国一致，容易形成暴风骤雨式的运动，全民族患寒热病，造成社会动乱。权力高度集中，给使用集权的独裁者也带来许多弊端，雄主的晚年多是悲剧，就是集权弊端带来的结果。具体说，主要有三个方面：

一、权力失衡。秦始皇过度集权，谁在皇帝身边，谁就能呼风唤雨。赵高在二世身边，他操控了宫廷政变，随意处置丞相李斯，到头来秦二世也受其害，秦朝之灭，毁于过度集权。汉初三公权重，制衡皇帝不至于过分骄纵，听得进劝谏。汉武帝一朝，前后12个丞相，6个被杀。汉武帝用内朝决策，控制外朝，丞相权轻，成了摆设。大将军卫青奏事，汉武帝可以随意召入厕所谈话。朝臣唯唯诺诺，汉武帝为所欲为，行政效率必然怠惰，汉武帝多欲，挥霍无度。汉武帝后期，财政枯竭。征和四年(前89)，国家在西域轮台设置一个数千人的屯田点，国库无钱，需要加征每户四十文助边，由此可见衰竭程度。

二、法制苛暴。秦法严酷，造成赭衣满道，囹圄不空。陈胜起义，就因秦法屯戍误期要斩首，于是揭竿而起。汉武帝实行酷吏专政，全国人民处于水深火热之中。司法官员丢开了法律条文，一心只看汉武帝脸色行事。汉武帝想宽大的人，即使罪大恶极，也不惩治。汉武帝厌恶的人，枉法惩治。有人质问杜周为何不按法律条文办事，杜周说："前任皇帝的旨意写在简上就是法律，新任皇帝说的话就是判决书，这就是法律。"地方酷吏，滥杀波及无辜，王温舒一天就杀人400，血流成河，汉武帝还赞许之为能。

三、大权旁落。国家政务，千头万绪，皇帝过度集权，必然旁落于群小。宦官、外戚、权臣干政，在中国历史上层出不穷，就是皇帝权力旁落的表现形式。只要集权体制不改，宦官之祸、外戚之祸、权臣之祸就不可避免地要发生，皇帝也是人，他的七情六欲，因为集权而放大，往往成为宦官与小人弄权的突破口。汉武帝生性有两大弱点，一是迷信鬼神，希求长生；二是风流成性，迷恋女色。方术骗子、奸佞小人如江充，利用汉武帝的这两个弱点，擅权弄势，导致武帝晚年悲剧。

注释：

①《史记》卷八十五《吕不韦列传》。

②《史记》卷四十九《外戚世家》。

③《汉书》卷五十六《董仲舒传》。

④《史记》卷六《秦始皇本纪》。

⑤秦始皇公元前期221年统一六国，实施中央集权，到公元1911年辛亥革命推翻帝制，封建中央集权制度在中国推行了2201年。

⑥《汉书》卷七《昭帝记》。

第十一讲

西汉盛世时期的三大冤案

——司马迁笔下的政治斗争

西汉文、景、武三代皇帝是西汉的盛世，在景帝和武帝初年又正当文景之治的鼎盛阶段，这时政治稳定，经济繁荣，社会一片升平，皇帝圣明，臣工守职，史称“人人自爱而重犯法，先行义而后绌耻辱焉”①。恰恰就在这一朗朗乾坤中，西汉有三大忠臣蒙冤，尽瘁国事而死于非命。这三大忠臣就是晁错、周亚夫、窦婴。晁错、周亚夫景帝朝蒙冤；窦婴枉死于武帝初年。三人且都不是当朝皇帝要杀的人，而阴差阳错复杂激烈的斗争逼迫圣明皇帝做出违心之事而屠杀忠臣，发人深思。晁错，颍川人，西汉著名政论家。主张削减诸侯王封地，吴楚七国借机联兵反汉，晁错被诛杀弃市，满门抄斩。周亚夫是西汉开国功臣周勃之子，传见《绛侯周勃世家》。周亚夫平定吴楚七国之乱，再造西汉，因直言顶撞了汉景帝，被下狱活活饿死。窦婴是外戚，汉文帝窦皇后的堂侄。另一外戚田蚡是景帝王皇后的同母异父弟。窦婴和田蚡两人都是汉武帝的亲戚，窦婴是奶奶外家，田蚡是母亲外家。武帝初即位，奶奶窦太皇太后和母亲王太后都健在，两姓外戚同时贵盛，窦婴为丞相，田蚡为太尉。一个年少气盛的皇帝，两个太后，两个国舅外戚，关系微妙。两宫皇太后干预朝政，表现在朝中就是窦田相争。起初权力平衡，窦婴与田蚡尚能和平相处，等到窦太皇太后死去，窦婴失势，田蚡贵盛，平衡权力被打破，窦田矛盾激化，窦婴联合失势的将军灌夫对抗田蚡。王太后庇护田蚡，膨胀自己的权势，汉武帝要抑制外戚田蚡势力，却不愿与母亲交恶，在母子妥协中窦婴与灌夫成了牺牲品。窦婴在景帝三年平吴楚之乱立有功勋，封魏其侯，田蚡全凭王太后的裙带关系封武安侯。司马迁以这两个外戚合传来揭露西汉盛世下的宫廷斗争，题名《魏其武安侯列传》。窦婴之死，是失势贵族在权力斗争中的牺牲品，最具典型意义的悲剧色彩。由上所述，晁错、周亚夫、窦婴三大忠臣蒙冤，通过他们的悲剧，司马迁深刻揭露了专制政体上层统治集团的互相倾轧和权力斗争，表现了作者敏锐的观察力和对专制政治的批判与谴责。三大忠臣的人生命运，动人心魄，司马迁写得精彩淋漓，三个人物的列传，也是《史记》中的名篇。

一、晁错削藩身弃市

晁错，生活于文帝、景帝时期，是对“文景之治”起过重要作用的历史人物。

1. 太子智囊

晁错，颍川(今河南禹县)人，自幼受到良好教育，师从于精通申商之学的张恢学习刑名之学，这为他日后从政打下了良好的基础。

晁错步入政界的第一任官职是以文学征为太常掌故，很快迁职为太子舍人，门大夫，家令。迁职如此之速，是因为晁错博闻强记，对《尚书》的复兴作出了贡献。汉文帝时，天下无人研究《尚书》，只有一个齐人秦博士伏生精通《尚书》，年九十余，手不能写，而记忆犹新，汉文帝诏太常派人往齐地抢救国宝，晁错接受任务，到伏生那里记录整理《尚书》，伏生口授，晁错用当时通行的汉隶记录，称《今文尚书》。晁错不仅记录，还能解说其文意。晁错出色地完成了任务，汉文帝很高兴，认为晁错是一个人才，故令其入东宫服侍太子，即后来的汉景帝刘启。

晁错进入东宫，发现太子读书很多，又有过人的骑射技术，但缺少心机，不懂得驾驭臣下的权术，晁错上书汉文帝用权术指导太子，汉文帝很高兴。为了把太子培养成能驭臣使民的君主，汉文帝拜晁错为太子家令，辅佐太子。太子十分器重晁错，言听计从，晁错成为了心腹。太子送给晁错一个雅号，称他为“智囊”②。

2. 献策治边

晁错热衷于政治改革，关心时事，在汉文帝时就不断上疏言事，与贾谊齐名，并称贾晁，是西汉著名的政论家。西汉文景之治，贾晁的政论，发挥了重要作用。

晁错献策治边，为文景时期备战匈奴，奠定了理论与政策的基础。晁错建言，有以下几个方面：

第一，选择良将。晁错认为匈奴之所以出入陇西如入无人之境，"非陇西之民有勇怯，乃将吏之制巧拙异也"。他引用兵法说"有必胜之将，无必胜之民"，因此"安边境，立功名，在于良将，不可不择也"[③]。

第二，扬我之长，击匈奴之短。晁错说，匈奴的长处有三：其一，匈奴马力善走，中国之马不敌；其二，匈奴之民，在马背上生活，能且骑且射，中国骑兵，难以抵敌；其三，匈奴游牧为业，逐水草而居，长期的流动生活，养成了匈奴之民不怕风雨，有能抗饥渴的体质，中国之民所不敌。但中国军队长处有五：其一，中国有战车，平原作战，车骑结合，既能构筑坚固的阵地，又可迅猛突击，冲乱匈奴的阵形。其二，中国兵器精良，强弓、长戟，射得宽，刺得远，匈奴的弓箭抵敌不了。其三，中国军队，训练有素，长短兵器配合，弓弩游动射击，军队列阵冲杀，匈奴军队抵挡不住。其四，中国军队步骑结合，万箭齐发，射向同一目标，匈奴的皮甲、木盾招架不住。其五，下马在地面搏斗，短兵相接，中国军队灵活，步履轻捷，匈奴之兵不如。匈奴之兵长技有三，利于马背山间作战，中国之兵长技有五，加之人数众多，利于平原作战。若以我之长，击敌之短，以数十万之众，对付数万匈奴之兵，以十击一，必胜无疑。

第三，全副武装归附的匈奴人，以中国之兵器，再加上边地的良马，以夷制夷，一旦遇到险阻，则用这支军队出战，抵消匈奴的长技，还加上汉军的配合，互为表里，此为万全之计。

第四，募民实边，储粮塞下，加固边防。

第五，大规模养马，充实战备。

匈奴扰边，西汉王朝统治集团内部主和与主战两派存在着激烈的斗争。汉初，主和派占上风，以和亲策略缓和匈奴的进攻。但匈奴百约百叛，汉朝随着国力的增强，主战派一天天抬头。晁错是文景时期主战派的杰出代表。晁错写了《言兵事疏》、《守边劝农疏》、《募民实塞疏》、《论贵粟疏》等一系列政论，从长远的战略高度，提出了守边备塞的方针政策和一整套完整的战胜匈奴的战略战术，为巩固边塞、备战反击匈奴奠定了军事理论基础，为西汉的胜强作出了重大贡献。

3. 建议削藩

景帝即位，任命晁错为内史，不久升任为御史大夫，把削藩的实际操作提上议事日程。晁错建议从削藩的支郡入手，压缩诸侯王势力。晁错又修改了法令，以便限制诸侯王的权力。削藩令出，诸侯哗然。吴王刘濞联合楚、赵、胶东、胶西、济南、淄川等六国，打出“请诛晁错，以清君侧”的口号，发动叛乱，史称七国之乱。事发于汉景帝三年，公元前154年。

晁错倡言削藩，在汉文帝时已经提出。汉文帝是一个沉稳的政治家，他认为削藩不应急于求成，没有采纳。但汉文帝非常欣赏晁错的才能和忠心，特地任晁错为太子家令，留给景帝来使用。晁错上疏汉文帝，谦称“狂夫之言，明主择焉”。汉文帝批示：“今则不然，言者不狂，而择者不明，国之大患，故在于此。”汉文帝以明君的心态，高度评价晁错的上疏，认为晁错言之有理，并明确表示言者无罪，对与错责在君主，“择者不明”则“错”，“择者有明”，即使言论错了，也不会导致错误发生。这段对话，载于《汉书·晁错传》，说明晁错生逢盛世，得遇明主，是何等的幸事。汉景帝没有汉文帝的雅量，性情急躁而刻薄寡恩。景帝采纳了晁错之策而削藩，七国兵起，景帝却借晁错的人头来平息叛乱。袁盎进言景帝：“方今计，独有斩错，发使赦吴、楚七国，复其故地，则兵可毋血刃而俱罢。”汉景帝沉默了一阵，说：“顾诚何如，吾不爱一人以谢天下。”[4]汉景帝竟拜袁盎为太常，让袁盎秘密出京，劝说吴王罢兵。晁错未经审判，以皇帝宣召名义被召来，穿着上朝的衣服，被行刑队直接带到闹市上腰斩，晁错满门被诛杀，无论少长，一个不留。

4. 晁错之死的原因

晁错冤死，是一桩大惨案。景帝违心诛晁错。司马迁在《太史公自序》中高度评价晁错是“为国家树长画”。《晁错传》记载了晁错与父亲的一段对话，生动地表达了晁错的一片忠心。晁错父亲从老家颍川赶到京师对晁错说：“当今皇帝即位不久，信任你执掌大权，你为什么要去削弱诸侯，挑起皇室自家人的纷争，不少人说你的闲话，干吗这么做！”晁错说：“我早就料到了，不这么干，天子不尊贵，国家不安定。”晁错父亲说：“刘家天下安定了，而晁家却危险了。我要先走一步了。”晁错父亲服毒自杀，临死时说：“我不愿活着看到晁氏灾祸。”晁错父亲死了十多天后，晁错被诛。汉景帝和满朝文武都知道杀晁错是一桩冤案，但还是一定要杀，因为当时的君臣要借晁错的人头来揭露吴楚谋反“清君侧”的谎言，用以激励士气。用汉景帝的话说：“顾诚何如，吾不爱一人以谢天下。”意思是：“我顾不了那么多了，晁错这颗人头借定了。”晁错死后，谒者仆射邓公为校尉，从前线回朝奏事。汉景帝问邓公说：“晁错已被诛杀，吴楚罢兵了没有？”邓公说：“吴王反叛准备了几十年，诛晁错只是一个借口，臣担心，从今以后，天下的人都要闭起嘴巴不说话了。”汉景帝说：“为什么呢？”邓公说：“晁错削藩，是为了尊贵朝廷，国家的万世之利，计划刚刚实行，晁错遭了大祸，在内堵塞了忠臣的嘴巴，在外替诸侯报仇。臣认为皇上这件事做得并不好。”汉景帝又沉默了好一阵，说：“卿说得好，朕也很后悔。”于是任命邓公做城阳中尉。

晁错之死，不仅仅是政治斗争的牺牲品，也有许许多多自身的原因，主要有三：

其一，晁错急于求成，得意忘形，犯了众怒，乃取死之道。晁错为御史大夫，削藩政策立即推行，其他改革法令，短短一个多月，连续下了30多道。这种假借皇权雷厉风行的做法，犯专制政体之大忌，因为他犯了众怒，元老丞相申屠嘉为之气愤而死，像袁盎这样略带保守思想的朝臣与晁错水火不容。所以当吴楚七国反叛，打出“杀晁错，清君侧”的口号时，满朝文武一片声都说“晁错该杀”。丞相庄青翟、中尉嘉、廷尉张欧，即相当于现代的国务院总理、北京卫戍区司令、最高法院院长，联合报告，请诛晁错。袁盎上言请间，是大将军窦婴的引荐，所以袁盎建议诛晁错，不仅是言个人之私，也是代表朝中大臣和皇帝外戚的一致意见。晁错人缘如此之不好，并不只是政见的冲突，他个人的趾高气扬，目中无人，也不受大家欢迎。

其二，晁错虽然满腹经纶，但他仅仅是一个政论家，而不是政治家。恰如三国时的马谡，当参谋还可以，当将帅就要翻船。晁错急于削藩，他没有顾及后果，也没有想到后果，所以吴楚七国反叛，晁错拿不出应急预案，晁错建议景帝亲征，自己留守京师。闯了祸让皇帝去挡头阵，自己躲在后面，也亏晁错说得出口。也许晁错认为皇帝亲征可以激发士气，他没有想一想是谁闯的祸，由此可见晁错只是一介书生。晁错用权术去教导汉景帝，而自己对权术只是纸上谈兵，晁错对汉景帝推心置腹，他做梦都没有想到政治老道的汉景帝可以翻手为云，覆手为雨，自己稀里糊涂就到了刑场，临死还不知道是怎么一回事，晁错以权术教导汉景帝，到头来，自己成了弟子皇帝玩弄权术的牺牲品，确实可悲。

其三，晁错假公济私，要借吴楚反叛来诛袁盎，连御史府的人都反对，得不到执行，激起了袁盎的报复。司马迁在《晁错传》的赞语中鲜明地批评晁错说："诸侯发难，不急匡救，欲报私仇，反以亡躯。"

二、周亚夫平乱饿死狱中

1. 周亚夫军细柳

汉文帝后元六年，公元前158年，北方匈奴将大举入侵，直指长安。汉文帝加强京师戒备，调用三位将军驻军长安城郊。宗正刘礼驻军长安东南方霸上。祝兹侯徐厉驻军长安西北的棘门。河内太守周亚夫驻军长安西北的细柳。细柳在棘门西南。

汉文帝亲自劳军，鼓励士气。汉文帝到霸上与棘门两支军营的时候，都是营门大开，将军率领全营将士列队拜迎皇帝。汉文帝带领百官、侍从长驱直入军营。当汉文帝劳军细柳时，情况发生了变化。皇帝的"先驱"到达细柳，整座军营庄严肃穆，营门守卫全副武装，弓上弦，刀出鞘，仿佛处于戒严状态，毫无迎接皇帝的欢快气氛。"先驱"传达皇帝劳军的命令，守卫营门的都尉说："军中只闻将军令，不闻天子诏。"居然把"先驱"阻挡在营门之外，不一会，汉文帝驾到，他只好先下诏周亚夫，通知皇帝劳军。周亚夫传令卫士打开营门，并发出警告说："将军规定，军中不得驱驰。"于是汉文帝也遵命按辔徐行。到达中军正门，周亚夫才等在那里，也是全副武装，手持兵器，只是拱手行军礼说："军人甲胄在身，不能行叩拜大礼，只能行军礼。"汉文帝很受感动，也在车上做了一个敬礼的姿势表示回答。汉文帝传令："皇帝向将军致以亲切的问候。"劳军仪式结束，汉文帝率领百官出了军营，群臣侍从才从惊吓中回过神来。汉文帝评价说："啊，这才是真正的将军。霸上、棘门两座军营，像是做游戏，那里的将军，可以偷袭活捉。至于周亚夫，谁敢去进犯呢！”汉文帝升任周亚夫为中尉，即首都的城管司令，负责京师治安。汉文帝临终，慎重地向儿子汉景帝推荐周亚夫说：“将来国家出现紧急情况，周亚夫绝对是一个可用的人才。”⑤

2. 周亚夫平定吴楚七国之乱

汉景帝三年，公元前154年，吴楚七国叛乱，来势汹汹，吴楚联军是叛军的主力，他们由东向西进攻。吴王刘濞正月起兵，从广陵西渡淮水，与楚兵会合，受阻于梁。梁王刘武，汉景帝之弟，梁国都城睢阳，即今河南商丘。梁王拼死抵抗，既是捍卫自己，也是拱卫朝廷，吴楚军不得过。其他五个叛国，赵国被围困自保，另外四国胶东、胶西、淄川、济南，都在山东境内，四国联兵攻打齐国，还没攻下，朝廷征讨军到来，反叛的四国之王都自杀，因此这四个叛国之军根本就没跨出山东境。

汉景帝讨伐吴楚七国的军事部署，任用两位大将。一是升任中尉周亚夫为太尉，率领主力讨伐军，东击吴楚。二是任用赋闲在家的外戚窦婴为大将军，率领总预备队守在荥阳，监齐赵兵。派曲周侯郦寄击赵，将军栾布击齐。齐国原先反叛朝廷，中途变卦，吸引胶东、胶西、淄川、济南四个叛国的围攻。栾布击齐，实际是与齐国夹攻四个叛国，因此很快结束了战斗。

周亚夫会师荥阳，其时吴楚之兵受阻梁国，十分危急。周亚夫听取门客之计，不去救梁，而是北出屯兵于昌邑，派出奇兵深入吴楚后方，在淮河、泗水的汇合口一带骚扰，切断吴楚兵后方的粮道。周亚夫坚壁不出，以逸待劳，坐观梁王与吴楚兵死战。周亚夫用兵，是在贯彻汉景帝的意图，一箭双雕，既要灭吴楚，又要借吴楚之兵极大地削弱梁国。梁王上书向汉景帝告周亚夫的状，说他坐视不救梁国。汉景帝装模作样下诏周亚夫救梁，周亚夫以“将在外君命有所不受”为由，拒不奉诏。景帝再三催促，周亚夫才率军南下行军至梁国东边的下邑县又驻屯下来，仍坚壁不出。到了二月中，吴楚军已疲惫不堪，粮草断绝，深恐后路被切断，吴王率领大军攻打下邑。周亚夫发起猛烈的反击，一举击败吴楚军。吴王刘濞弃军逃走，率领残兵到东越寻求避难。东越人倒戈，杀了吴王，首级传送官军。楚王刘戊兵败逃回楚国彭城，自杀身死。赵王刘遂坚持到最后，也自杀而亡。吴楚七国反叛，不到三个月就被平息。汉景帝下令官兵要“以深入多杀为功”，凡三百石以上的叛军小官吏统统杀死。这场西汉皇室贵族的内乱，无辜被裹挟的民众被剿杀的有十余万人之多，由此可见汉景帝的苛酷。论功行赏，窦婴被封为魏其侯，周亚夫已为条侯，深得景帝宠信，后升任为丞相，位在窦婴之上。

吴楚七国反叛，声势浩大，很快被平定，主要有以下几个原因：

第一，天下承平，诸侯反叛，不得人心。吴王为祸首，他与汉景帝有个人仇怨。汉景帝为太子时，吴王派儿子到京师朝见汉文帝，吴王儿子与尚为太子的汉景帝是堂兄弟，两人下棋争道，皇太子一怒之下，举起棋盘，砸死了吴王儿子。从此吴王不再入朝。诸吕事变，汉文帝登基，夺了长子齐王刘肥的宗子地位，汉文帝于是大封刘肥诸子为王，但众诸侯仍然心怀不满，景帝即位，推行削藩，于是众诸侯联合反叛。正因为这场叛乱是皇室贵族权利之争的内讧，汉文帝恩泽深入人心，反叛者的败亡是必然的。

第二，周亚夫用兵有方，策略得当，以梁委吴，以逸待劳，加速了胜利的进程。但从此，周亚夫结怨梁王，也为自己的前途埋下了隐忧。

第三，吴王刘濞平庸，不能用人，战略失计。吴王初起兵，吴臣大将军田禄伯建言分兵两路西进。吴王率主力指向洛阳入关中，田禄伯率五万之众循江淮西进，收淮南、长沙，入武关，会师京城，遭到吴王太子的反对而作罢。吴王少将桓将军提出吴王集中兵力迅速推进，绕过城邑，西据洛阳武库，夺取敖仓的粮食，依托险阻，可以占据半壁江山。如果吴楚屯兵在坚城之下，等到朝廷车骑之兵到来，吴楚的步兵不可抵挡，必然要失败。吴王也没有采纳。事态的发展，恰如吴王少将桓将军之言，很快失败了。

吴楚七国之乱的平定，是朝廷对地方割据势力的沉重打击，意义重大。其一，大大改变了朝廷与诸侯王力量的对比。原来，诸侯王的地盘占天下三分之二，朝廷直接控制的只有十几个郡。七国之乱平定后，改变了诸侯王国的建制，规格大为降低，地盘大大缩小，诸侯王之间连片的地方被朝廷分割，一个个诸侯王变成了孤岛，再也没有力量反叛了。其二，朝廷的权威大大增强，诸侯王对王国官员的任免权被朝廷收回，诸侯王从此只能享受一定数额的租税，成为贵族地主，不再是称霸一方的割据王国。汉景帝当政16年，最辉煌的事业莫过于平定七国之乱，作为平定七国之乱主将的周亚夫建立了盖世之功。

3. 周亚夫蒙冤，饿死狱中

周亚夫任河内太守时，一位面相师许负对周亚夫说："你有贵人之相，但不得善终。你三年后得封侯，封侯八年后出将入相，掌大权，达到尊贵的顶峰。为将相九年后，将会饿死。"周亚夫笑着说："我上有兄长，将代父为侯，嫡长子继承，我怎么能得侯呢？如果我真得侯，富贵已极，又怎么会饿死呢？请给我说清楚。"面相师许负端详了周亚夫的嘴，然后说："你嘴上的纹理有饿死相。"过了三年，汉文帝后元二年，公元前162年，周亚夫长兄周胜之有罪，汉文帝挑选周勃其他的儿子来继承侯位，众兄弟都推举周亚夫，汉文帝于是册封周亚夫为条侯。八年后，汉景帝三年，公元前154年，七国之乱，周亚夫为将，后入朝为相。周亚夫为将后第九年，汉景帝中元五年，公元前145年，周亚夫以谋反罪被捕下狱，绝食五日而饿死，一一应验了许负相面的预言。周亚夫之死，果真是命运的摆布吗？

汉景帝七年，公元前150年周亚夫拜相，他的人生辉煌达到了顶点。俗话说物极必反，周亚夫的耿直性格如同乃父周勃一样，不能做丞相。周亚夫为将，不救梁王，是策略的需要，客观上符合汉景帝的心意，受到皇帝宠信，同时也得罪了梁王，间接地得罪了窦太后。梁王和窦太后，恨不得置周亚夫于死地，经常在汉景帝面前说周亚夫的坏话，只是汉景帝不听罢了。周亚夫为相，与汉景帝直接发生了冲突，司马迁写了三件事。第一件，周亚夫反对汉景帝废太子刘荣，既得罪了汉景帝，又得罪了王皇后。汉景帝废太子刘荣，要改立王夫人的儿子刘彻为太子。王夫人母以子贵，刘彻立为太子，王夫人为皇后，于是怀恨而报复周亚夫。第二件，周亚夫反对汉景帝立王皇后的兄长王信为侯。这件事是窦太后向汉景帝提出的，目的是改善自己与儿媳王皇后之间的关系，周亚夫反对，引用高皇帝刘邦与大臣的约定，不是皇室子孙，外姓无功不得封侯，谁违背了这一规矩，天下共诛之。王信虽是王皇后兄长，无功也不得封侯。汉景帝沉默不语，容忍了周亚夫，王皇后与王信，可把周亚夫恨之入骨了。第三件，有五个匈奴贵族叛变投降汉朝，汉景帝要封他们为侯爵，用以鼓励其他匈奴贵族来投降。这是分化瓦解敌人的统战策略，无可非议。周亚夫认为，这是在奖励投降变节，违背了忠贞的节义，不同意封侯。汉景帝动了怒，斥责丞相的话不可用，强行给五个匈奴人封了侯。

不久汉景帝以生病为由，罢了周亚夫丞相的官。

过了一年多，汉景帝试探周亚夫的态度。有一天汉景帝在宫中召见周亚夫，赐给饮食，给了一大块肉，既没刀子，也没筷子。周亚夫明知汉景帝是在故意刁难，他仍按不住性子，回头对礼仪官说："给我拿筷子。"汉景帝冷笑着说："一大块肉难道还不能让你满意吗？"周亚夫赶紧摘帽道歉，汉景帝起身离去，周亚夫也匆匆退出。汉景帝目送周亚夫的身影，想到了当年汉文帝劳军，周亚夫传令"军中只闻将军令，不闻天子诏"的话，恨恨地说："一个如此桀骜不驯的东西，不可留下他侍候日后的小皇帝！"⑥汉景帝动了杀心。

不久，周亚夫的儿子背着父亲向工官尚方买了500套殉葬用的甲胄盾牌，被汉景帝抓住了把柄，周亚夫以谋反罪被逮捕下狱。廷尉王恬开秉承汉景帝旨意审问周亚夫，说："你购买兵器，是想造反吗？"周亚夫说："我买的是殉葬品，不是兵器。"王恬开说："你不活着在地上造反，死后也会在地下造反。"就这样，周亚夫谋反罪成立。明人查慎行评论说，周亚夫在地下造反，与宋高宗用"莫须有"罪害岳飞，有异曲同工之妙。"景帝之刻薄寡恩，隐然言外，史笔至此，出神入化矣。"⑦

司马迁在"太史公曰"中批评周亚夫"足己而不学，守节不逊"，意思是周亚夫有能力军功，骄傲自满，只走正道，不懂得读书学习，吸取点历史教训。显然司马迁的批评是以贬为褒。近人李景星评论说："绛侯两世有大功于汉，俱以下吏收场，此太史公最伤心处，故用全力写之。"司马迁穿插许负相面的宿命论色彩，不过是抒发一种无可奈何的愤慨与悲哀。许负说，周亚夫嘴唇上有饿死相，其实是暗示周亚夫这张嘴遭了祸。伴君如伴虎，一个心直口快的人，免不了悲剧结局。宋人黄震评论说："亚夫尤厚重守正，平吴楚有大功，其争废太子、争侯王信、争侯降匈奴徐卢等五人，又皆宰相职也，反以怏怏疑之，卒置死地，景帝尤少恩哉！"⑧汉景帝不似汉文帝宽厚，刻薄寡恩，是导致功臣悲剧的一个因素，但这只是表面现象。专制体制铸造君王的绝对权威，才是功臣悲剧的根本原因。周亚夫的悲剧，活脱脱地再现了伴君如伴虎的生动形象，深刻地揭示了悲剧的根源，这是司马迁高于古代思想家的地方。

三、窦田相争，君子败小人胜

窦婴、田蚡两人都是汉武帝的舅舅。汉武帝初即位，年十三，两宫皇太后争相干预朝政，在宫内宫外形成了多头的矛盾。但窦田相争是各种矛盾的主线。司马迁围绕窦田相争这一矛盾主线，还写了一大群作背景的陪衬人物。两个不可一世的皇太后，一个权力至高无上的君主，一班保官自重的朝臣，一帮苟且蝇营的宾客，纷纷登场表演。一篇3000多字的《魏其武安侯列传》，写了27个人物，矛盾复杂多端，可以说是一部长篇小说结构，在《史记》中是唯一的篇章。司马迁把错综复杂的各种矛盾巧妙地组织起来，用他犀利的笔锋展示了统治集团上层各色人物的内心世界，勾画出一幅绝妙的群丑图，使《魏其武安侯列传》成为两千年前的"官场现形记"实录。

1. 时移势转，小人得志

在外戚中，窦婴是一个有所作为的"贤者"。孝景三年，吴楚七国反叛，"上察宗室诸窦毋如窦婴贤"，于是"拜婴为大将军，赐金千斤"。窦婴接受重任后，荐"袁盎、栾布诸名将贤士在家者进之"，又将所赐千金"陈之廊庑下，军吏过，辄令财取为用，金无入家者"[9]。由于他如此公忠体国，荐贤爱士，不贪财利，又有荥阳监军平吴楚的战功，因而获得了很高的声望，封魏其侯，"诸游士宾客争归魏其侯"。在朝仪中，魏其侯与条侯周亚夫等列，而"诸列侯莫敢与亢礼"，可以说人臣之贵已极。但是，窦婴之贵，在很大程度上仍靠的是裙带关系，这一点和田蚡并无区别。所以"太史公曰"，劈头一句就说："魏其武安皆以外戚重。"因此窦太后一死，窦婴权势立即一落千丈。"魏其失窦太后，益疏不用，无势"。但是魏其侯不知时变，他结纳"无术而不逊"的灌夫，两人相翼，终至酿成祸乱。

田蚡是一个典型的势利小人。他贪得无厌，阴险狡诈，专横跋扈，仗势害人，集中了市井无赖与贵族官僚骄奢淫逸的一切劣根性，合二者于一身。田蚡原本是长陵一市井小民，极善逢迎。他形陋貌丑，身材矮小，从外形到灵魂都十分丑恶，实在是一个上不了桌面的人物。他的发迹完全是靠王太后。当其姐王太后未贵之时，田蚡"往来侍酒魏其，跪起如子姓"，不择手段地钻营。此等势利小人，一旦得势，就要反噬他曾经卑躬屈膝侍奉过的主人，雪洗他当年的耻辱。明茅坤说："'往来侍酒魏其'一句，专伏魏其所以轻武安而相起衅。"[10]果然，景帝后三年，田蚡被封为武安侯后，他的眼睛就立即瞄向了丞相宝座。他故作姿态，卑下宾客，而目的则在于"欲以倾魏其诸将相"。天下吏士多趋炎附势之徒。"皆去魏其归武安。武安日益横"。窦太后一死，田蚡果然上升为丞相，不仅势夺魏其，甚至"权移主上"，日益骄恣。田蚡仗着王太后撑腰，贪污受贿，敢在汉武帝面前指手画脚，说某人该升官，某人有才要任用。汉武帝生气地说："你田蚡封官许愿，有没有完？留几个职位，朕也想任命几个官。"由此可见，田蚡小人得志的骄横嘴脸。

2. 不甘寂寞，窦灌结盟

卷入窦田之争的灌夫不是外戚，他出身低下，在矛盾主线上是一个陪衬人物。灌夫的父亲张孟只不过是颍阴侯灌婴门下的舍人，忠实奴仆，因卖姓投靠灌氏而发迹起来，本质上是田蚡一流人物。但灌氏父子与田蚡又有所区别。田蚡是典型的市井小民，完全靠拍马术和裙带关系飞黄腾达。灌氏父子是一介武夫，以军功作进身的资本。在平定吴楚七国之乱中，灌夫父亲战死军中，灌夫为父报仇，勇夺吴军战旗，身受数十创，扬名天下。灌夫有耿直的一面。他倔强，在统治阶级上层凌强不欺弱，有游侠之风，所以仕途不得意。但灌夫同时又是一个恶霸，他结交豪侠大猾，宗室宾客横恣颍川。颍川人民深受其害，恨透了灌夫，颍川儿歌曰："颍水清，灌氏宁；颍水浊，灌氏族。"如此一个灌夫，他历官中郎将、代国相、淮阳太守，干不了几天就触犯法律，丢了官。失势的灌夫，自然不甘寂寞，混迹于京师贵族之间。窦婴失势，两人同病相怜，成为莫逆之交，联手与田蚡相抗。

起初，窦婴与灌夫，虽然内心窝着火，面子上仍然是巴结丞相田蚡。灌夫有服，为姐守丧。有一天遇上田蚡。田蚡戏耍灌夫，假意说："我想和仲孺一起去看望魏其侯，恰好你正在守丧。"灌夫受宠若惊，说："将军肯去看望魏其侯，我灌夫敢不陪同。请让我去转告魏其侯，让他做东备办酒席，将军明天早早光临。"田蚡答应了。魏其侯得到信息，亲自与夫人打酒买肉，连夜洒扫，第二天早早办好酒席，恭敬地等待田蚡光临。到了中午，丞相田蚡还没有来。灌夫很不高兴，驾车去请田蚡，到了田府，田蚡还在睡懒觉。灌夫登门,田蚡道歉说:“我昨天喝多了酒,真是对不起。”却又慢吞吞地漱洗。灌夫一肚子不高兴。在饮酒时,灌夫装疯卖傻,用话语讥刺田蚡,两人干起了仗。魏其侯扶起灌夫,向田蚡赔礼道歉,高兴地饮酒到半夜。事后,田蚡得寸进尺,竟然向魏其侯要他的一处城南良田。魏其侯不给,灌夫大骂田蚡,从此交恶。

汉武帝元光四年,公元前129年春,丞相田蚡借口灌夫在颍川欺压百姓,要办他的罪。灌夫抓了田蚡的把柄,结交淮南王,称赞淮南王应当为太子,这可是灭族的罪。宾客居间调停,双方和好私了。

这年夏天,丞相田蚡结婚,王太后有诏,列侯宗室都要去向丞相贺喜。魏其侯邀请灌夫一起去贺喜。灌夫说:“我得罪了丞相,去了不方便。”魏其侯说,“已经和解了,借这次机会,拉近关系。”灌夫本是牛脾气,强作欢颜控制不住情绪,又一次使酒骂坐,田蚡抓住机会无限上纲,以“大不敬”的罪名逮捕了灌夫,并借口灌夫横恣颍川,侵害百姓,问了个灭族的罪。

3. 东朝廷辩,是非错位

田蚡娶妇,窦婴强拉着灌夫去庆贺,本意是为了逢迎丞相,到头来,灌夫要被灭族。窦婴十分惭愧,拿出家产与田蚡和解,田蚡不买账。灌夫被送进牢房,田蚡欺君的把柄没人知道。魏其侯决定挺身而出救灌夫,上奏汉武帝为灌夫辩护。窦婴夫人对窦婴说:“灌将军得罪丞相,与太后家忤,宁可救邪?”当然窦婴也明白这一层利害关系,但他认为田蚡的权势与王太后连体相依,汉武帝不直田蚡,因背景是一场帝后斗争。窦婴又低估了王太后的手段与田蚡的无赖和狠毒,窦婴没想到要杀头,输了官司顶多失去侯位。窦婴对夫人说:“侯自我得之,自我捐之,我不后悔。总不能让灌夫一个人去死,我窦婴一个人得生。”窦婴背着夫人,上书汉武帝,立即得到召见。汉武帝下诏,三公九卿在东朝会议,让窦婴与田蚡在东朝廷辩。

东朝廷辩既是窦田矛盾的高潮，更是宫内外权势斗争的一场精彩表演。太后、皇帝、外戚、朝臣俱会朝廷,各方势力,明争暗斗,人人自谋,审时度势,见风使舵,司马迁把其间的细意委曲写得神采飞扬。

廷辩开始,首先是窦婴和田蚡辩论。窦婴“盛推”灌夫之善,田蚡“盛毁”灌夫之恶。两今“盛”字极状争辩之激烈。“蚡辩有口”,鼻子眉眼都会说话,巧言善对,耿直的窦婴不是他的对手。窦婴无可奈何,他仗恃武帝撑腰,话锋一转,“因言丞相短”。这一下闯下了大祸,把本来可以妥协解决的窦田矛盾一下激化了。他“因言丞相短”,实质把帝后矛盾的面纱揭开了,但窦婴又有些迂阔,他没有揭发田蚡私与淮南王交通的阴事,无非是指责田蚡受贿舞弊、生活奢侈之类,留有余地,不失君子风度。阴险毒辣的田蚡则善于窥伺人主心病,他信口开河,诬陷窦婴结纳灌夫谋反。田蚡之所以敢于当着满朝文武撒下弥天大谎,逼使群臣在权势面前表态,不仅因为有王太后作后台,而且也利用了汉武帝的忌疑之心。司马迁在另一外戚传,《卫将军骠骑列传》的“太史公曰”中对此作了交代。苏建指责大将军卫青不荐贤招士,卫青说:“自魏其武安之厚宾客,天子常切齿。彼亲附士大夫,招贤绌不肖者,人主之柄也。人臣奉法遵职而已,何与招士!”正由于此,田蚡的陷害造谣终于得逞。集权者多疑,这就是封建社会愈是卑劣无耻之徒,在斗争中愈能占上风的重要原因。

在家天下伴君的朝臣,大都谨小慎微。疏不间亲,这是一条做官的秘诀。东朝廷辩,论理应是魏其,论势则党田蚡。朝臣于此人人自危,手足无措。御史大夫韩安国最善全身,他此亦一是非,彼亦一是非,请求“唯明主裁之”,本来汉武帝不直田蚡,就是要借朝臣舆论来抑制王太后,韩安国却巧妙地把矛盾又交还汉武帝。戆直不阿的主爵都尉汲黯以魏其言为是,内史郑当时“是魏其”,但又“不敢坚对”。其余大臣,噤若寒蝉,“皆莫敢对”,汉武帝大怒,他冲着内史郑当时说:“公平生数言魏其、武安长短,今日廷论,局趣效辕下驹,吾并斩若属矣。”武帝不欢罢朝。王太后早已伺察虚实,以“不食”逼迫汉武帝让步。汉武帝不得已,谢太后。就这样,窦灌两人的命运在帝后妥协的饭桌上决定了。此后的调查和法律程序都不过是掩人耳目的把戏。在这里,司马迁把封建社会温情脉脉的伦理面纱撕开了,显露出专制政治争权夺利、营私舞弊的黑暗内幕。

4. 窦婴弃市,田蚡短命

窦婴下狱,他依照景帝遗诏便宜上书申辩,田蚡说他伪造诏书,又进一步打成死罪。为了在季冬之末杀害窦婴,田蚡制造流言,说窦婴在牢里咒骂汉武帝。通过这一次又一次的陷害,硬是把窦婴杀了。

窦灌蒙冤，还有一种人在背后做了手脚，那就是八面玲珑的石建这号人物。《万石张叔列传》载："建为郎中令，事有可言，屏人恣言，极切；至廷见，如不能言者。"他在东朝廷辩时察言观色，背后顺风转舵，向汉武帝"分别言两人事"。他到底说了些什么，传中未作具体交代。但司马迁用互见法在石建本传中刻画了他的为人，这是一个以驯良谄媚为能事的官僚，专爱在背后打小报告。他之不得罪王太后，趋附武安，迎合武帝，是不言而喻的。茅坤曰："石建所分别，不载其详，大略右武安者。"⑪不能说是毫无根据的判断。石建这种人，表面是善人，骨子里阴险奸诈，专在背后揭人之私，拍马逢迎，添油加醋打小报告，无朝无代不有，现实中也比比皆是，仿佛就在你身边。司马迁观察生活的细致，塑造的人物艺术典型是何等的有生命力。

田蚡违逆汉武帝的心意，害死窦婴，事后感到后怕，提心吊胆打发日子，得了神经分裂症，自我惊吓而死，也没有好下场。

四、风云诡谲，世态炎凉

晁错、周亚夫、窦婴是西汉盛世时期的三人忠臣，他们蒙冤，着实使人可悯，发人深思。政治昏暗，主上昏庸或暴戾，忠臣蒙冤，容易理解；而政治清明，皇上圣明，忠臣蒙冤，似乎不正常，难以理解。大手笔司马迁，恰恰捕捉了这几个典型人物，在实录中塑造了生动的形象，蕴蓄了使后人深思的哲理，具有很高的文学艺术价值，因而成为历代传颂的名篇。这里重提三大忠臣的传记，为《袁盎晁错列传》、《绛侯周勃世家》、《魏其武安侯列传》。

封建专制政治，有着不可救药的两大病根，一是用人唯亲，二是争权夺利。司马迁"稽其成败兴坏之理"，把这两大病根，用寓论断于叙事的手法，含蓄地显于笔端。分析西汉盛世时期的三大冤案，关键在此。

先说用人唯亲。用人唯亲，其目的是为了保住自己的权势。一旦权势有损，则六亲不认。这可说是宫廷斗争以及贵族之间互相倾轧的一条规律。窦婴、田蚡二人的沉浮与斗争，所折射的用人唯亲最为突出。

窦太后是庇护窦婴的，目的是使窦婴成为自己的支持者。当窦婴的行事一旦不遂自己的心意，甚或触犯了自己的权势，窦太后就立即表示憎恶，并褫夺其官职，毫不手软。窦太后疼爱少子梁王，景帝为了讨母亲的欢心，在梁王进朝的家宴上随便说了句“千秋之后传梁王”，窦婴一本正经地谏说景帝失言：皇帝只能父子相传，不能兄终弟及。这就触犯了窦太后，窦婴不仅被罢了官，而且还被削除了门籍，连亲戚都不认了。窦太后信奉黄老，推行“无为”政治，汉武帝推尊儒术，要改弦更张。窦婴和田蚡支持武帝，推重儒术，危及窦太后的权势。于是窦太后大怒，罢了窦婴的丞相。这一次窦婴被罢相，背后却是帝后斗争。

窦田矛盾公开，王太后护短田蚡，汉武帝同情窦婴，这种隔代的甥舅关系，怎敌母子亲情，因此只要汉武帝与母亲妥协，窦婴就死定了，先帝遗诏不仅护不了身，反而成了杀身的把柄，一个伪造遗诏罪，问了个窦婴弃市。司法程序成了冤假错案的合法护身，专制政体的特色只论亲疏、不问是非的本质显露无遗。

再说权利斗争。晁错蒙冤，最为典型。尽管晁错为国家树长画，但他擅权，目空一切，利用皇帝对自己的宠信，目无尊长。他做内史，擅权越过了丞相申屠嘉，气得老丞相呕血而死。晁错削藩，不顾满朝文武的反对，不听父亲的规劝，不讲策略，以副丞相身份主持一切朝政，急于求成，连下改革政令三十余道，擅权居心，昭然若揭。吴楚已反，晁错不与公卿大臣共商国难，还要假公济私，除掉政敌，连一个被罢了官的袁盎还不放过，滥用权力如此，这也是取死之道。附带再说一下与晁错合传的袁盎，他“仁心为质，引义慷慨”，曾谏阻景帝立弟梁王为嗣，守节慷慨。但袁盎报复晁错，枉杀忠臣使自己也丢了乌纱帽，梁王才得到机会下手暗杀他。假如袁盎顾全大局，释嫌私怨，保全了晁错，也成全了自己的贤名，也许袁盎、晁错两人的悲剧就不会发生了。但在专制政体下，这是不可能的。一沾权利，必然是你死我活，悲剧就不可避免了。

周亚夫功高震主，直言敢谏，只不过是坚持原则，做到了一个丞相分内应做的事，不合皇上心意，就立刻遭来“莫须有”的罪名，这是绝对君权所赐，最能发人深思。

此外，对封建社会的世态炎凉与专制政体下的小人得势，司马迁也做了深刻的揭露。请看围绕窦田之争的那些游士宾客、郡吏诸侯的势利嘴脸就够了。窦婴贵时，“诸游士宾客争归魏其侯”；无势，“诸客稍稍自引而怠傲”；田蚡得王太后亲幸，“天下吏士趋势利者，皆去魏其归武安”；田蚡升丞相，“天下士郡诸侯愈益附武安”。司马迁以游士宾客、郡吏诸侯的势利行为映衬权势者的兴衰，是寓有深意的。这是一种普遍的社会现象，它正是专制政治腐败黑暗的必然产物。在这种社会环境下，品行愈是卑鄙无耻，愈能在斗争中占上风，这就是在封建社会中常见的君子败而小人胜。窦婴、田蚡两人提供了生动的历史见证。

注释：

①《史记》卷三十《平准书》。

②《史记》卷一百一《袁盎晁错列传》。

③《上言兵事疏》，载《汉书》卷四十九《晁错传》。

④《史记》卷一百六《吴王濞列传》。

⑤《史记》卷五十七《绛侯周勃世家》。

⑥《史记》卷五十七《绛侯周勃世家》。原文为：“此怏怏者非少主臣也。”

⑦《史记评林》引明人查慎行语。

⑧《黄氏日钞》。

⑨《史记》卷一百七《魏其武安侯列传》。

⑩⑪《史记评林》引。

第十二讲

能屈能伸大丈夫

——司马迁笔下的雪耻故事

雪耻，就是洗掉耻辱。一般是指受害方采用报复手段，讨回公道，平复伤害，称为雪耻。在法制社会，正当的方法是通过诉讼，讨回公道。如果无法通过诉讼，或者通过诉讼达不到讨回公道的目的，受害方采用非法手段，报仇雪恨，这就是常见的雪耻方式。如果是暴君压迫臣民，或者是政治迫害，国与国之间的斗争，受害方雪耻，往往要经过多年的储聚力量，甚至几代人的努力才能达到雪耻的目的。这样的雪耻行为，基本是暴力对暴力。一个真正的男子汉，大丈夫，他顶天立地立于人世间，既能伟岸特立，又能委曲求全，留得青山。在受到伤害的时候经受得起，能够低下身份储聚力量，此特称为屈。当有了足够的力量，敢于果断地爆发，一举击败敌人，报复成功，此特称为伸。能屈能伸才是大丈夫。《史记》中的雪耻故事，就是歌颂能屈能伸的大丈夫。本文选取了四则①。赵氏孤儿兴家灭仇，写的是春秋时晋国六卿之一赵氏遭受政治迫害，也可称为赵氏在政治斗争中失败，因保存了一个孤儿，得以兴家灭仇。勾践卧薪尝胆报国仇，写的是国与国之间的斗争，失败的一方复国的故事。范雎雪耻，须贾马食，写的是蒙冤报仇的故事。伍子胥掘墓鞭尸，在当时人看来是一种倒行逆施的报仇行为，因为是以臣犯君。司马迁为什么要写这样一个典型故事，他要给人以什么样的启迪，本文在故事完结时，再做评析。

一、赵氏孤儿兴家灭仇

赵氏孤儿即赵武，他是将军赵朔之子，晋卿赵盾的孙子。赵武兴家灭仇，是发生在春秋中期晋国史上的一次大政变。赵氏衰而复兴，成为晋六卿中最显赫的家族。100余年后，三家分晋，赵为谋首。在赵孤事件中，韩厥帮助赵氏，韩赵二氏从此携手。因此赵孤事件影响及于三家分晋。

赵氏在晋国的兴起，始于赵衰辅佐晋文公，始为晋卿。赵衰之子赵盾仕晋襄公、晋灵公、晋成公、晋景公四朝，权势显赫，为晋正卿。赵盾廉直，晋灵公暴虐，赵盾强谏，晋灵公欲诛杀赵盾，赵盾出逃，其族弟赵穿弑灵公，立成公。赵盾子赵朔娶成公姊为夫人，巩固与王室的同盟。

政治斗争是残酷的。赵盾巩固与王室的同盟，仍不能免祸。赵穿弑灵公的阴影仍笼罩在公室与赵氏政敌的头上，他们处心积虑要抹去这道阴影，念念不忘为晋灵公报仇，诛杀赵氏。成公死后，其子姬据继位，是为晋景公。晋景公重用屠岸贾为司寇，掌管司法。屠岸贾是晋灵公宠幸的大臣，对赵氏怀恨最深，他要寻找机会灭赵氏。

晋景公三年，楚攻郑。晋景公命赵朔为下军主将，率师救郑。赵朔领兵外出，屠岸贾认为时机已到。屠岸贾祭起旧案，追究弑灵公的责任。屠岸贾通告诸将说："赵盾是弑灵公的后台，就是贼首。臣子弑君，子孙在朝，这是放纵罪人。为严肃法纪，请晋景公诛灭赵氏。"将军韩厥反对说："事情过了许多年，先君就没有惩治赵盾，现在反而追究他的后代，不是先君的意志。再说，这事也要请示当朝国君晋景公。不请示是看不起国君。"屠岸贾不听。韩厥就传递消息给赵朔，让他逃亡，不要回来。赵朔一派正气凛然，他对韩厥说："只要你保护我的后代，我死而无恨，父债子还，我就为过去的事，偿了这条命吧。"赵朔没有逃走，他平静地对待屠岸贾发起的变乱。

屠岸贾包藏祸心，他借机会肆意扩大打击面，排挤政敌，对赵氏各族，不分长幼，全部诛灭，掀起了大案，诛杀了许多无辜。

赵朔妻子是晋景公的姑姑，她有遗腹，为了避难，躲进了公宫。不久生了孩子，是个男婴。屠岸贾搜查公宫，要杀害这个婴儿。赵夫人情急生智，把婴儿藏在裤裆里，躲过了搜查。赵夫人为了保护这根独苗，就把婴儿偷送出宫，交给赵朔的友人程婴。程婴与赵朔的门客公孙杵臼商量，赵氏孤儿留给程婴，由公孙杵臼取了一个别人的婴儿带着逃入山中，然后由程婴出来告发公孙杵臼，屠岸贾派人杀死了公孙杵臼和婴儿，造成赵孤已灭的错觉。程婴终于把赵氏孤儿养大了。民间的传说，公孙杵臼带的婴儿，就是程婴的婴儿。程婴掉包，保全赵孤，牺牲自己的骨肉，更是义动于天。15年以后，赵氏孤儿长大，取名赵武，意思让他发扬武德，消灭仇敌，重振赵氏门风。

有一天，晋景公生了病，韩厥等人借机制造舆论，说是赵氏的冤魂在作祟，要求晋景公为赵氏平反。晋景公问："赵氏还有后吗？"韩厥把实情告诉了晋景公，晋景公命韩厥与诸将合力支持赵武发难，族灭了屠岸贾，恢复了赵氏的爵邑。

又过了几年，赵武过了20岁生日，行了加冠礼，独掌门户。程婴向赵武告辞说："我程婴活下来是为了救赵孤，所以让公孙杵臼和那个替死的孩子先走了一步，现在你成人了，我该去追随公孙杵臼，向他报告你的成长。"赵武哭泣不肯。程婴不听，于是自杀。赵武以人子之礼敬孝三年，以后年年祭祀，如同生父。

人们把程婴、公孙杵臼和那个替死孩子三人埋在一起，称三义冢，在今陕西韩城市芝川镇。人称程婴等人为三义士。

二、勾践卧薪尝胆报国仇

春秋末期，当中原各国的争霸接近尾声之时，东南的吴越两国之间的杀伐拉开了序幕！

公元前494年，夫差为报国耻家仇，起大军攻打越国，两军相遇于夫椒（今太湖椒山）。越军大败，夫差率军乘胜追击，攻下越国的都城。勾践只得率领残军5000人退守会稽山上。夫差父亲吴王阖庐是在与越王勾践作战中受伤而死，这一战是夫差报仇。

面临灭国之危的勾践，不得不急向诸将士谋求退吴之计，甚至宣布："谁能助我退吴者，我将与他共享越国之政。"这时从楚国来越的大夫文种提出了"卑辞厚礼"向吴请和臣服的建议。无奈之中的勾践接受了这一建议，立即派遣文种带厚礼到吴军中去卑辞求和。文种来到吴军帐中，向吴王允诺说："只要大王赦免了越国，勾践愿臣服请罪，并送金银玉器、珠宝和美女慰劳您的军队。越国所有的宝器全献给大王，让夫人、女儿为大王奴妾。”

这时吴国大臣伍子胥立即上前力谏说：“大王千万不可，杀敌须斩草除根，纵虎归山必然祸患无穷。昔夏少康忍受屈辱最终灭掉政敌寒浞就是前例。三江之地，地盘狭窄，吴越不可并存，有吴则无越，有越则无吴。此乃千载难逢的机会，望大王千万不可失去。”夫差一听，颇觉有理，顿时犹豫起来。

正当吴国君臣争议未决之际，文种又向勾践献计，贿赂贪财好色的执掌吴王内外事务、权力极大的太宰伯嚭（音丕）。于是文种便装饰美女八人和一些金银财宝送给伯嚭，请他说服吴王讲和。并声称：“只要你能说服吴王赦免了越国，又将有大批美女金银进献。”接着又进一步说：“如果越国得不到吴王的宽恕，勾践将会烧焚宗庙、杀死妻子儿女、销毁金银宝器，带领五千甲士奋起抗争。到时吴王就算征服了越国，也会损失惨重，一无所获。”

伯嚭接受了贿赂，就立即对夫差劝道：“臣听说，一国攻打他国，无非是使他国臣服而已，现在大王父仇已报，越国请降，愿纳贡称臣，我们还有什么要求呢？”并将文种的话转告给夫差。已经开始骄奢自满的夫差认为很有道理，对兵败的越国不屑一顾，就答应了越国的求和。大臣伍子胥流泪感叹道：“这是养虎遗患啊！二十年后，吴国就会像今天的越国一样！”

屈辱求和的勾践，为了不忘国耻，他没去吃上好的饭食，没去睡舒适的床铺，而是苦其心志，劳其筋骨，饿其体肤。他将猪苦胆吊在座位前，每日坐卧都能仰见；每顿饭食之前都要尝尝胆汁。甚至将苦胆吊在门口处，每次出入也要尝尝。尝胆之时，都要反问自己：“勾践，你忘了会稽山上的亡国之耻吗？”此外勾践每天还亲自与百姓一起耕种，其妻子亲自纺纱织布；每顿饭食从不吃肉，从不穿华丽的衣服。而且冬天也用冷水洗脚，每晚睡在稻草上，不断反省自己。这就是著名的“卧薪尝胆”。

为了早日报国仇，勾践对内采取了一系列复国建设措施：

安抚人民，获取民心。一回国勾践就向越国百姓道歉，亲自葬死问伤，吊忧贺喜，送往迎来，废旧立新，深得百姓拥护。

繁殖人口，发展生产。宣布男女适龄婚嫁，壮年男子不得娶老年妇女，老年男子不得娶年轻女子，奖励多生多育。要求广大君臣百姓亲自耕种，非自己种的粮食不吃，非自己夫人织的衣不穿。越国十年不向百姓多征收赋税，百姓皆贮藏有三年的粮食。

礼贤下士，唯才是用。不但重用文种、范蠡等一班良臣，而且对贤士折节躬请，厚遇宾客。安排他们在越国住最好的房子，穿华丽的衣服，吃美味的饭食。并因才用人，如让文种治内政，范蠡治军事、外交等。

扩充军队，巩固国防。勾践在全国悄悄征集兵源，凡青年男子都应征入伍。暗地铸造强弓利剑，并分水陆两军，日夜操练。在训练中，勾践积极灌输复仇思想，要求士兵为报国耻家仇而苦苦训练，用重赏严惩来教育士兵勇于听命，乐于立功，做到"进则思赏，退则思刑"。

对吴外交上，积极消耗吴国的民力、财力。

为结吴王欢心，勾践经常赠送玉帛、珍玩；从越国伐取大木，运到吴国姑苏为吴王增修姑苏台，吴王立即派大量人力投入修建，历时很长。一座金碧辉煌的姑苏台落成后，夫差十分高兴，对勾践更加放心。接着勾践又派范蠡在全国选美女送给吴王。经过精心的查访挑选，在浣溪选到了绝代佳人西施。西施不但生得绝美无伦，而且琴棋书画样样精通，万种风情集于一身。西施一到吴国，立即博得夫差的宠爱。夫差终日守着西施，不理朝政，使吴国政治更加腐败。

为了消耗吴国的财力，勾践假装越国饥荒，向吴借贷粮食，使其国库空虚，第二年又把偿还的粮食煮熟，让吴国用作种子，造成当年吴国颗粒不收。当吴国北上伐齐时，勾践又亲率君臣去朝贺，怂恿夫差北上争霸，目的是使吴国军队筋疲力尽而乘虚灭吴。

10年的准备，使越国具备了复仇的条件。

公元前482年，趁夫差北上争霸，会晋于黄池时，勾践便小试牛刀，兵分三路进攻吴国。很快越军便攻占了吴都姑苏，夺取了吴国的许多船只。夫差也只得草草结束会盟，撤兵回救，同越国讲和。

公元前478年，吴国大闹饥荒，都城无粮，国库空虚，百姓四处逃生。更加上几年来的北上伐齐抗晋等争霸战役，使吴军疲惫不堪。勾践认为灭吴的大好时机已到，便兴起三路大军向吴国发起了全面进攻。勾践亲率中军，迅速攻进吴国腹地，所到之处，吴军纷纷投降，越军直逼姑苏城下。经过几年的长期围困，至公元前473年，吴国终因粮尽援绝，城门被攻破。无力回天的夫差想效仿20多年前的勾践"卑辞求和"，可是却没得到勾践的赦免，只好流涕自刎而死。夫差一死，剩余的吴军全部投降，勾践拥有整个吴越三江之地。

经过22年的苦心经营，勾践终于灭吴雪了昔日会稽之耻！伍子胥的话在20年后也得到了历史的回音。勾践为报国仇而"卧薪尝胆"，也成了千古佳话！

三、范雎雪耻须贾马食

范雎原是魏国人，在魏国丞相魏齐府里当宾客。有一年范雎陪同大夫须贾出使齐国。范雎一表人才，谈吐不凡，受到齐王的重赏。须贾怀疑范雎出卖了情报，向魏齐打了小报告。魏齐审判范雎，打断了范雎的肋骨，把范雎丢弃在厕所中。范雎哀求看守救他。看守谎称范雎死了，将尸首丢出去，救了范雎，改名换姓张禄。秦国大使王稽早听说范雎之名，认为是个人才，在王稽的帮助下，范雎逃到秦国，又在秦人郑安平的推荐下，范雎游说秦昭王，终于当上秦相，排逐了魏冉，执掌了秦国政权，仍然叫张禄，人称张禄丞相。

范雎仍用假名，他要出其不意报复须贾和魏齐。先放出话来，扬言伐魏，魏国恐慌起来。听说张禄丞相是魏国人，魏昭王于是主动派出使者入秦打探虚实，联络感情。须贾是魏国的外交使臣。范雎等的就是他。

须贾到了秦都咸阳，住进了客馆。范雎打扮成一个佣工，衣衫单薄，求见须贾。须贾见了范雎，大吃一惊，说："范叔在秦国好吗，怎么在这里相见？"范雎说："那次我没被打死，好不容易逃出来，在秦国一户大姓人家做佣工。"须贾见范雎穿得单薄，送了他一件绨袍，又招待了一顿饭。须贾对范雎的处境不免心酸，因此动了恻隐之心。饭后须贾对范雎说："你在秦日久，人又聪明，了解秦国的张禄丞相吗？来了几天也轮不到见上。"范雎假装说："我家主人与张禄丞相恰好是好朋友，这个忙我还帮得上，可以给你带路。"须贾非常高兴。他又对范雎说："我的马这两天有病，我是魏国大使，必须坐高车驷马，你能帮忙吗？"范雎说："这好办，我向主人家借。"

范雎赶来高车驷马，亲自执鞭，载着须贾赶到了丞相府。车未到府门，丞相府的人赶紧避向两旁，须贾感到很奇怪。他正纳闷，车到丞相府门。范雎对须贾说："大夫在门外等着，我进门去通报丞相。"须贾等了半天，左等不见范雎，右等不见范雎，怎么范雎进了丞相府不出来了。须贾等急了，向守门人打问，"先前进到丞相府的范叔，老半天怎么不出来？"守门人回答："这里没有范叔，先前进门的人就是张禄丞相。"须贾一听，吓得灵魂出窍，他这才知道上了范雎的当，受了愚弄。

须贾肉袒负荆，托看门人带他进丞相府谢罪。但见范雎高高在上，陪侍的人很多。须贾跪地谢罪，口称万死。范雎对须贾说："你有三大罪：诬我有外心于齐，罪一；魏齐辱我于厕中，不劝止，罪二；用尿来浇我，罪三。念你赠我绨袍，有故人之恋，现在我免你死罪。"说完喝令须贾退下。

过了几天，须贾辞行，范雎宴请六国使者，广聚宾客，在堂上会餐，而令须贾独坐堂下，放置马料，派两个力士左右挟持，强令须贾吞食。范雎对须贾说："回到魏国替我转告魏王，赶快把魏齐的人头送来，不然我要发兵攻破大梁。"

须贾回国向魏齐报告了出使秦国的情况，吓得魏齐丢了相印逃到赵国躲到平原君家。范雎得知，请平原君入秦访问，然后把平原君拘留，派人出使赵国，告知赵王用魏齐的人头换平原君。赵相虞卿丢了相印，保护魏齐逃出赵国，回到魏国去投靠信陵君。信陵君见事关重大，没敢收留。魏齐走投无路，自杀身死。赵王取了魏齐的人头，派人送给了范雎，平原君才回到了赵国。

范雎相秦，有仇必报，有恩必赏。他不忘郑安平和王稽的搭救、推荐之恩，向秦昭王推荐二人，王稽从一个外交小官升为河东太守，郑安平做了将军。

四、伍子胥掘墓鞭尸

伍子胥，名员，楚大夫伍奢之次子，春秋时著名的政治家。他辅佐吴王阖庐、夫差称霸，后被奸臣伯嚭陷害而死，是一个悲剧人物。伍子胥由楚仕吴，为的是替父报君仇，这在古代是骇人听闻之举。伍子胥是中国历史上第一个不信命运，不信天，敢于反压迫，为自身人权而斗争的勇士。夏商周三代，是上古时期，天命史观占统治地位，国君是天子，臣民要无条件服从国君，有所谓“君让臣死，臣不得不死”，“君要臣三更死，臣不得五更亡”。春秋时代，这种伦常关系，已经产生了动摇，周天子权威扫地，诸侯相互征伐，楚国、吴国、越国等国君都称王。臣弑君、子弑父的事件也屡有发生。尽管如此，君臣关系，绝对服从，这一伦理观念，基本没有动摇。伍子胥的父亲伍奢和哥哥伍尚，都是在顺从君权的淫威下屈死的。伍子胥发誓要向这一传统的伦常观念挑战，他要替父报仇，诛杀楚王，颠覆楚国。他历经磨难，实践了誓言，借吴兵攻破楚国。这时杀害伍子胥父兄的楚平王已死，伍子胥就掘墓鞭尸。当时人认为这是大逆不道，司马迁却称赞伍子胥是一个真正的男子汉，因此替伍子胥写了一篇精彩绝伦的大传。

故事从头说起。

楚平王的太子名建。伍奢为太傅，费无忌为少傅。伍奢为人正派，有才学，受到太子建的尊敬。费无忌为人奸诈，他不满处于太子少傅这副手的地位，嫉妒伍奢的才干。楚平王为太子建娶秦国之女为妇，派费无忌迎亲。秦女很美丽，楚平王好色。费无忌打起了主意，他认为排挤伍奢、离间太子的机会已到。他擅离迎亲岗位，飞马赶在前头报告楚平王，眉飞色舞地述说秦女漂亮，劝楚平王自娶，另给太子建娶妇。如此荒唐主意，竟然被楚平王采纳。费无忌奸计得逞，从此以后，太子建和伍奢的命运就可想而知了。

费无忌害怕太子建掌权，天天进谗言。太子建害怕了，逃到了宋国。费无忌劝楚平王诛杀伍奢，以及伍奢的两个儿子，伍尚、伍员，伍员就是伍子胥。

楚平王逮捕了伍奢，对伍奢说：“你写信召两个儿子来就释放你，不然就杀死你。”伍奢说：“我两个儿子，老大伍尚柔顺，有孝心，知道我受难，他一定不辞死来看我；但老二伍员，一向桀骜不驯，他不会听话来送死。你们斩草除根的算盘要落空。”伍奢写了信。

楚平王派公差带着伍奢的信去召伍尚、伍员。伍员对哥哥说：“楚王召我们，是要斩草除根，我们赶快逃走，替父报仇才是正经大事，不要去送死。”伍尚对弟弟说：“父亲受难，儿子逃走，这是不孝，会留下骂名。我去陪同父亲一块死，尽儿子的孝，你有本领报仇，赶快逃走。”就这样，伍尚跟着公差走了，伍员逃出了楚国。

楚平王杀害了伍奢、伍尚，通缉伍员。

伍员到了宋国找到太子建，又赶上宋国内乱，伍员与太子建就逃到郑国。太子建在郑国受到很好的接待，但他却替晋国当间谍，被郑国发觉，处了死刑。伍员就带着太子建的儿子名胜逃到吴国。伍员在路途九死一生，终于到了吴国。

伍员在吴国，看到了吴国政局不稳。公子光是吴王僚的堂兄，吴王诸樊的儿子。诸樊是吴王寿梦的长子。吴王寿梦有四个儿子，依次为诸樊、馀祭、馀眜、季札。寿梦认为少子季札最贤，要传位给季札。季札不肯，他坚持宗法制度，要哥哥诸樊继位。寿梦临死遗嘱，兄终弟及，依次传位到季札。于是诸樊死传位馀祭，馀祭死传位馀眜，馀眜死传位季札，季札不接受，逃离国都。吴国大臣拥立馀眜的儿子姬僚继位。公子光反对，他认为季札让位，吴王位应回到宗子继承，应当是自己继位，他处心积虑要杀害吴王僚夺取政权。伍员认为公子光有魄力，可以实现自己报仇雪恨的计划，就大力支持公子光。伍员替公子光出谋划策刺杀了吴王僚，公子光夺得了政权，这就是吴王阖庐。

伍员推荐当时最负盛名的军事家孙武做了吴国的将军。

吴王阖庐为了答谢伍员，经过长期准备。大举进攻楚国。公元前506年，孙武、伍员率领3万精锐吴兵，避开楚国正面防御，从淮北长途迂回奔袭楚国，出其不意连败楚军五次，吴兵五战五胜，破敌20余万，行军2000余里攻破楚都郢，即今湖北江陵市。这时楚平王已死。继位的楚昭王就是楚平王与秦女所生的儿子。楚昭王出逃，伍子胥就挖开楚平王墓，暴露楚平王的尸体，打了300鞭子。

秦兵救楚，吴国后方又发生了内乱，吴王阖庐撤兵，楚昭王复位。吴国是个小国，当时吞不掉楚国，但吴兵却攻破了楚国，创造了古代以少胜多、以弱克强、长途奔袭的光辉战例，孙武大军事家的地位从此确立，《孙子兵法》从此扬名。这些都源于伍子胥报仇雪恨。伍员的复仇心态与执著，发挥了人的最大主观能动性，演出了两国交兵小国胜大国的奇迹。司马迁评论说：“办事不要太刻毒，不要结仇恨，楚王结仇一个臣子，楚国就遭了如此大难，教训深刻啊！”伍员克服重重险阻的雪耻精神是古代反暴精神的发扬，带有民主意识与人权抗争精神，更受到了史家的高度赞扬。

中国古代，报仇雪恨，使用暴力，在伦理上有它的依据。春秋时齐襄公灭了纪国，《春秋》书为“纪侯大去其国”。大去，就是一去不复返，指纪国灭亡。谁灭亡了纪国，齐襄公灭了纪国。为什么不写齐襄公灭了纪国，因为齐襄公是复仇。是什么样的仇呢？原来齐襄公九世祖齐哀公，被纪侯的远祖在周天子面前说坏话，被周天子杀了。难道九世之仇还要报吗？《公羊传》说：“虽百世可也。”[②]汉武帝太初四年(前104)，贰师将军远征大宛得胜，汉朝威震外国，断了匈奴右臂。汉武帝发布诏令表彰汉军的丰功伟绩，说：“高皇帝遗朕平城之忧，高后时单于书绝悖逆。昔齐襄公复九世之仇，《春秋》大之。”[③]《礼记·曲礼》说得更为明确：“父之仇，弗与共戴天。”疏曰：“父者，子之天。杀己之天，与共戴天非孝子也。行，求杀之乃止。”意思是说：父亲是当儿子的天，杀父亲的人就是杀了自己的天，与这个人不能共戴一个天，容忍仇人就是不孝。雪耻的办法就是把仇人找到杀死，追到天涯海角也要做到，这才是孝子。也就是说，只要是报父之仇，即使杀人也是天经地义的。赵氏孤儿赵武灭屠岸贾，报杀父之仇，没得说的。伍子胥雪耻，引纳敌国之兵乱父母之国，以臣犯君，在君臣伦理上是倒行逆施，因为君是臣之天，天是不可犯的。吴军破郢，楚昭王逃难，到了云中宿于郧公斗辛之家。斗辛的弟弟斗怀说：“楚平王杀了我们的父亲，如今我杀楚平王的儿子，可以报仇雪恨了。”斗辛不同意，说：“君讨臣，谁敢仇之？君命，天也。若死天命，将谁仇？”[④] 郧公斗辛保护了楚昭王。司马迁赞同伍子胥的行为，称赞他是一个真正的男子汉。因为，一个臣民反抗一个国君，冒多大的风险，有多大的成算？伍子胥九死一生，曲线报仇，达到了目的，这一大无畏的精神，受到司马迁的高度赞扬。伍子胥的行为对不对呢？司马迁有一个理论，他在《太史公自序》中说：“贬天子，退诸侯，讨大夫。”班固写《司马迁传》改为“贬诸侯，讨大夫”。班固认为天子是不可贬的。司马迁继承了儒家孟子的开明思想。孟子曾说：“民为贵，社稷次之，君为轻。”齐宣王说“汤放桀，武王伐纣”，是“臣弑君”。孟子批驳说：“贼仁者谓之‘贼’，贼义者谓之‘残’。残贼之人谓之‘一夫’。闻诛一夫纣矣，未闻弑君也。”[⑤]意思是说："破坏仁爱的人叫做'贼'，破坏道义的人叫做'残'。这样的人应叫做'独夫'，我只听说周武王诛了一个独夫殷纣，没听说什么以臣弑君。"司马迁称汤武的行为是"革命"，即革天命，不合理的天命是可以改变的。所以司马迁把陈涉起义与汤武并提。伍子胥所逆的是乱命之天的楚平王，是反暴精神的极致，带有民主意识与人权抗争的精神。司马迁还写了豫让因智伯待以国士之恩而誓死为之报仇，所捍卫的包含了自尊精神的发扬。司马迁所写的雪耻故事，不是颂扬以暴易暴，而是颂扬人权尊严的精神，得到人们的认可。

注释：

①本专题所评析的四则雪耻故事，赵氏孤儿兴家灭仇，见《史记》卷四十三《赵世家》；勾践卧薪尝胆报国仇，见《史记》卷四十一《越王勾践世家》；范雎雪耻，须贾马食，见《史记》卷七十九《范雎蔡泽列传》；伍子胥掘墓鞭尸，见《史记》卷七十九《伍子胥列传》。

②《公羊传》庄公四年。

③汉武帝发布复仇诏，见《史记》卷一百零七《匈奴列传》。

④郧公斗辛保护楚昭王事，见《史记》卷四十《楚世家》。

⑤《孟子》卷二《梁惠王下》第八章。

第十三讲

桃之夭夭，灼灼其华

——司马迁笔下的妇女形象

司马迁在《史记》中描述了众多的妇女形象，《史记》全书写到的妇女有172人，往往是三言两语，或一个片断，就能描绘出生动的形象。司马迁笔下的妇女，上至后妃公主，下及庶民女性，她们的情采英姿，不减须眉。白寿彝先生在《史记新论》中指出："在写妇女历史方面，司马迁的贡献是不能抹杀的。"①

一、巾帼不让须眉

女性是占总人口半数的群体，她们在创造人类文明中发挥了重要的作用。司马迁全方位反映了社会中的妇女群体，就是正视妇女的作用。妇女参政是表现女性创造活力的最高形式。《史记》所载重要女性人物，过半数是参政妇女，皇后、皇太后是最高的代表。古代社会，女性依附于男性，但杰出女性仍然在政治生活中发挥重要作用。司马迁笔下的优秀女性政治家，她们的智慧才干与权谋手腕，一点也不减须眉。西汉时期的两个皇太后，即汉高祖皇后吕氏、汉文帝皇后窦氏，她们在汉高祖和汉文帝死后，分别为吕太后、窦太后。两位太后临朝称制，掌控国家展示的政治才能，为妇女半边天的作用提供了典型的范例。

1. 吕太后佐高祖打天下

吕太后就是汉高祖刘邦皇后，原名吕雉。吕雉是单父县人，其父人称吕公。吕公有两男两女：长子吕泽，次子吕释之，长女吕雉，次女吕媭。吕公是一个有头脸的人物，是沛县县令的朋友。吕公因躲避仇家逃到沛县投靠县令，寄人篱下。沛县令看到吕雉貌美，想娶她为妻，吕公没有答应。沛县主管人事的功曹掾萧何抓住时机，借沛令替吕公举办接风酒会之机，导演了吕公嫁女刘邦一场政治联姻的大戏。秦始皇晚年，社会动荡，人心思乱。沛县以泗水亭长刘邦为核心，萧何为谋士，形成了一个萧刘社团，中坚人物除刘邦、萧何外，主要成员有典狱掾曹参，狱吏任敖，司御夏侯婴，泗水郡卒史周昌、周苛兄弟。刘邦还有一帮哥儿们周勃、卢绾、周緤、雍齿、樊哙等人。吕公举家到沛县，就是寻找靠山。吕公以看相为名嫁女刘邦，融入了地方势力集团，如同诸葛亮寓居隆中，娶汉上名士黄承彦之女为妻一样，反客为主，首先要去掉客居的身份，成为地方的一员，联姻是最可靠最便捷的手段。刘邦攀上吕公这门亲事，在地方上也身价倍增，更加有头有脸。这桩政治联姻巩固了萧刘联盟的沛县反秦社团。

吕雉不仅有姿色，而且很有心计，有天生的政治才能。吕刘联姻，大约在公元前214年，刘邦时年34岁，吕雉约20许。她听从父亲不嫁沛县令，而嫁一个亭长，吕雉的妹妹又被父亲嫁给刘邦的心腹好友，沛县狗屠樊哙，一个赳赳武夫，为的都是同一个政治目的，反秦打天下。吕后以她女性的特有身份，宣传刘邦神异，许多故事就从吕雉口中吐出，不胫而走。例如吕雉在田间劳作，遇一老叟路过乞饮相面，说吕后两子即后来的惠帝刘盈、惠帝妹鲁元公主当大贵。老叟离去，适逢刘邦赶来，追上老叟给自己相面，老叟说"君相贵不可言"。所谓"贵不可言"，就是"贵为天子"。刘邦反秦后隐于芒砀山中，吕雉宣扬说，刘邦所居山中位置，天空上有五彩祥云，这样的祥云只有吕雉识得，她观望天气，就能找到刘邦。吕雉懂得蛊惑人心，才具不凡。吕雉不仅是刘邦的结发妻子，而且是刘邦的起事伙伴，又生有贵子，所以后来刘邦要更易太子，终于忍不下心来，这是有渊源的。

楚汉相争，吕雉在项羽军中当了几年俘虏，随时都有生命危险。铁马金戈的生活锤炼吕后政治更加成熟，扮演白脸协助刘邦屠杀功臣，显示了铁腕人物的手段。吕雉打破刘邦异姓不封王的规矩，封诸吕为王，诛杀刘氏子弟，表现了果断与残忍的一面，哪一方面都不让须眉。惠帝即位，只是个傀儡，而后又在惠帝死后实际执政八年，坚持了无为政治，维护了全国的政治稳定。所以司马迁为吕太后立本纪,认为“惠帝垂拱,高后女主称制,政不出房户,天下晏然”,还评价吕太后“为人刚毅,佐高祖定天下,所杀大臣多吕后力”②。“刚毅”二字,在男性帝王中,司马迁只用于对秦始皇的评价,由此可见,司马迁不仅视吕太后为实际上的帝王,而且视为一个铁腕人物,在定天下中立有大功,故为之立本纪,这是对妇女杰出才能的充分肯定,表现了作者实录精神的一贯性。实录,就是按历史的原本面貌记事论人,不论男性还是女性,要一视同仁,只有司马迁能做到。

2. 左右朝政的强势太后窦氏

汉景帝之母,汉文帝皇后窦氏,出身平民,史失其名,入宫后称为窦姬。文帝即位,立为皇后。景帝即位,尊为太后,汉武帝即位,尊为太皇太后。汉景帝并非平庸之君,汉武帝更是一位雄主。但窦太后在世时,掌控朝政,把握政治方向,是西汉一朝第二个强势太后,可与吕太后相提并论的政治人物。

窦姬是赵国观津县(今河北武邑县)人,平常农家女,被选为宫女做吕太后的使女。吕太后发配宫女给刘氏诸王,每位五个宫女。窦姬家在清河,她送礼买通主管分配的宦官,要求把自己分配给赵王,没想到这个主事宦官偏偏搞错了,把窦姬分给了代王,窦姬一百二十个不愿意,但没有办法,只好哭哭啼啼的到了代国。代王就是刘恒,代国王都在今山西省平遥。

代王的王后给刘恒生了四个儿子,鬼使神差,王后和四个儿子先后都死了。窦姬受到宠爱,生了两男一女,两男即汉景帝刘启、梁王刘武,女儿即长公主嫖。诸吕事变,汉大臣拥立代王即皇帝位,这就是有名的汉文帝。随着这一命运的变化,窦姬和她生的两男一女都走上了政治舞台,对汉朝历史产生了不小的影响。

窦姬从代王后,立为皇后。窦皇后有一个哥哥叫窦长君,弟弟叫窦广国。窦广国小时被人贩子掠走,转卖了十几家,最后到了宜阳县替主人烧炭。有一天,烧炭工人100多人睡在伐木场的山脚下,当夜山崩,100多人都被埋在泥石中压死,只有窦广国一个人活着。俗话说:“大难不死,必有后福。”窦广国找了一个算命先生占了一卦,说他命中注定要封侯。窦广国于是和他的主人来到长安,听说新立皇后姓窦,是赵国观津人。窦广国被拐时年纪小,但知道自己是观津人,他的姐姐被选为宫女,自己还送了一程,莫非当今皇后就是自己的姐姐么!窦广国记得有一天跟着姐姐采桑叶，姐姐从树上掉下来。窦广国就用这些事情做凭据，上书朝廷要见他的姐姐。

窦皇后听了非常激动，要汉文帝召见窦广国，当朝认弟。窦皇后让窦广国说了一遍家常，与自己记忆一点不差。窦皇后又问："你讲一个只有我们两人知道的事。"窦广国说："姐姐离家到长安做宫女，我送姐姐到观津县的传舍里，姐姐要了一盆水给我洗脸洗手，又要了一碗饭给我吃，然后离别。"说到这里，窦皇后再也控制不住了，与弟弟窦广国抱头痛哭，侍候身边的宫女都趴在地上，陪着皇后一同悲哀③。司马迁描写的这一个场景，说明了窦皇后出身贫困农家生活的艰辛以及略带神秘色彩的幸运。姐弟抱头痛哭，生活气息十分浓厚，人情世故朴实真诚。这时候的窦皇后还是一个平民妇女的形象，对手足姐弟充满了亲情。但十多年以后，窦皇后在宫廷权利角逐中成长为一个成熟的政治家，她做了皇太后，在关键时刻干预朝政，牢牢地把握文景时代无为的政治方向，是文景政治路线的捍卫者。

窦太后控制朝政，影响政局的有三大事件，功过是非，随人评说。

第一件，窦太后溺爱小儿子梁王，她逼迫汉景帝传位梁王，搅得汉朝上层政治动荡了好些年。梁孝王在窦太后的庇护下，梁国封土面积达四个郡，王都睢阳，在今河南商丘，城墙周长达70里，梁王所修的猎场苑囿"兔园"周广400里，生活上骄奢淫逸，出入警跸敢用天子排场，政治上招降纳叛，图谋不轨，公然派刺客暗杀朝中大臣袁盎等10余人。景帝没有治罪梁孝王，但逼迫梁孝王交出凶手，梁孝王恐惧，抑郁而死。

第二件，汉初无为，制度多缺，特别是匈奴侵边，诸侯王坐大，贾谊在汉文帝时就大声疾呼改革，景帝倾向改革，提倡儒术取代黄老。窦太后维护无为政治，反对儒学，反对改革。黄老学说博士黄生与儒学博士辕固生辩论汤武革命，窦太后逼迫辕固生去与野猪决斗，汉景帝赐给辕固生一把刀，才保住了性命。但这场辩论以窦太后的蛮横取胜，扼杀了景帝的政治革新。

第三件，汉武帝即位，新皇帝想有一番作为，与母亲王太后，两个舅舅，一个是王太后之弟田蚡，一个是窦太后的侄儿窦婴，他们联合起来向窦太后夺权。汉武帝罢了丞相卫绾的官，任命窦婴为丞相，田蚡为太尉。任用窦婴为丞相，一是组成联合阵线，田蚡让步，以窦婴为丞相，二是麻痹窦太后。田蚡和窦婴都喜欢儒术。汉武帝又任用尊儒的赵绾做御史大夫，王臧做郎中令。丞相、太尉、御史大夫是三公，郎中令是九卿之一，管理宫廷事务。接着汉武帝下诏举贤良，只举儒生为贤良，罢黜申商百家之学，史称罢黜百家。又征召鲁国大儒申公进京，议立明堂。大张旗鼓开展尊儒活动。到此，窦太后的组织路线、思想路线完全被汉武帝改变过来。这时汉武帝还年轻，核心人物是王太后和田蚡。窦太后冷静观察，她在寻找反击的时机。

过了一年，汉武帝建元二年，认为阵线已固，试探性地向窦太后发起了夺权的进攻。由御史大夫出面向汉武帝建议，要汉武帝亲政，朝廷大政不要向窦太后请示。窦太后勃然大怒，她一道命令，罢了窦婴和田蚡两人的官，又找一个借口说御史大夫赵绾、郎中令王臧办理汉文帝丧事没有尽责，将两人打入监狱，逼令自杀。同时任命自己的亲党柏至侯许昌为丞相，武强侯庄青翟为御史大夫。汉武帝的政治改革又被压了下来。直到建元六年，窦太后病死，汉武帝把窦太后任命的丞相许昌、御史大夫庄青翟等人赶下台，发动了第二次尊儒活动，设立太学，立五经博士，史称独尊儒术。

窦太后晚年瞎了眼睛。但她在景帝一朝能够挟制汉景帝及大臣顺着她的意志执政，汉武帝即位经过一年多的苦心经营，窦太后一道命令就把革新派打翻在地，由此可见，一个由农家女成长起来的政治家窦太后的权势和手腕。

窦太后为何有如此之大的权势，主要有三个原因：其一，汉文帝的光环照耀窦太后；其二，汉景帝尽孝，不愿违逆母亲，其三，窦太后有智慧有才干，她行事谨慎无大过，反击得体，抓好了时机。客观情势，黄老无为的学说和政治，还为社会大多数人所依恋，改革的条件还没有成熟。所以，不能简单地批评窦太后是保守势力的总代表。

二、识大体明大义的女性

一些品德高尚，识大体，明大义的女性，无论地位高低，司马迁都给予了热情的讴歌和高度的赞美。像忠君爱国不护犊子的赵括母，为弟扬名的侠女聂荣，深明大义的王陵母，顾全大局的陈婴母，施恩不图报的漂母，勇于救父的缇萦等等杰出女性[4]，她们的鲜活形象，闪耀着思想的光芒。

1. 赵括母

公元前270年，秦赵阏与之战，赵将赵奢大破秦军，赵王封赵奢为马服君。此战，赵国名将廉颇、乐乘都不敢为帅，赵奢一战成名。赵奢的儿子赵括好读兵书，又好骑马射箭，又擅长夸夸其谈，认为天下善于用兵的人都不如他。赵括与其父赵奢辩论兵法、战略，赵奢都说不过他。但赵奢评论赵括是纸上谈兵，断言赵括为将必败赵军。但赵括的名声远扬国外，称为"马服子"。

公元前261年，秦赵长平之战，双方动员总兵力百万以上，是关系两国存亡的一场大决战。从四月到七月，双方激战，赵军不利，老将廉颇采用坚壁不战、避敌锋芒的办法拖垮秦军。因秦军远道进攻，持久不利。秦相范雎展开外交攻势，他派出大量间谍到赵都邯郸，散布流言，说秦军最害怕"马服子"为将。秦间又用千金行贿赵王左右及用事大臣，说廉颇的坏话，要赵王任用赵括为将。赵王中计，下令召回廉颇，任用赵括为全军主帅。

临阵换将，犯兵家大忌。赵括代廉颇，将意味着改变廉颇战略，改坚壁为进攻，赵军野战，骑兵不如秦兵，双方对攻，赵军是以短击长。蔺相如看到了这一点，他上书赵王说："赵括徒有虚名，只会读兵书，不懂得临阵变化，打仗按书本，好比弹琴，用胶把柱子粘牢，只能弹出一个声音，哪能成乐曲。"[5]比喻赵括打仗，只知进攻、蛮干，必然失败。赵王不听。

这时赵括的母亲出来上奏说："赵括没有大将之才，不能任用。"赵王问什么原因，赵括母亲说："赵括从小就读兵书，喜欢谈论打仗，他的父亲赵奢说不过他。但是他父亲说：我这儿子只会夸夸其谈，根本不懂得打仗。我问赵括的父亲：你怎么知道儿子不会打仗？赵奢说：'打仗十分艰苦危险，关系国家大事，官兵的生死，国家的存亡，必须认真对待，审慎行事，我这儿子把战争看成是游戏，所以根本不懂得打仗。如果有一天赵国用他为将，兵败国亡的祸就要发生。'"这是赵奢对赵括的观察和评价。赵括母还向赵王说了一番他的观察。赵括母说："赵括父亲赵奢为将，部属中被赵奢奉为师长的人有几十个；当成亲密朋友看待的有几百人，大王赏赐奖励的财物，全部分给全军，接受了国君命令要出征，就不再回家，日日夜夜和士兵在一起，操心的全是军事。现在赵括被任命为大将，一下子高抬起头颅，不正眼看部属，接见部属他坐在上位，部属们都不敢正眼看他。大王赏赐给他的财物，他全部带回家，一门心思买房子、买地、放高利贷。同样当将军，父子两人完全不同，大王想想，哪个将军能干呢。”

赵括的母亲从一个人的作风派头与对金钱的态度看到了赵括没有将才，他不与士卒部属同心，怎么能打胜仗呢？可是赵王听不进去，认为生活态度与打仗没关系。赵王说："老太太不要说了，我已下定决心，用赵括为大将。"赵括母说："大王，我尽到心了，话也说完了，如果赵括不称职，我不要受牵连。"赵王说："好吧，这事与你无干。"后来赵括打了败仗，赵王没有株连赵括母。这是后话不提。

2. 王陵母

西汉开国功臣王陵，官至丞相，一身正气，敢直言。王陵反对吕太后封诸吕为王，顶撞吕太后，批评陈平、周勃耍滑头，不敢坚持原则。可是王陵在楚汉战争初期，看不清楚时局，他拉了一支队伍在河南自立山头，既不帮助刘邦，也不依附项羽。项羽想任用王陵为将，他派人把王陵母接到楚国都彭城软禁起来，好吃好喝，待为贵宾。项羽要王陵母劝王陵投奔项羽。王陵母对着王陵的使者说："请你回去告知王陵，他要是孝顺老娘，就赶快去投奔汉王，项王残暴不仁，决不能归顺。"说完用剑自杀而死。王陵母预知汉胜楚败，她用生命来激励王陵，赶快选择明主。王陵原是刘邦的老乡，长于刘邦，看不惯刘邦的无赖相，坚决不赴汉。王陵是个大孝子，他听从了母亲的遗愿投归汉王，终成为汉名臣。

3. 陈婴母

公元前208年，项梁起兵渡江北上。这时淮南东阳县（今安徽天长县）青年杀了秦县令，大家推举县吏陈婴为王，起兵反秦。一时间聚集了两万多人。头裹青巾，称为苍头军。战国时，魏国的一支精锐部队，号苍头军。这里用苍头为号，表示为勇猛无敌之军。陈婴的母亲对陈婴说："我嫁到陈家，从没听说陈家祖上出过大人物，今天你突然称王，不是好兆头。最好从属一个人领导，起义成功可以封侯，失败了也好逃亡，不要拉山头。"陈婴认为母亲说得有理。陈婴对部众说："项氏世世为楚将，天下闻名。今天我们要干大事，没有项梁来领导成不了事。我们这支队伍投靠项梁，一定能灭亡秦国。"大家一致赞成。陈婴带着两万多人投靠了项梁，带动黥布、蒲将军等多支农民起义军自动接受项梁领导。项梁、项羽起兵于吴中，今江苏苏州，率领江东八千子弟渡江，得到陈婴等人的拥护，很快发展到六七万人，成为反秦的主力军。陈婴母顾全大局，劝儿子陈婴以众附寡，使各支分散的起义军团结起来，具有超凡的识力。

4. 漂母饭信

古代著名军事家、西汉开国功臣韩信，青年时家贫，无以为业，经常饿肚子。韩信是淮阴人，他有一个朋友是南昌亭的亭长，韩信经常到他家去蹭饭。有一天早上，到了吃饭的时候，韩信又到了亭长家。亭长的老婆厌恶韩信，提前吃了早饭，韩信走了一趟空，很不高兴，从此再不到亭长家蹭饭。韩信来到淮水河边钓鱼，有一群在河边漂洗丝絮的妇女。其中一位老大娘，可怜韩信饿着肚子钓鱼，就把自己带的午饭分给韩信吃。韩信也不客气。这位大娘每天多带一份饭，整整一个夏天，韩信靠漂母的施舍过活。临别，韩信高兴地对漂母说："我发财了一定重重回报大娘。"漂母发怒说："一个男子汉没得饭吃，你年纪轻轻要努力。我同情你有急难，送饭给你吃，难道是为了你的厚报吗！"漂母善意的鼓励，韩信称谢而去。韩信当了楚王，回到淮阴，衣锦还乡，召来南昌亭长和漂母。韩信当众送给漂母一千金，报答当年送饭的恩情。只给了南昌亭长一百钱，韩信数落亭长说："你目光短浅，只是一个小人，做好事有头无尾，给你一百钱，还你当年的饭钱。"

事情无独有偶。战国时，苏秦游说六国，有许多人资助了他。苏秦拜六国相印后，一一回报当时的恩人。有一个人借给苏秦一百钱，苏秦给了一百金，加利一千倍。有一个人对苏秦说："我一直陪伴你，怎么把我忘记了？"苏秦说："我没有忘。当你和我到燕国的时候，到了易水边，你不肯过河，离开了我。当时最艰难，你抛弃了友情，恨死你了。不过还是要报偿你的，只是把你放到最后。"为德不终的人，图的是厚报，这一个"贪"字就是渗入眼里的沙子，未免目光短浅。漂母施恩不图报，品德高尚反而得厚报。漂母事迹，流传千古，淮阴人民至今怀念她。漂母故里，人们垒起巨大的漂母坟冢，供人凭吊。

5. 缇萦救父

古代刑法死刑之外，最残酷的就是肉刑，脸上刺字叫黥刑，割掉鼻子叫劓刑，砍断一只脚叫刖刑，割除生殖器叫宫刑。

公元前167年,齐王太仓令淳于意擅长医术,他因为不愿意为贵族做家庭医生,他要为广大民众治病,被权势之家诬陷判罪,要被送往京城服刑。淳于意有五个女儿,没有男孩,因为冤枉判罪,心情抑郁愤怒,丧失理智对女儿们骂了一句:"生子不生男,缓急没有人照顾。"淳于意的小女儿淳于缇萦听了十分伤心,她只有13岁,决心挺身而出救父。她随父亲到了长安,向汉文帝上书,称说父亲为官清正廉直,不慎犯了刑律,一旦受肉刑致残,便终身不能恢复。缇萦请求汉文帝让她自己做官奴婢来赎父不受肉刑,给犯过的人一条自新之路。汉文帝被小缇萦的真诚感动,特别下诏令废除了肉刑。这是中国刑法史上的一项改革,推动力来自一个平凡少女缇萦。司马迁记录了这则故事,成为千古流传的佳话。

四、颂扬才智与刚烈的女性

颂扬妇女的才智,是肯定女性的创造活力;褒扬刚烈的女性,是肯定女性维护自尊的权利。这方面,司马迁给我们留下了许多生动的故事。

1. 晏平仲御妻

本则故事载《史记·管晏列传》。这是一个贤内助激励丈夫成才的故事,非常有趣而又深沉。春秋时齐景公国相晏子,名婴,字平仲,个子矮小而很有才干。晏子的车夫是一个高大的伟男子。两人一起出行,一个高大,一个矮小,而高个子伺候矮个子,直观的视觉很不是味。但身份、地位与权力不能改变,高个子是车夫,矮个子是国相,那地位没法比。车夫就要恭恭敬敬地伺候长官,这是没得商量的。

晏平仲为人平易近人,他不以国相之尊而骄人,表现出谦虚的神情。高个子车夫自认为给相国赶车,仗势骄人,反而得意洋洋,使原已不协调的视觉更加趣味横生。这位车夫的妻子,即晏平仲御妻看不下去了,她提出来要与这位不长进、少见识的丈夫离婚。晏平仲御妻的离婚要求,不是因为嫌弃丈夫为车夫,而是因为丈夫志得意满,不思进取。这位车夫也识趣改过,晏平仲知道后推荐他做了大夫。

这个短小的故事,写得曲折跌宕,饶有趣味,包涵了好几个对比，衬托了三个人物的光彩。车夫进取，晏子爱才，形象鲜明。而御者妻子更是一个见识深远的不平凡女子，她连名字都没留下来，但她的品德、思想、聪慧，通过帮助丈夫的进步而流传下来，值得后人学习、敬仰。

2. 张负慧眼识陈平

本则故事载《史记·陈丞相世家》。这是一个妇女识英才，通过婚姻造就一代伟人的传奇故事，读来饶有兴味。

西汉开国功臣之一，谋略家陈平，少时却受人冷眼。陈平出身贫寒，虽然长得高大魁伟，相貌堂堂，却找不到媳妇。家乡人看不起陈平，时常在背后议论他。陈平嫂子也挖苦陈平，说他“只不过吃糠咽菜，却长得肥头大耳”。言下之意，说陈平游手好闲，就像一头猪，吃啥都长肉。陈平的哥哥知道了，害怕弟弟受委屈，就把妻子赶走了。于是又有人说闲话，说陈平“盗嫂”，与嫂子私通，哥哥才休了嫂子。人穷受冷眼，什么故事都可编排出来。

无巧不成书。话说陈平家乡户牖乡有一个富人叫张负。“负”字，是对老年妇女的敬称。张负，就是张老大娘。可就是这个连名字都没留下来的张老大娘，她却有一双慧眼，她要给自己才貌双全的孙女寻一个好丈夫。张负孙女连嫁五个丈夫，不幸一个接一个死了，世俗迷信，说张负孙女克夫，没人敢娶了。陈平不相信命运，他看上了张负的孙女，但由于家贫，没敢托人求亲。张负了解后，她亲自调查研究，看到陈平替人操办丧事显示出组织才干，又看到陈平的蓬门寒舍却留下头面人物拜访的车印。张负对儿子张仲说：“难道像陈平这样仪表堂堂的人会贫贱一生吗？”在张负主持下，陈平遂了心愿，结下美满姻缘。陈平在贤妻与岳母家的资助下，交游日广，声誉日隆。

唐代文学家韩愈有言“世有伯乐，然后有千里马。千里马常有，而伯乐不常有”[6]。千里马尚待有伯乐而后显，人才难得，其因在识人者难得。识人的伯乐，比识千里马的伯乐要复杂得多。有伯乐之心而无伯乐之才者，不能识人；有伯乐之才而无伯乐之心者，不愿识人。更有甚者，互相倾轧，窝里斗，司空见惯，人才毁于内耗，怎能脱颖而出？张负慧眼识英雄，张负孙女嫁陈平，乡间妇女出伯乐，世间罕有，祖孙两个妇女共同栽培了一代名相，成为千古佳话。

3. 聂荣以死扬弟之名

本则故事载《史记·刺客列传》。聂荣，战国时魏国轵县（今河南济源县）人。弟弟聂政替韩国严仲子刺杀韩相侠累后，自己用刀子割烂脸面，挖出眼睛，然后自杀，剖腹而死。韩国将聂政暴尸于市，悬赏千金追查他的姓名，没有人知道。聂荣闻讯，赶往韩国相认，伏尸大哭，极其悲哀，并公然宣称被暴尸的刺客叫聂政，是魏国轵县深井里的人。韩人告诉聂荣，官府暴尸就是要查出刺客姓名，捉拿他的家人，你怎么自投罗网呢？聂荣说："我弟弟聂政替严仲子报仇杀人，自己挖眼刺脸，为的是保护他的姐姐我才自残的。我怎么能贪生怕死，埋没弟弟的英名呢？"聂荣说完，大喊三声"天啊"，悲痛地死在聂政身旁。当时各诸侯国的人都传颂这个故事，称聂政是一个重义的人，聂荣是一个刚烈女子。

4. 赵襄子姐摩笄自杀

本则故事载《史记·赵世家》。赵襄子名姬无恤，是晋卿赵简子的儿子。赵简子立志要吞并代国，就把赵襄子的姐姐嫁给了代王。赵襄子巡视地方，在北边登上夏屋山，请代王来相会，在宴会席上用盛菜的铜勺击杀了代王，随即兴兵灭了代国。赵襄子的姐姐听到后，痛哭呼天，就用头上的笄簪磨尖自刺身亡。赵襄子灭代，是实现父亲的遗愿，是扩大赵的土地与实力，可以理解。但手段十分卑鄙残忍，作为代王的妻子绝不能容忍弟弟的不义行为，但她没有力量报复，夫死国灭，于是以身殉夫，以身殉国，用生命表达了愤怒，表示了抗争。代人怀念，把赵襄子姐死亡的地方称为摩笄之山。

四、《史记》中的爱情故事

在司马迁塑造的妇女形象中，最光彩照人的是爱情故事。对于封建礼教给予妇女的种种束缚，司马迁予以尖锐的批评和有力的抨击。这种抨击是通过塑造妇女抗争形象来完成的。司马迁寓论断于叙事之中，他歌颂纯真的爱情，主张自主婚姻，夫妻美满以情爱为基础。这些思想与理念，在以下所选的几个故事中有着生动的体现。在司马迁时代，这些思想和理念是超前的，可以说具有现代意识，就让我们来欣赏吧！

1. 重耳两贤妻

本则故事载《史记·晋世家》。重耳，就是春秋五霸之一的晋文公。他是晋献公的庶子，本来不当立为晋君，由于晋乱，他流亡国外19年，经过狄国、卫国、齐国、曹国、宋国、郑国、楚国、秦国，备尝艰难险阻，最后在秦国的援助下，借秦兵回国定乱立为国君。晋文公励精图治，使晋国称霸。

晋文公重耳，从小聪明能干，成人后宽仁待众，又爱才如命，因此在他身边经常有晋国的贤士大夫相随。重耳的成功，就受益于他得到了一大批贤士的辅佐，也得到了两位贤妻的辅佐。一位贤妻是狄女季隗，另一位贤妻是齐女姜氏。两位夫人都是重耳在流亡时所娶。重耳在狄国居住了12年，生有二子，在齐国住了5年。重耳流亡，娶了贤妻，把狄国和齐国这两个国家当成了第二故乡，夫妻恩爱，已经心满意足。

由于晋惠公的追杀，重耳在狄国住不下去，迫不得已离开。临行，重耳对季隗说："等我二十五年，我不回来，你就嫁人。"季隗风趣地说："等你二十五年，我坟头上的柏树都长大了。虽然这样，我还是要等你回来。"此后，重耳在漫长的逃亡岁月中，其妻季隗辛勤持家，抚养重耳的两个儿子。重耳立为晋君后，感念其妻的坚贞与贤惠，马上派人接回，并立她为王后。

重耳的齐妻姜氏，因是齐桓公宗室之女，美貌富有，重耳更是坠入了温柔之乡，不思回国了。为了重耳的事业，姜氏杀婢，并与咎犯等人合谋，用计灌醉重耳，劫持他上车离开齐国，重新踏上征程。古人云："食色，人之性也。"如果重耳客居齐国，他的夫人也沉湎于夫妻相悦、男欢女爱的小天地之中，那样一来，晋文公称霸的历史就要改写了。

本来重耳所娶狄女与齐姜氏，都是政治联姻，但他们在共同的患难生活中产生了真正的爱情，两位深明大义的贤妻在紧要时刻起到了别人无法起的作用。历史非常垂青于重耳，让他自己在传奇般的坎坷生活中，既得忠臣，又遇贤妻。于是重耳的经历又印证了一句古话：妻贤夫祸少，国难识忠臣。同时也印证了当代一句时髦的话：一个成功的男人，背后有一个贤惠的妻子。晋文公重耳背后有两贤妻。

2. 太史嬓女自择婿

本则故事载《史记·田敬仲完世家》。太史嬓女，就是战国时齐襄王后，史称君王后。君王后有两大事迹值得评说。一是她自主婚姻，恋爱结婚，在古代是一件了不起的大事；二是她长期执掌国政，与秦连横，奉行和平保境的外交国策，使齐国半个多世纪没有战争，并为秦国和平统一齐国奠定政治基础。一件是个人终生的幸福大事，一件是维系一国安危的政治大事。这两件大事均出于同一个女性之手，说明君王后是一个不平凡的奇女子。

古代男女婚姻，由父母之命，媒妁之言。君王后自主婚姻，而且还是自由恋爱，看上了替自家灌园的小伙子，父亲太史敫感到羞辱，与君王后断绝了父女情，不承认这门亲事。但君王后十分孝顺，她做了王后仍然尽人子之孝，时间久了，恢复了父女关系，传为佳话。

君王后不助五国攻秦，给儿子齐王建制定了和平统一的国策，受到国人的批评。君王后这样做，是她看清了天下大势，避免人民受战祸，司马迁肯定了她，评之为“君王后贤”。君王后没有留下姓名。她的父亲名敫，齐国人，居于莒，史称太史敫。君王后，太史敫之女，省称为“太史女”，做了齐襄王后，才称君王后。她的名字不显，因为她自主婚姻与不助五国攻秦，有违世俗，身前不被人称道。司马迁独具慧眼，特地记载，才流传了下来。

3. 张耳妻再适得贤夫

本则故事载《史记·张耳陈余列传》。这是一个患难相知的爱情故事，也是一个奇女子反抗礼教追求自主婚姻的故事。

张耳是西汉的开国功臣之一，位为诸侯王。他少年时就是一个豪侠之士，因事犯罪被通缉，却在亡命之中得遇贤妻，并在贤妻的财力资助下，脱了罪名，广交朋友，还做了魏国外黄县令，为后来的发迹奠定了基础。张耳妻，更是一个奇女子，她不满父母包办的婚姻，敢于抗争，离家、投客、离婚、改嫁，一连串的惊人之举，颇显豪侠女的气质。张耳妻前夫，当是一个“门当户对”的富豪纨绔子弟，粗蠢像个庸奴；张耳一表人才，却是一个逃亡犯。张耳妻要在这两者中做出选择，“乃卒为请决”，坚决与前夫离婚，要由自己来决定终身大事。何等的勇敢，何等的胆识。这一句话是点睛之笔，活脱脱刻画了一个豪侠奇女子的形象，真是神来之笔。司马迁写人物，情节故事化，总带几分传奇色彩，张耳妻的故事具有典型意义。

4. 卓文君夜奔

本则故事载《史记·司马相如列传》。这是一个炽热的爱情故事，也是一个传颂了两千多年仍被人们津津乐道的才子佳人故事。

卓文君，富商之女，才貌双绝。司马相如，一代文豪，名贯天下；但家贫落魄，无以为衣食。临邛令王吉，是司马相如的好友，他设局安排，让这一对有情人近距离交流。司马相如以琴音为媒，用心抚琴，挑逗卓文君，诉说相思之意，在稠人广众之中展示才华，“雍容闲雅甚都”。卓文君隔户窥视如痴如醉，“心悦而好之”，全身心沉醉在爱情的执著追求之中。她鼓起勇气，毅然背叛了家庭，背离了礼教，放弃锦衣玉食的生活，选择了令封建卫道士最为头疼的“私奔”方式，月夜投入情人的怀抱。卓文君跟着所爱的人，吃苦受累，颠沛流离，其间饱尝生活的艰辛，体味人情的冷暖，但痴心不改。她还以超凡的心智、刚毅不屈的精神，低下尊贵的身躯，当街开店做老板娘，用以羞辱固执而又势利的父亲。她终于争得了自己的权利，得到了应得的一份家财，不仅摆脱了贫困，而且令私奔的婚姻得到了体面的结局，折服了父亲。卓文君既慧眼识人，又胆量过人。在她身上浓缩了封建社会千千万万追求幸福女性的特点。卓文君夜奔，以及对爱情的专一与执著，具有一定的进步意义，赢得了后世人们的敬慕。

五、司马迁进步的女性观

中国古代文明，以父系宗法制度为核心，男女有别、男尊女卑的原则在夏商周三代就确立了。中国圣人孔子就说过：“唯女子与小人难养也，近之则不孙（逊），远之则怨。”[7]周武王说，他有十个治国能臣，孔子说：“有妇人焉，九人而已。”[8]儒家的纲常伦理，不允许女性与男性平起平坐。西汉正是推行董仲舒三纲五常伦理的时代，司马迁又师事董仲舒，对圣人孔子十分敬仰，在《孔子世家》中称为“至圣”，又说“自天子王侯，中国言六艺者折中于夫子”。但司马迁并不盲从，在许多方面不与圣人同是非，特别是对于妇女的识见，更是奏出了时代的异响。司马迁进步的女性观，可概括为三个方面。其一，司马迁为女性政治家立本纪，立世家，视杰出女性为帝为王，展示了男女平等权利的思想。其二，司马迁写妇女，与写男性一样，按历史的本来面目记事论人，惩恶扬善。女性的才智、聪明、善良、仁慈与勇于开拓的传统美德，热情歌颂，树立为榜样。司马迁不以成败论英雄，他对妇女的描写也不以地位高低论善恶，一些身居高位、灵魂龌龊的贵妇人，他予以深刻的揭露和无情的嘲讽。如秦始皇母庄襄王后，不保名节而导致嫪毐乱政，楚怀王宠妃郑袖因嫉妒而乱楚外交，晋献公宠妃郦姬施毒计害太子，导致晋国政局动乱。司马迁的鞭挞不遗余力。对于地位低下而品德高尚的中下层女性，司马迁给予热情的讴歌和高度的赞美，点点滴滴都加以记载，本文摘载的故事就是生动的例证。其三，司马迁颂扬忠贞的爱情，主张情爱是婚姻的基础，赞扬女性有自由追求幸福的权利，这不仅是反潮流的进步思想，而且是超前的意识，即使在今天，仍然闪耀着思想的光芒。

注释：

①《史记新论》，求实出版社1981年版。

②《史记》卷九《吕太后本纪》。

③窦太后当朝认弟的故事，见《史记》卷四十九《外戚世家》。

④本书所写赵括母，见《史记》卷八十一《廉颇蔺相如列传》；王陵母，见《史记》卷五十六《陈丞相世家》；陈婴母，见《史记》卷七《项羽本纪》；漂母饭信，见《史记》卷九十二《淮阴侯列传》；缇萦救父，见《史记》卷一百五《扁鹊仓公列传》。

⑤引文见《史记·廉颇蔺相如列传》，原文为：“王以名使括，若胶柱而鼓瑟耳。”

⑥《韩昌黎集·杂说四》。

⑦《论语》第十七《阳货》。

⑧《论语》第八《泰伯》。

第十四讲

司马迁的进步思想

司马迁作史，并不是历史资料的汇抄和事实的堆积，而是要自成“一家之言”，阐明自己的思想和理想，拿出独到的见解来回答历史是怎样变化发展的。司马迁在《太史公自序》中曾借用孔子的话说：“我欲载之空言，不如见之于行事之深切著明也。”因此，司马迁的思想是熔铸在所叙人物史事中。所以本讲标题也可称之为“《史记》蕴涵的进步思想”。

由于《史记》是一部百科全书式的通史，体大思精，因而熔铸在其中的思想体系，也是宏阔而博大的，智者见智，仁者见仁，无论从哪一个方面都可以展开论述，如历史观、文学观、美学观、义利观、人才观、荣辱观、生死观等等。本讲集中条列司马迁思想的几个主要方面：道德观、政治观、战争观、经济观、民族观等五个方面。

一、进步的道德理念

所谓道德就是人生立世适宜的言与行，以及人际关系的行为准则。儒家主张“道德至上”，它比生命还重要，孔子说“杀身成仁”，孟子说“舍生取义”就是其核心。司马迁认为道德的意义就在于生命意义之中，强调道德与生命是一体的，无生命的道德，无道德的生命是无意义的。《史记·礼书》云：

> 礼由人起。人生有欲，欲而不得则不能无忿，忿而无度

量则争，争则乱。先王恶其乱，故制礼义以养人之欲，给人之求，使欲不穷于物，物不屈于欲，二者相等而长，是礼之所起也。故礼者养也。

礼是道德的规范形式，是人制定的，但它的基础是人的生命需求和物质条件的平衡。道德的意义和作用就是反映这种平衡和维持这种平衡。人的生命需求是一个无限的衡量，而物质条件却是一个不断发展的变量，所以，随着物质生活条件的发展，“礼”也是不断发展的，由此夏商周三代之礼才有不断的“损益”。孔子对此是有所认识的，后来的儒家，包括孟子，对此认识不足。例如义与利，儒家把两者对立起来，君子言义不言利。司马迁认为义与利是统一的。“礼生于有而废于无”，“有”就是衣食住行。管子说：“仓廪实而知礼节，衣食足而知荣辱。”人要生存就要有物质需求，需求就是欲望，欲是生命的需要，所以是天生的。叫“人生而有欲”。但“欲而不得则不能无忿，忿而无度量则争，争则乱”。为了避免争和乱，人的欲就要有一个限度，规定这个限度的就叫礼。它是人的生存、延续、发展的一种需求，所以说“礼由人起”。

司马迁把“礼”，人的道德规范放到社会实际生活中、实际的人际关系中、人的生命过程中来考察，提出了许多先进的思想，如讲礼让、述货殖、序游侠、写妇女，不与圣人同是非，在今天看来也是先进的。

——讲礼让。《史记》五体的始篇，突出“让”德精神，但不是儒家“道德至上”的中庸精神，而是与时势进程相融合的社会精神。儒家《尚书》称尧舜，在于天下为公，在于选贤任能，在于宽仁的“让”德，司马迁在《五帝本纪》中也引用过来了，但在此之前，司马迁强调黄帝“修德振兵，治五气，艺五种，抚万民，度四方”，强调在政治、经济、军事诸方面达到自强，然后伸张正义，以德临天下，丰富了“帝德”的内涵。黄帝“修德振兵”，强调了正义暴力包含在“让”德中，即当仁不让。因为，没有暴力，黄帝不能统一天下。黄帝统一乱世，这是本篇居于全书之首的又一意义。《吴太伯世家》是歌颂“让”德的，太伯让位季历，后及文王姬昌，西周随即崛起，太伯居吴，吴亦得到发展。太伯之让是让贤，社会得益。而后来季札的谦让，只是个人名节修养，后果却令人感叹，不但没有出现贤君，振兴吴国，反而刺激了乱臣贼子的野心，以至国灭家亡。所以司马迁在《自序》中,没有提到季札之让,只是谴责阖庐、夫差横霸作风,论赞中感叹季札"慕义无穷"、"闳览博物"却不能避免国家的灭亡,实在意味深长。《伯夷列传》从表面来看也是赞扬"让"德,实际上寓有更深的感叹。孔子说,伯夷"求仁得仁,又何怨乎"?司马迁从伯夷叔齐的歌词听出了怨愤之意;有人说,"天道无亲,常与善人"。司马迁根据伯夷叔齐的遭遇发出了对天道的质疑。由上所述,司马迁笔下的"让"德内涵,显然超越了儒家思想的规范。

——述货殖。秦商鞅变法,重本抑末,政治上压制工商末业。秦朝征发兵役,商人与赘婿首当其冲,本人不是商人要追查三代,父亲、祖父曾经经商的也要打入另册。西汉建立,不准商人做官,衣丝乘车,人头税加倍征收。司马迁却为商人立传,说:"布衣匹夫之人,不害于政,不妨百姓,取与以时而息财富,智者有采焉。"孔子称赞君子完人为"智、仁、勇",司马迁说:商人是最聪明的人,为"智、仁、勇、强",借用白圭的话说:"吾治生产,犹伊尹、吕尚之谋,孙吴用兵,商鞅行法是也。是故其智不足与权变,勇不足以决断,仁不能以取予,强不能有所守,虽欲学吾术,终不告之矣。"①

司马迁述货殖,为商人立传,是肯定商人促进生产发展,对社会经济繁荣所作的贡献。但它违背了传统的义利之辨,班固批评为"述货殖则崇势利而羞贫贱",金代王若虚甚至发出"迁之罪不容诛矣"的感叹。

——序游侠。班固批评司马迁"序游侠则退处士而进奸雄"。司马迁说:"今游侠,其行虽不轨于正义,然其言必信,其行必果,已诺必诚,不爱其躯,赴士之厄困,既已存亡死生矣,而不矜其能,羞伐其德,盖亦有足多者焉。"②司马迁认为,游侠的行为虽然和礼法的正统观念不和,然而他们说话守信用,行事果敢决断,牺牲自己的生命,去救济别人的艰难困苦,而又不夸耀自己的才能,耻于表彰自己的德义,是值得赞颂的。司马迁特别认为人的缓急是人生所难免的,所谓"天有不测风云,人有旦夕祸福"。古代圣贤如虞舜、伊尹、傅说、吕尚、管仲、百里奚、孔子都遭受过厄难,何况一般的人呢!国家的政府,是道德法律的代表,如果政府不能替人民伸张正义,人间又多有不平事,他们到哪里去呼喊呢?其实游侠在今天来看多是黑社会性质。司马迁注意到了这种情况,所以他把恶霸行为的游侠称为“盗跖居民间耳”,欺压人民的黑社会分子是强盗,不是游侠。真正的游侠是助民、爱民的。政府法制瓦解,是游侠生存的基础。司马迁颂游侠是站在人民的立场,对开明政治的一种向往与呼唤。

——写妇女。司马迁是中国历史上第一个热情颂扬妇女,真正把妇女写成半边天的人,不与圣人同是非。另作专题讲座,兹从略。

二、开明的政治思想

司马迁的政治思想,基本倾向是倡导儒家的“仁政”为本,辅以道家的“无为”为表的统一体,同时对于阴阳、名、法、墨各家也兼收其长,扬弃其短。这在《六家要指》中有着明晰的阐述。司马迁的政治思想的形成,不仅仅是融合儒、道及诸子百家的思想资料,而且更主要的是总结历史经验“自古志镜”提出的。所以,司马迁的政治思想属于经世致用型,而不是思辨理论型,他既不是儒家,又不是道家,而是升华历史经验自成一家。主要内容有以下三个方面。

1. 崇尚德治,反对暴政

在司马迁笔下,“德治”与“暴政”两相对立,作者的褒贬倾向极为鲜明。《太史公自序》对古圣先贤禹、汤、文、武称颂为德治之君,说夏禹“德流苗裔”,周文王“德盛西伯”;对夏桀、殷纣、周幽王、周厉王,以及秦始皇、秦二世这些昏暴之君,贬抑为“暴”。司马迁用这一政治观念模式总结历史经验。在《夏本纪》中,他说:“帝桀之时,自孔甲以来而诸侯多叛夏,桀不务德而武伤百姓,百姓弗堪,……汤修德,诸侯皆归汤,汤遂率兵以伐夏桀。”在《殷本纪》中说:纣王“好酒淫乐,嬖于妇人,……百姓怨望而诸侯有叛者,于是纣乃重刑辟,有炮格之法”。而周文王“修德行善,诸侯多叛纣而往归西伯”。古代“虞夏之兴”,“汤武之王”,因修仁行义,“德洽百姓”[③],而桀、纣之亡,则是因暴虐不仁。中古春秋时期,“弑君三十六,亡国五十二,诸侯奔走不得保其社稷者不可胜数”,而“察其所以,皆失其本已”[④]。这里所说的本,就是仁义之本。近世楚亡汉兴,也因“子羽暴虐,汉行功德”[⑤]。汉兴百年之间,“诸侯或骄奢,忕邪臣计谋为淫乱,大者叛逆,小者不轨于法，以危其命，殒身亡国”[⑥]。所以司马迁更明确地宣称，他写作《汉兴以来诸侯王表》的目的，就是“臣迁谨记高祖以来至太初诸侯，谱其下益损之时，令后世得览。形势虽强，要之以仁义为本”[⑦]。

“德治”是儒家政治的根本。“德治”即“仁政”，出发点虽然是为了巩固封建统治，具体内容却是轻徭薄赋，主张节制对人民的剥削，缓和阶级矛盾。这一政治的理论基础是“民惟邦本，本固邦宁”。司马迁用古今的历史事实来说明“得民心者得天下，失民心者失天下”这一民本思想，可以说贯穿《史记》全书。但司马迁并没有到此止步。他不仅认识到了人民力量对历史的演进起最后的决定作用，而且肯定人民的反暴斗争，大声赞美革命行动。

所谓“革命”，即变革天命，有道伐无道。“革命”词源有两个出处。一是《逸周书·克殷解》，记载武王克商的告天之词，曰：“膺受大命，革殷，受天明命。”一是《周易》卷五孔子所述《革卦·彖辞》曰：“天地革而四时成，汤武革命，顺乎天而应乎人，革之时义大矣哉。”战国时孟子更发展成为民贵君轻说，盛赞武王革命诛“一夫纣”[⑧]。汉代景帝时还发生了儒学博士辕固生与道家博士黄生展开的一场汤伐桀、武王伐纣是不是革命的辩论。黄生认为汤、武之举是“臣弑君”，大逆不道。辕固生认为汤、武革命是“汤、武与天下之心而诛桀纣”[⑨]。可见“革命”是先秦至汉初儒家的一个进步观点。但是，到汉武帝时，罢黜百家，独尊儒术，加强了大一统的思想控制，这时的儒家学说是以董仲舒的三纲五常为基准，原始儒家的民贵君轻说，已被束之高阁。在这样的背景下，司马迁不仅继承了原始儒家民主性的精华，并发扬汤、武革命的观点，又向前推进了一步，提出了反暴政的思想。司马迁为陈涉作世家，把他与汤、武并论：“桀、纣失其道而汤、武作，周失其道而《春秋》作，秦失其政而陈涉发迹。诸侯作难，风起云蒸，卒亡秦族。天下之端，自涉发难。”[⑩]项羽灭秦，司马迁热情地歌颂了他，为之立本纪；而项羽暴虐，同样受到司马迁无情的批判。《刺客列传》和《游侠列传》，大旨都是颂扬反暴的精神。所不同的是，《刺客列传》反映的是政治斗争，宣扬扶弱锄强的正义精神。至于游侠，可以说是颂扬绿林义气，宣扬下层人民扶弱救困的“仁义”道德。游侠的出现，是封建社会法制瓦解，匹夫抗愤的一种形式。游侠为受压迫、受冤屈的下层人民伸张正义，而不惜牺牲性命，司马迁歌颂他们，表现了他同情广大人民的反暴愿望，这已经超出了传统的儒家思想，受到正统史家的非难。但这正是司马迁思想闪光的精华之一。

2. 主张顺民之俗，颂扬无为政治

无为政治在理论上是"因循为用"，与"多欲滋事"正相反对。纵观《史记》，司马迁所歌颂的圣君贤相，皆"因循为用"；所抨击的暴君污吏皆"多欲滋事"。五帝三王与汉初君臣都是"因循为用"的；三代末主与秦皇、汉武都是"多欲滋事"的。前者兴盛，无为而无不为；后者衰败，为所欲为而国破家亡。

司马迁所讲的"因循为用"，采自道家的思想资料，但却与老庄之道有本质的区别。老子的"无为"，主张绝圣弃智，灭去人欲，要把历史拉回到古朴的原始社会中去。《老子》第三章："不尚贤，使民不争，……常使民无知无欲，使夫智者不敢为也，为无为，则无不治。"第十九章："绝圣弃智，民利百倍。"第十八章："小国寡民，使民有什伯之器而不用，使民重死而不远徙，……鸡犬之声相闻，民至老死不相往来。"老子的这些政治主张，司马迁在《货殖列传》中提出了严厉的批判。司马迁所讲的"因循"却是顺民之俗，给人之欲。他在《货殖列传》里明确地提出了欲望是历史发展的动力的观点，主张施政要随从民俗。他说："故善者因之，其次利导之，其次教诲之，其次整齐之，最下者与之争。"因此，《货殖列传》一开篇就把老子的小国寡民主张作为批判的靶子引用。其实《老子》五千言中连一个"因"字也没有。司马迁从"无为"学说中引出"因循"是一种创新和发展。"因循"不是消极的率由旧章，无所作为；恰恰相反，而是"因势利导"之"因"，积极地与时迁移。《六家要指》说："与时迁移，应物变化，立俗施事，无所不宜"，是用道家的语言，表达了法家的进化论思想。司马迁把老庄申韩合传，是发人深思的。韩非说："是以圣人不期修古，不法常可，论世之事，因为之备。"又说："世异则事异"，"事异则备变"⑪。司马迁还说："秦取天下多暴，然世异变，成功大。传曰：'法后王'何也？以其近己而俗变相类，议卑而易行也。""法后王"出自《荀子·非相篇》。司马迁所讲的"因循"，其治政内容与韩非的随俗施事和荀子的法后王是一脉相承的。

“因循为用”的政治实践是汉初的无为政治，受到司马迁的称赞；“多欲滋事”的政治是武帝的文治武功，因其过度使用民力而受到司马迁的批判。汉初无为在指导思想上是“国家无事”，“君臣无言”；具体措施，则是约法省禁，与民休息。无为治国的原则，高帝在世时已经贯彻，如除秦苛法，开关梁，弛山泽之禁，十五税一等等。汉高祖起自匹夫而得“天统”，原因就是他顺民之俗，“承敝易变，使人不倦”。吕太后无为，“民务稼穑，衣食滋殖”。汉文帝“能不扰乱，故百姓遂安”，司马迁许之为“德至圣”的仁君。萧何为相，“因民之疾秦法，顺流与之更始”。曹参因循，“天下俱称其美”。文景之世的社会，在司马迁笔下，被描绘成理想的社会。《律书》云：“太史公曰：文帝时，会天下新去汤火，人民乐业，因其欲然，能不扰乱，故百姓遂安。自年六七十翁未尝至市井，游敖嬉戏如小儿状。孔子所称有德君子者邪！”

综上所述，司马迁崇尚德治，反对暴政；主张施政要顺民之俗，颂扬无为政治；主张强干弱枝，反对分裂割据，维护大一统。这些构成了司马迁开明政治思想的内容。司马迁萌芽了三权分立的思想，他当然没有这个概念，但他认为司法要独立，臣下建言无罪，皇上不能以个人喜好代替法制，这些思想在《汉文帝本纪》与《张释之冯唐列传》相互映衬中鲜明地表示出来。

3. 反对分裂割据，主张大一统

秦朝是中国封建社会的第一个统一国家，但很快走向灭亡。对此，汉代诸儒完全否定秦朝的存在。司马迁批评秦取天下多暴，但肯定秦统一之功，在《六国年表序》中有鲜明论述。韩兆琦在评《六国年表序》时说：“汉代学者拘于偏鄙之见，诋毁秦朝是‘余朝闰位’，说什么汉是‘上继周统’，这种不顾事实的狂悖之言，深为太史公所不取。司马迁厌恶秦朝的严刑酷法，深责其焚书杀士的倒行逆施；而对其‘法后王’，对其通权达变的规模方略，有其心悦诚服处。故而在此序中力排众议，揭出而表彰之。”[12]司马迁说“秦取天下多暴，然世异变，成功大”，这对秦在中国历史上的功绩给予了大胆的肯定。由此，我们也不难看出司马迁主张大一统的进步的政治思想。同时，司马迁之为汉承秦制造舆论的用意也是十分鲜明的。

司马迁主张强干弱枝，反对分裂割据，颂扬大一统的政治观是符合历史的发展进程的。司马迁在《货殖列传》中说：“汉兴，海内为一，开关梁，弛山泽之禁，是以富商大贾周流天下，交易之物莫不通，得其所欲。”国家的统一，政治的稳定，这是社会经济文化发展的前提。所以司马迁对汉政权的统一和强盛，是倍加赞颂的。《史记》以昂扬的情调反映西汉盛世，颂扬伟大的时代，历史观和政治观都是进步的。

三、司马迁的战争观

《史记》四分之一的篇幅叙述了古代500多次战役，大战役180次，特大战役58次，构成了上古完整的战争史内容。先秦儒墨两家反对战争，墨子主张“非攻”、“兼爱”，儒家主张销毁兵器，孟子说“善战者服上刑”。兵家主张以暴制暴，研究战争，但为什么要打仗，目的不明确。《孙子兵法》作者，孙武给战争的定义是“掠乡分众，廓地分利”。战争就是抢劫，夺人之地，夺人之财，这和游牧民族的侵扰有什么区别。司马迁第一个给战争下了符合政治要求的定义，叫做“讨强暴，平乱世，夷险阻，救危殆”。司马迁认为战争，养兵施暴，如同虎豹的爪牙、父亲教子的鞭子，不可缺少。按司马迁的定义，战争有正义与非正义之分，司马迁叫做“顺逆”。顺天而行的是正义战争，人民要支持，逆天而行的是非正义战争，才要反对。司马迁说：“非兵不强，非德不昌”，国家既要有暴力，也要有文治。司马迁延伸《史记》到黄帝，就是因为黄帝用战争灭了炎帝、蚩尤，平了乱世，然后又施文治。

司马迁还说，战争有“巧拙”，要兴建功业，必须慎选良将，认真研究用兵作战的方略，与孟子的观点恰相反对。于是《史记》为21个兵家人物立专传，总结他们的战争经验，颂扬他们对历史作出的贡献。

司马迁的兵学成就和战争观，在今天看来也是进步的。

四、富国利民的经济思想

司马迁写《平准书》和《货殖列传》，首创经济史传，并重农工商虞。司马迁具有宏观产业结构的眼光，认为农工商虞四业富国利民，缺一不可，反对传统的重农抑商。更为超前的思想，是司马迁反对国家垄断工商，他叫做“与民争利”，是最下等的经济政策,而主张自由竞争的市场经济,司马迁称为“善者因之”。国家可以做宏观调控,引导市场经济向有利的方向发展,对不规范的行为做一些限制。司马迁说:“善者因之,其次利导之,其次教诲之,其次整齐之,最下者与之争。”

司马迁还讲了宏观的区域经济发展模式。他把当时全国经济分为关中区、山东区、长城以北区、大江以南区四大经济区。大区下又分为小区,小区又以中心城市带动。简直具有现代意识。

司马迁对微观经济着重总结了市场经济的营运规律。主要有四个方面:

其一,知时。计然“旱则资舟,水则资车”;范蠡“与时逐”;白圭“乐观时变”。这都说的是掌握商业行情,调查市场需求,“逐时而居货”,利用供求规律,牟取大利。其二,知物。“积著之理,务完物”,“腐败而食之物勿留,无敢居贵”。这是研究商品学,提高商品竞争能力。其三,无息币。即加速资金流转,使“财币其行如流水”。为此,必须研究物价涨落规律,懂得“贵上极则反贱,贱下极则反贵”,而敢于“趋时若猛兽鸷鸟之发”,“贵出如粪土,贱取如珠玉”。其四,择地择人。范蠡居陶,因陶为天下之中,“诸侯四通,货物所交易也”。司马迁注意人才的重要。刁间用“桀黠奴”,使他们“逐渔盐之利”,“终得其力,起富数千万”。

司马迁的经济学成就,两千年来成为绝响。可以说中国人是从1978年改革开放以后才上续了司马迁的经济思想。

五、民族一统思想

中华民族是以汉族为主体的多民族大家庭,因此,如何处理好主体民族与周边少数民族的关系,这不仅是历代统治阶级需要认真、慎重考虑和解决的问题,而且也是历来史学家们需要认真考虑和不可回避的问题。在《史记》之前的众多的中国古代典籍中,虽然也不乏对少数民族的记载,然而,一方面这些记述都只不过是片鳞只羽,凤毛麟角,缺乏系统性、完整性;另一方面,这些典籍和儒家代表人物,都宣扬“夷夏之辨”,孔子修《春秋》“内诸夏而外夷狄”,司马迁第一个以其卓越的史识、前所未有的胸怀和宽广的眼界,站在历史和时代的高度,系统地记载了中国境内各民族的历史，首创民族史传，系统记载我国古代周边民族的历史，有《匈奴列传》、《东越列传》、《南越列传》、《朝鲜列传》等篇，在中国古代史上闪耀着夺目的光辉，这是值得认真总结的宝贵文化遗产。

司马迁民族一统思想的基本内容，主要有以下五个方面。

1. 民族同祖同源意识

司马迁认为，中国境内各民族皆为黄帝子孙，都是兄弟，是一家人，他们的根是相同的。他在《五帝本纪》、《夏本纪》、《殷本纪》、《周本纪》中记载了五帝三王都是黄帝的苗裔，并在《三代世表》中谱列了五帝三王的承传世系。

不唯如此，司马迁甚至还认为春秋战国各诸侯国以及春秋战国时期被认为是少数民族而予以蔑视的匈奴、东越、闽越也都是黄帝的子孙，与黄帝是一家人。他在《秦本纪》中说："秦之先，帝颛顼之苗裔。"在《楚世家》中说："楚之先祖出自帝颛顼高阳。"在《越世家》中说："越王勾践，其先禹之苗裔，而夏后帝少康之庶子也。"在《吴太伯世家》中说："余读《春秋》古文，乃知中国之虞与荆蛮句吴兄弟也。"在《匈奴列传》中说："匈奴，其先祖夏后氏之苗裔也，曰淳维。"在《东越列传》中说："闽越王无诸及东越王摇者，其先皆越王勾践之后也。"等等。

其实，我国历史上很早就有夏周西来和殷自东来，出自夷、羌、戎等少数民族的说法。如《孟子·离娄下》说："舜生于诸冯，迁于负夏，卒于鸣条，东夷之人也。文王生于岐周，卒于毕郢，西夷之人也。"又陆贾《新语·术事篇》则说："文工生丁岐夷，大禹出自西羌。"至于殷周，其先祖最初可能属于东夷民族集团的一支。而司马迁说匈奴、秦、楚、吴、闽越都是黄帝的子孙，这就更不可靠了。因为中国境内这许许多多的民族，根本不可能出于同一个祖先。司马迁各民族皆为黄帝子孙的说法虽然是不科学的，但它反映了春秋战国以来各诸侯国在互相兼并、相互融合中所形成的那种逐渐统一的民族大一统的政治趋势。是出于对天下一统格局形成的歌颂，也是在建立民族一统人文的一种文化观念，是值得肯定的。

2. 民族等列思想

所谓民族等列思想，并非今天所说的各民族不分大小、强弱，均处于平等的地位并享有平等的权利的民族平等观。在"内诸夏而外夷狄”的传统思想作用下，司马迁只可能站在时代的前列，而不可能超越历史时代打破封建伦常秩序而形成所谓的民族平等观念。他进步的民族观在于：他第一次打破了“种别域殊”的内外界限，破除了唯我独尊的以华夏为中心的大汉族主义，而视中国境内的各民族为一个统一的密切联系的整体。在《史记》中，他记述了华夏之外的各民族，如匈奴、南越、闽越、西南夷，以及朝鲜等。他把这些少数民族都看做是中华民族的重要组成部分，都是置于民族一统大范围之内。认为东南西北各少数民族，都是天子臣民，他们是一统天下的成员，他们的历史是走向统一的。司马迁认为各民族都有自己的优秀传统和文化，对中华民族都有自己的不可忽视的特殊贡献。而各民族的风俗习惯，自有其形成的种种经济的、地理的、历史的原因，自有其存在的合理性，无论哪一个民族，即使是先进的民族，也不应以自己的风俗习惯为标准，去衡量、要求别人，不能轻易地把人家视为落后、愚昧而加以鄙薄与歧视。各民族的经济发展、繁荣与物产交流，对促进汉帝国的繁荣昌盛，对中华民族一统经济的发展都具有重要的作用。

3. 承认周边各民族有同等的“革命”权利

这里所谓“革命”，是指革故鼎新，变革天命，不同于今天的革命观念。这一词源出自《逸周书·克殷解》，《周本纪》作了摘引。司马迁说：“膺更大命，革殷，受天明命。”革命，就是推翻失去天命的暴君，拥戴获得天命的仁德之君主登极，改朝换代。武王伐纣，陈涉首难，司马迁都称之为“革命”。秦亡后，楚汉相争，项羽暴虐，汉王仁德，结果楚灭汉兴。南方越族参加了秦汉之际人民反暴政的斗争，司马迁作了肯定的记载。《东越列传》说：

> 诸侯畔秦，无诸（闽越王）、摇（越东海王）率越归鄱阳令吴芮，所谓鄱君者也，从诸侯灭秦。当是之时，项籍主命，弗王，以故不附楚。汉击项籍，无诸、摇率越人佐汉。

东越反秦佐汉，参与中原的政治斗争，司马迁特别加以记载。表现了他承认周边各民族有同等的“革命”权利的思想，这在当时是了不起的进步思想。

4. 坚持民族统一，反对民族分裂

坚持民族统一，反对民族分裂是司马迁民族一统思想的主要内容之一，它贯穿于《史记》的始终，特别是在100多年的西汉历史记述中尤为突出。秦统治时期，中国已基本上形成了一个统一的多民族国家。西汉立国后，随着中央集权制的加强，以汉族为主体的各民族之间的联系有了进一步的加强，统一的趋势日益发展。但是，刚刚建立起来的西汉王朝面临着两个问题：一是封国林立；二是“四夷”未宾，构成对西汉王朝的严重威胁。因此打击封国割据势力，安定“四夷”，是巩固西汉中央集权、维护其一统天下的首要任务。汉初几十年中，统治者采取了削弱诸侯王势力和限制其权利的种种措施，“强本干弱枝叶”，即消灭或削弱诸侯势力，加强中央集权，巩固大一统。司马迁称赞“削藩”政策所取得的成果，表现了他坚持民族统一、反对民族分裂的民族大一统思想。

5. 对民族融合与统一的赞颂

周边各民族与华夏族的关系始终是密切相连的。他们之间的政治、经济、文化交流始终是非常频繁的。秦汉之后，随着民族大一统局面的出现、统一的多民族国家的形成和汉族为主体的各民族共同体的发展，各民族之间的经济文化交流则更为频繁。司马迁在《史记》各篇民族列传以及《刘敬列传》、《韩信列传》、《卢绾列传》、《卫将军骠骑列传》、《司马相如列传》、《货殖列传》、《平准书》等许多传记中，详细记载了各民族之间的相互融合与友好往来，详细记述了各民族之间的频繁的经济、文化交流，并对这种民族间的政治、经济、文化交流和民族融合，予以热情的歌颂。认为这对促进民族关系、加强民族了解与融合，增强民族凝聚力，对统一的多民族国家的巩固与发展，都具有重大的作用。这也是司马迁民族一统思想的一个重要方面。

司马迁民族一统思想的形成有着当时的历史条件以及自身的经历，绝不是偶然的音韵天成，主客观条件有以下三个方面。

第一，各民族人民之间的经济、文化交流走向民族一统。第二，汉武帝向周边民族地区推广郡县制度，造成了促进民族一统的政治形势。第三，司马迁奉使西南夷设郡置吏，对民族历史积累了实地的考察经验。

注释：

①《史记》卷一百二十九《货殖列传》。

②《史记》卷一百二十四《游侠列传》。
③《史记》卷十六《秦楚之际月表序》。
④⑤⑩《史记》卷一百三十《太史公自序》。
⑥⑦《史记》卷二十二《汉兴以来诸侯王年表序》。
⑧《孟子》卷二《梁惠王下》第八章及卷十四《尽心下》第十四章。
⑨《史记》卷一百二十一《儒林列传》。
⑪《韩非子·五蠹》。
⑫《史记选注汇评》，中州古籍出版社1990年版，第81页。

第十五讲

司马迁——大一统时代的文化巨人

本题略述司马迁其人，揭示《史记》产生的历史原因。前人论说史学大家，必须才、学、识、德四长兼备，司马迁正是这样的一个人。古人认为，这样的人几百年才能产生一个，司马谈认为完成《史记》的人就是继孔子之后数百年产生的伟大人才。这个人落在了司马迁的身上。

司马迁是秦汉大一统时代的文化巨人。

一、秦汉大一统盛世呼唤巨人出世

时势造英雄，《史记》也是时势所造，这是它产生的客观条件。有五个方面：

1. 大一统理论的总结

秦汉大一统，这是一个新时代。历经春秋战国500多年的战乱，秦国从秦孝公变法起，经过六代人的努力才完成了统一。秦始皇认为战乱是诸侯造成的，废分封，行郡县，要传之万世，结果二世亡国。历经几百年的创业，十几年就完蛋了，难道是上天不要人间安定而要战乱吗？上天是惩恶佑善，而现实却不是。西汉统一虽然只经过五年，可是死了几百万上千万的人，血流成河，人民付出的代价太沉重。西汉能长治久安吗？怎样才能长治久安？这是统治者要解决、要思考的问题，也是全国老百姓要思考并期盼的问题，更是先进思想家要思考要解决的问题。

高祖即位，陆贾写了一部《新语》，顾名思义，是一部崭新的书，共写了12篇，讲的是秦是怎么亡的，汉是怎么兴的。还说，马背上得天下，不能在马背上治理。意思是，打天下用暴力，治理国家不能用暴力，对待老百姓，不是像对待敌人。秦朝之所以亡，就是因为举措暴众而用刑太急。汉朝要长治久安，必须徭役不烦，刑法不滋，兵马少设，无为而治。群臣高呼万岁。

其后，淮南王刘安著《淮南子》就提出了“究天人之际，通古今之变”，要总结历史经验，找到长治久安的办法。

要有一部书来为新王朝的长治久安，也为满足天下苍生谋福祉的愿望，提供理论根据。这是时代的呼唤，需要完成这一任务的巨人出世。

2. 西汉的文化发展提供了修史条件

秦汉时图书传播，主要靠简策书写，得书十分困难。秦始皇焚书坑儒，不准民间读书、藏书，以愚黔首，制造了人为的困难。西汉废除了挟书律，提倡读书、藏书，汉武帝更是独尊儒术，兴办学校。班固说：“汉兴，改秦之败，大收篇籍，广开献书之路”，“于是建藏书之策，置写书之官，下及诸子传说，皆充秘府”[①]。宫内有延阁、广内、秘室之府，外朝有太常、太史、博士之藏。司马迁说：“紬史记石室金匮之书。”太史令掌管图书。西汉收罗天下之书，太史令有职务之便，所以司马氏父子相继为太史令，就是充分运用国家藏书。

3. 雄才大略的汉武帝，加强了中央集权统治，创造了宏阔昂扬的时代精神，是《史记》创作的背景

4. 文景时代开明政治的流风余韵，为司马迁的创作提供了宽松的环境

5. 时代变迁，新思维的吸收

秦汉之际的社会大变革，西汉政治开创了布衣将相之局，刘邦和许多开国功臣都是出身低贱的农民。刘邦父兄都是种地的农民。周勃为吹鼓手，搞藤编。樊哙是狗屠，萧何是刀笔吏。这些人登上了治国舞台。人们看到了人的自身力量，原来人世间是人创造的。陈胜就呼喊：“王侯将相宁有种乎！”这是《史记》以人为中心述史的社会背景，是新时代的新思维。

万事俱备，只欠巨人出世。司马迁适逢其会，自觉地担起了修史重任。

二、司马迁多彩的人生

1. 家学渊源

司马迁在《太史公自序》中追述司马氏世系，源远流长，始祖为唐虞之际的重黎氏，历唐虞夏商，世典天官，至周世典周史，这是司马谈自认最为光荣的家世，即史官世家。修史，是司马氏义不容辞的天职。司马谈言此，是表明他以修史为己任，是一个自觉的历史家，并以此教育司马迁。

春秋战国及秦汉之际的大变革，司马氏家族适应时代变迁，从事政治、军事、剑客、经济的活动，在各个领域都产生了司马氏家族的显赫人物。西周程伯休甫、秦国司马错都是名将。司马错为秦国开拓了巴蜀大片领土，又东伐败楚，与秦名将白起比肩。司马昌、司马无泽两代分别任秦国的大铁官和西汉长安市工商总局局长。这些是司马迁继承兵学、经济学的家学渊源。

给予司马迁影响最大的是其父司马谈。

司马谈不仅发凡起例《史记》，而且着重培养司马迁，让司马迁的少年时代留在乡间耕牧河山之阳，接受勤劳和体魄的锻炼。司马迁年少聪明，年10岁就能诵古文。司马谈又为司马迁聘请了名师，使司马迁受到了良好的教育，师承大师。

2. 司马迁的师承与交谊

汉武帝时代，有几位影响历史深远的大学问家。一位是今文学大师董仲舒，一位是古文学大师孔安国，还有一位天文学大师唐都，均因司马谈的关系，使得司马迁有幸拜他们为老师。司马谈《论六家要指》，把先秦诸子百家学说归并为儒、墨、名、法、阴阳、道六家，认为六家学说皆有益于治。表明司马谈不墨守门户，他有博大胸怀，海纳百川，所以让司马迁既学古文，又学今文。司马迁出仕为郎，又与大文学家司马相如、严安、庄助、枚乘、上大夫壶遂等为友，享受其熏陶。司马迁师承大师，与时贤为友，所得良师益友之助，古代没有第二个人。

3. 二十壮游

汉武帝元朔三年（前126），司马迁20岁，正当盛壮之年，怀抱着陵云壮志，奉父命漫游全国，“网罗天下放失旧闻”，首创走出书斋读无字之书，向社会作调查。后人总结为“读万卷书，行万里路”,是大学问家不可或缺的修养。司马迁此行了解和搜求了古代与现当代的历史传说故事与各种史料，获得了许多闻所未闻的知识,经历了许多磨难,曾经在山东薛地遭遇厄困。司马迁在《史记》中留下了生动的记载。

司马迁壮游的范围重点在南方,故自述为“二十而南游江、淮”。司马迁从京师长安出发东南行,出武关至宛。南下襄樊到江陵。渡江,溯沅水至湘西,然后折向东南到九疑。窥九疑后北上长沙,到汨罗屈原沉渊处凭吊,越洞庭,出长江,顺流东下。登庐山,观禹疏九江,辗转到钱塘。上会稽,探禹穴。还吴游观春申君宫室。上姑苏,望五湖之后,北上渡江,过淮阴,至临淄、曲阜,考察了齐鲁地区的文化,观孔子留下的遗风。然后沿着秦汉之际风起云涌的历史人物的故乡,楚汉相争的战场,经彭城,历沛、丰、砀、睢阳至梁(今开封),回到长安。

二十壮游是司马迁一生中的一件大事,他不满足于“天下遗文古事,靡不毕集太史公”的书本知识,有目的有计划地到全国各地去作实地考察，接触伟大祖国壮丽的河山和勤劳的人民。司马迁“浮于沅、湘”,追寻屈原的足迹,思考古往今来的历史变迁,想着屈原的为人,禁不住悲伤流涕。司马迁在长沙还凭吊了贾谊的遗迹,感到他的遭遇和屈原有些相似,后来写了《屈原贾生列传》,创造了把不同时代人物合传的形式,这是历史比较法的雏形。《史记》中的类传则是历史比较法的集中表现。这种方法使《史记》别开生面,大约就是司马迁在壮游过程中受到民间传说的启发而孕育成的。司马迁“上会稽,探禹穴,窥九疑”,搜集了关于五帝三代的古史传说,为他后来写《五帝本纪》和《夏本纪》作了准备。最值得称赞的是,司马迁在淮北对近现代史作了深入细致的寻访调查,比如陈涉少为庸耕有鸿鹄之志的慨叹,樊哙屠狗,曹参为狱掾,萧何为主吏,张良亡下邳,陈平为社宰,周勃织薄曲,韩信贫居葬母高敞地,刘邦好酒及色等等,都是书本上没有的知识。两千年前的司马迁具有这样的实践精神,真是难能可贵。

司马迁的游历考察,兼有历史家和文学家的兴趣。对于历史事件,大至秦始皇的破魏战争,小至战国时的一个城门名字,他都要力求掌握第一手的资料。除历史事件外,有关人物遗事、生动的民间歌谣俚语,无不广泛地作了记载。至于山川地理、古今战场更是了如胸中。顾炎武评论说:“秦汉之际,兵所出入之途,曲折变化,唯太史公序之如指掌。山川郡国不易明,故曰东曰西曰南曰北,一言之下,而形势了然。盖自古史书兵事地形之详,未有过此者。太史公胸中固有一天下之势,非后代书生之所能讥也。”[②]这是司马迁在史事方面所得游历之助。苏辙云:“太史公行天下,周览四海名山大川,与燕赵间豪俊交游,故其文疏荡,颇有奇气。岂尝执笔学为如此之文哉?其气充乎其中而溢乎其貌,动乎其言,见乎其文,而不自知也。”[③]这是司马迁在文章辞采风格方面所得游历之助。总之,司马迁二十壮游,不仅使他获得了广博的社会知识,搜求了遗文古事;而且开阔了视野,扩展了胸怀,增长了他的识见和才干。这是《史记》成功的条件之一,在今天也是值得我们借鉴的。

4. 入仕郎中

郎中是最低级的郎官,皇帝的贴身卫队,其职责是“掌守门户,出充车骑”。掌守门户,指在宫中是为皇帝看门的卫队;出充车骑,指皇帝出行,郎官是前呼后拥的仪仗队。

郎官有四个等级:议郎、中郎、侍郎、郎中;议郎、中郎,秩比六百石,相当于正处级;侍郎秩比四百石,相当于副处级;郎中秩比三百石,相当于正科级。

中郎的长官称中郎将,二千石,正部级;郎中的长官叫郎中将,千石,司局级。

郎官又是国家的官吏储备系统,没有定员,多至上千人。积资有年,郎官外出,到地方任县长,副县长;到朝中各部,任令丞,即司局级。

郎官由高官子弟充任,一般是二千石高官,即正部级副部级的子弟充任,一部分来自地方推荐上来的富人子弟。郎官制度称为恩荫。靠近皇帝的中级官员,子弟也可以得到恩荫。司马迁父亲司马谈为太史令,六百石,只是正处级,但太史令观天象,列席朝廷议政,起草礼仪制度,靠近皇帝,因此司马迁得到恩荫,为最低一级的郎官。

司马迁才能卓著,善于写文章,作赋,汉武帝能文能武,也是写文章的高手,能作赋作歌,汉武帝把全国青年文学高手吸收入郎官卫队中,正由于此,司马迁很受汉武帝信任,元鼎六年(前 111),司马迁 35 岁,被汉武帝任命为郎中将,为出使云南、贵州的钦差大臣，到西南夷地方去设郡置吏。司马迁从郎中，正科级直升为郎中将，司局级的钦差大臣。

5. 奉使西征

奉使西征巴蜀以南，这是司马迁青年出任郎中后所做的第一件大事。元鼎六年(前111)武帝发兵征西南夷，派司马迁以郎中将的职衔去监军，并设郡置吏，也就是当钦差大臣。西南夷，当今云贵两省及四川西部地区。司马迁在这一地区生活和工作了半年时间，设置了武都、牂柯、越嶲、沈黎、文山等郡。由于使命是安抚新区少数民族，司马迁提出了“以故俗治”的办法，开创了尊重少数民族风俗习惯的施政大纲，承认少数民族的自治权利，是了不起的先进思想。三国时诸葛亮平定南中，治理办法就是司马迁的“以故俗治”。《史记》首创民族史传，等列少数民族为天子臣民，与司马迁奉使西征的这一生活体验是分不开的。

6. 扈从武帝

司马迁一生与汉武帝相终始，两个同是西汉大一统时代的英雄。汉武帝有经天纬地之才，雄才大略，创造了许多威武雄壮的历史活剧与生活。司马迁满腹经纶，用如椽大笔，生龙活虎地描绘了这个大时代。汉武帝好动，不断四出巡行郡县，走遍大江南北与长城内外，司马迁随从，也走遍祖国大地，是为扈从之游。汉武帝好文学，能诗能赋，建立乐府，采集歌谣，以观民风。汉武帝还在身边集合了东方朔、枚皋、严助、吾丘寿王、司马相如等一大批文人学士，君臣唱和，充满了浪漫主义激情与豪放气派。司马迁年少，是后生晚辈置身其间，才华横溢，深得汉武帝亲信而为文学侍从。此时司马迁得意非凡，在《报任安书》中说：“仆以为戴盆何以望天，故绝宾客之知，忘室家之业，日夜思竭其不肖之材力，务壹心营职，以求亲媚于主上。”这说明，扈从生活，司马迁非常珍惜。

扈从武帝，使司马迁跻身于封建中央王朝的神经中枢，了解大量机密，像“入寿官侍祠神语”，这类触及武帝隐私与心理的活动。“其事秘，世莫知”，司马迁也得以参与。这些生活经历，是司马迁写《今上本纪》(即《孝武本纪》)和《封禅书》等篇的基础。元鼎四年，汉武帝首次大规模出巡，周游河洛，观省民风，十分排场。元鼎五年，汉武帝西登空桐，北出萧关，带数万骑打猎于新秦中，场面十分雄伟壮观。扈从汉武帝的司马迁，在观赏这盛大场面之后,必将激发起无限的豪情。司马迁在《史记》中擅长大场面的描写,是和他几十年扈从武帝的豪放巡游分不开的。司马迁扈从武帝,使他深深地呼吸着大一统时代的新鲜气息。

三、《史记》是怎样产生的

《史记》的产生,是司马谈、司马迁父子两代人的结晶。

1. 司马谈发凡起例

司马谈在建元元年(前 140)举贤良入仕,就发愿继承孔子圣人的事业,完成一代大典,提出了创作《史记》的任务。司马谈正式写作在元狩元年(前 122)。司马谈之死在元封元年(前 110)。司马谈修史准备已达 18 年,正式写作 12 年,耗尽了他的一生。《史记》规模体制,以人为中心,通史原则,均已确定。今人考证,《史记》五体均留有司马谈痕迹。研究《史记》不讲司马谈,是不完整的。司马谈发凡起例的创造,无论怎么评价都不为过,司马谈是一位伟大的历史学家。但《史记》最终完成是在司马迁之手,司马谈之作,司马迁加以重新厘正,所以完整的《史记》不容分割,《史记》的思想体系只能用司马迁一人为代表,这也是确定无疑的。元封三年(前 108)司马迁继为太史令,至武帝之末的后元二年(前 87),司马迁又进行了 22 年的写作,父子两代前后写作了近 40 年。《史记》是司马氏父子两代人的心血结晶。

2. 司马迁受宫刑而发愤著书

司马谈发凡起例,上起尧舜,下迄武帝元狩元年,本始主题是颂扬秦汉大一统。司马谈临终遗命说:“今汉兴,海内一统,明主贤君忠臣死义之士,余为太史而弗论载,废天下之史文,余甚惧焉,汝其念哉。”司马迁随着汉武帝的事业发展,与时俱进,升华主题,修订《史记》断限,上起黄帝,下讫汉武帝太初,突显了大一统历史观,形成为一种民族凝聚的理论。中华民族皆黄帝子孙,就是司马迁构建的大一统历史观。

《史记》主题发生质变的升华,内涵人民性的成分,则是司马迁受李陵之祸而发愤著书。

李陵是名将李广的孙子,少为建章监,骑射技术有祖父李广之风,谦虚下士,甚得战士心,与司马迁是相好的朋友。天汉二年,汉武帝派贰师将军李广利率 3 万骑出酒泉,击匈奴右贤王于天山。李陵率5000步兵出居延，北行30天，直达浚稽山（约在今图拉河与鄂尔浑河间），吸引单于的注意力，保证贰师将军的出击。李陵遭遇了匈奴主力8万骑兵的包围，全军覆没，李陵投降了匈奴。司马迁为李陵辩护，受株连下狱，被判死罪。汉武帝惜才，减死一等，可以交50万罚金免罪。司马迁无钱，受腐刑代死，这就是所谓的遭李陵之祸。

腐刑就是宫刑。儒家的忠孝观念，身体发肤，受之父母，不敢毁伤，何况是宫刑。司马迁称之为"大质已亏"，为人所不齿。刑余之人死后也不能入祖坟。只有做宦官的人才受宫刑。司马迁因受宫刑，出狱后被汉武帝用为中书令，即贴身的秘书长，被朝官目为尊宠任职，司马迁却认为是奇耻大辱，痛不欲生，"肠一日而九回"，多次想到自杀。司马迁在生与死的沉痛思考中做严酷的抉择。他悟出了人生的真正价值，提出了震撼千古的至理名言："人固有一死，或重于泰山，或轻于鸿毛，用之所趣异也。"人的一生，若不能对社会作出贡献待后人评说，而仅仅以一死来对黑暗进行抗争，岂不是"若九牛亡一毛，与蝼蚁何异"！司马迁在《孔子世家》和《伯夷列传》中引孔子之言说："君子疾没世而名不称焉。"他在《太史公自序》中记载了父亲司马谈的临终遗言："且夫孝，始于事亲，中于事君，终于立身，扬名于后世，以显父母，此孝之大者也。"立身扬名、光宗耀祖为最大的孝道。司马迁进而发扬为立德、立功、立言的修身观念，史称三立精神。刑余之人不能立德、立功，唯有立言，写好《史记》供后人评说。司马迁拍案而起，他决定忍辱负重，以更加激扬奋发的精神投身于《史记》。司马迁在《史记》中写了许多不甘屈辱、为保持名节而死的义士。齐国布衣王蠋在齐国沦丧濒于灭亡之时，仍"义不北面于燕，自尽身亡"；田横耻于降汉，自刎而死，他的五百宾客闻田横死，"亦皆自杀"；李广不堪"复对刀笔之吏"而自杀；项羽兵败愧对江东父老而自杀；侯嬴为激励信陵君而死；田光为激励荆轲而死；聂荣为给兄弟扬名而死；栾布为尽臣子之义，"哭彭越，趣汤如归"。司马迁称赞这些慕义而死的人，具有"高节"，"岂非至贤"，"虽往古烈士，何以加哉!"像屈原那样"死而不容自疏"的高洁之志，"虽与日月争光可也"。然而，在逆境中奋发，忍辱负重的志士，更加难能可贵。勾践卧薪尝胆，坚韧顽强，发愤雪耻，终灭强吴而称霸土，司马迁不仅许之以"贤"，还赞其"盖有禹之遗烈焉"。伍子胥弃小义，雪大耻，名重后世，司马迁赞其为“烈丈夫”。季布以勇显于楚，“身履典军搴旗者数矣，可谓壮士”，但是，当他被刘邦捉拿，为人奴而不死，受辱而不羞，“终为汉名将”，司马迁赞其为“贤者诚重其死”。这后一种忍辱负重的志士，司马迁认为更是值得敬仰的男子汉，“烈丈夫”。这一观点，不仅与世俗相违，而且颇谬于圣人的是非。一般世俗观点，认为忍辱负重是“贪生怕死”，若被刑戮，“中材以上且羞其行”。孔孟遗教是 “杀身成仁”，“舍生取义”。而司马迁却说：“勇者不必死节，怯夫慕义，何处不勉焉。”又说：“夫婢妾贱人感慨而自杀者，非能勇也，其计画无复之耳。”那些一遇侮辱就轻生自杀的人，在司马迁看来只不过是无可奈何的表现，并不是真正的勇士。

慕义而死，保持名节；忍辱负重，自奋立名，怎样处理好这二者的界限是很难的。前已述及，司马迁提出了一个“人死或重于泰山，或轻于鸿毛”的标准。人生最宝贵的生命不是不可牺牲，而是要让它闪光，要死得有价值。司马迁在忍辱与生死的痛苦抉择中懂得了人生的意义，他从沉痛中奋起，坚强地活下来，决心以最大的毅力来完成《史记》。他引古人自况，认为只有那些能够经受得起艰难环境磨炼的人才能做出一番事业来。西伯拘羑里演《周易》，孔子厄陈蔡作《春秋》，屈原放逐赋《离骚》，左丘失明著《国语》，孙子膑脚论《兵法》，不韦迁蜀传《吕览》，韩非囚秦有《说难》、《孤愤》，《诗》三百篇，大都是圣贤发泄愤懑的作品。这些人都是因为心里有所郁结，又得不到通达，所以才叙述往事，寄情后人。这就是司马迁提出的发愤著书说。所谓“发愤”，就是指一个人身处逆境而其志不屈，更加激扬奋发而有所作为。司马迁发愤著书有两个方面的内容。第一，忍辱发奋，从沉痛中奋起，用更加坚忍的毅力来完成旷世之作。第二，揭露和抨击统治者的荒淫横暴，同情社会的下层人民，歌颂敢于反抗、敢于斗争的历史人物，把个人的不平和愤懑，宣泄在对历史人物的褒贬上，述往事，思来者，升华了主题。司马迁宣称，《史记》记事实录，“贬天子，退诸侯，讨大夫”，也就是王公贵族，包括帝王本人，都可以批评，不为尊者讳，不与圣人同是非，这只能是司马迁受宫刑以后才能产生的叛逆新思维。

3.《史记》成书留给我们的启示

西汉盛世为司马迁著作一部通史提出了时代的要求，也提供了物质条件,这是《史记》成书的历史背景。司马迁所受教育、修养及其经历是《史记》成书的著述内因。历史背景是客观条件,著述内因是主观条件。《史记》之所以成为一部不朽的名著,乃是主客观条件的统一,历史的必然与偶然错综交织所产生的效应。西汉的大一统和文化高涨,汉初的无为政治与言论开放,汉武帝的雄才大略及其宏伟事业,这是大一统社会形成后的历史必然。《史记》中波澜壮阔的历史图景就是对这一历史必然的描述。司马氏世为史官绝而复兴,司马谈、司马迁父子相继纂其业,司马迁之游历与受祸发愤,这是历史的偶然。偶然寓于必然之中。假若没有西汉的统一和学术复兴,司马氏父子就不可能具有渊博的知识,更没有司马迁的"宦学"壮游。所谓偶然,是指各种主观条件很难集于一身。唐刘知几论良史必须具备才、学、识三长,清章学诚又加之以德。这才、学、识、德四大要素,司马迁可谓兼备一身。司马迁聪颖勤奋,10岁诵古文,养育了他的才。得天独厚的家学渊源和师承,培植了他的学。壮游与受祸锤炼了他的识。史官世家的传统和气质,司马谈尽忠尽孝的教育,临终遗言的震响,涵育了司马迁的德。这些主观条件是《史记》成为不朽著作的根本原因。

四、司马迁在中国文化思想史上的地位和影响

司马迁是秦汉大一统时代的文化巨人,在中国文化思想史上有着崇高的地位和重大影响。

1. 伟大的历史学家

作为一个历史学家,司马迁在两千年前就写出了一部具有世界史性质的通史,纪传体《史记》,不仅奠定了中国历史学的独立地位,而且开创了历史学发展的新时代。纪传史被历代王朝颁令为正史,居于独尊地位,受到人们的高度重视。历代史家踵其遗轨修成蝉联而下的列朝正史,从《史记》至《清史稿》积数有26种之多,4042卷,洋洋近5000万言,按各史的朝代序列完整无缺地保存下来,故学术界有中华民族全史之称。记事起黄帝讫大清,中华民族五千年悠久文化发展的规模体制,载述毕于此编,司马迁首创之功,可与日月并垂悬。

2. 杰出的文学家

作为文学家，司马迁开创了散文序事的传记文学，《史记》遗泽后世，成为历代文学大家和以千万计的读者学习、借鉴的典范。《史记》对后世传记文学、散文、小说、戏曲都产生了深远的影响。

《史记》对后世文学的影响，最直接的是散文。司马迁的散文成就，不仅代表了汉代文学的高峰，而且在散文发展史上，也起了承先启后的作用。在文学发展史上，文学家司马迁应和大诗人屈原并列在一起。屈原赋代表了先秦文学的最高峰，司马迁史传散文代表了汉代文学最高峰，两人前后辉映，各自成为一个时代的代表人物。屈原和司马迁两人，不仅身世遭遇有共同之处，而且两人的作品强烈地反映现实生活，鞭笞腐朽和黑暗，同情被压迫人民，同时具有浪漫主义的情怀，歌颂理想，抒写人生。所以鲁迅称《史记》为“无韵之离骚”，是极为中肯的。

唐宋八大家是我国古典散文的杰出代表，他们反对六朝骈体文，提倡古文，把《左传》、《史记》作为旗帜。唐宋八大家提倡的古文运动，主要是学习、效法《史记》，追步司马迁，把《史记》当作古文典范来借鉴。唐宋八大家之后的明清评点家，尤其是清代的桐城派古文家，更是把《史记》奉为古文正宗。这说明唐宋以后，《史记》对散文的发展，仍有巨大的影响。

3. 卓越的思想家

作为一个思想家，司马迁最可贵的精神品德和崇高人格表现在以下三个方面：一是忍辱负重，发愤著书，实现了一家之言的理想；二是不断地勇于探索和创新，创造了划时代的纪传体通史；三是严肃地忠实于信实可靠的历史，不与圣人同是非。这三点精神是一致的，归结为一点就是坚持实录的写作精神。

司马迁能够超越其他封建史家的成就，核心之点正是他坚持了“实录”。坚持“实录”是司马迁的理想。因为他研究历史，要“究天人之际，通古今之变，成一家之言”，拿出自己独到的见解来回答历史是怎样变化发展的。所以他突破了官方哲学的框架，不与圣人同是非。司马迁不同于圣人是非的异端思想，集中地表现在赞扬道家以及为商人游侠立传这几个方面。班固说：

> 是非颇缪于圣人，论大道则先黄老而后六经，序游侠则退处士而进奸雄，述货殖则崇势利而羞贱贫，此其所蔽也。

班固所批评的司马迁之“蔽”，恰恰是司马迁思想中光彩夺目之“长”。司马迁“论大道则先黄老而后六经”，是肯定文景之治的升平而否定汉武帝的多欲所造成的衰败；司马迁述货殖为商人立传，是肯定商人促进生产发展，对社会经济的繁荣所作的贡献；司马迁颂游侠，是肯定这一类人能够牺牲自己救人之急的真正道德。实际上，司马迁是通过颂黄老、商人、游侠来表达他对开明政治的向往，对人民求利和反强暴的肯定。司马迁的这些异端思想表现了《史记》的人民性思想，他褒贬人物和历史事件的尺度不是受统治阶级正统思想的约束，而是在一定程度上从被压迫人民的利益来立论，这无疑的是那个时代最进步的思想。

最后，人们要问，司马迁的思想究竟是哪一个阶级的呢？有人说他是“人民歌手”对不对呢？我们说，司马迁的思想仍是封建地主阶级的，他还是一个封建历史家，他的《史记》主要是宣扬汉家一统的威德，为巩固封建统治服务的。说司马迁是“人民歌手”是不对的。基于这样的认识，对于《史记》之被颁令为正史也就不难理解了。但是司马迁和正统派的封建史家不同，他突破了愚忠思想的束缚，敢于发挥揭示客观真理的异端思想。他肯定秦始皇汉武帝的统一事业，但反对封建帝王的暴政。司马迁同情人民的苦难，要求减轻剥削，改善政治，歌颂明君贤臣，这是进步的思想。司马迁并不反对封建制度，但反对严刑峻法的压迫，无情地揭露和鞭挞暴君污吏的丑恶。以上这些就是《史记》的人民性成分。当时封建制度还在上升时期，中央集权是新生事物，司马迁歌颂大一统是与历史进程相吻合的，所以这也是值得肯定的。

司马迁的鲜血和生命化成了《史记》，给炎黄子孙留下了宝贵的文化遗产，他将永远值得人们祭奠！

注释:

①《汉书》卷三十《艺文志》。

②《日知录》卷二十六《史记通鉴知兵事》。

③《栾城集》卷二十三《上枢密韩太尉书》。